Geschichtsphilosophie

Akademie Studienbücher

Philosophie

Matthias Schloßberger

Geschichtsphilosophie

Akademie Verlag

Dr. Matthias Schloßberger, Jahrgang 1972, wissenschaftlicher Mitarbeiter am Institut für Philosophie der Universität Potsdam

Bibliografische Information der Deutschen Nationalbibliothek
Die Deutsche Nationalbibliothek verzeichnet diese Publikation in der Deutschen Nationalbibliografie; detaillierte bibliografische Daten sind im Internet über http://dnb.d-nb.de abrufbar.

Ein Wissenschaftsverlag der Oldenbourg Gruppe

www.akademie-verlag.de
www.akademie-studienbuch.de

Einband- und Innenlayout: milchhof : atelier, Hans Baltzer Berlin
Einbandgestaltung: Kerstin Protz, Berlin, unter Verwendung einer Fotografie aus Cienfuegos/Kuba: *Tu ejemplo vive. Tus ideas perduran* (Dein Beispiel lebt. Deine Ideen gelten noch immer). Propaganda mit Che Guevara in (fotografiert in den 2000er-Jahren).
Gesamtherstellung: Beltz Bad Langensalza GmbH, Bad Langensalza

Dieses Papier ist alterungsbeständig nach DIN/ISO 9706.

ISBN 978-3-05-004549-8
eISBN 978-3-05-006454-3

Geschichtsphilosophie

„Was Du ererbt von Deinen Vätern hast, erwirb es, um es zu besitzen" (Johann Wolfgang von Goethe)

„Die Einzelwissenschaften wissen oft gar nicht, durch welche Fäden sie von den Gedanken der grossen Philosophen abhängen" (Jacob Burckhardt)

„Die Historiker, die einen deutlichen Trennungsstrich zwischen Geschichtsschreibung und Geschichtsphilosophie ziehen, erkennen nicht, daß jeder historische Diskurs eine ausgereifte, wenn auch nur implizite Geschichtsphilosophie in sich birgt." (Hayden White)

1 Was ist Geschichtsphilosophie?

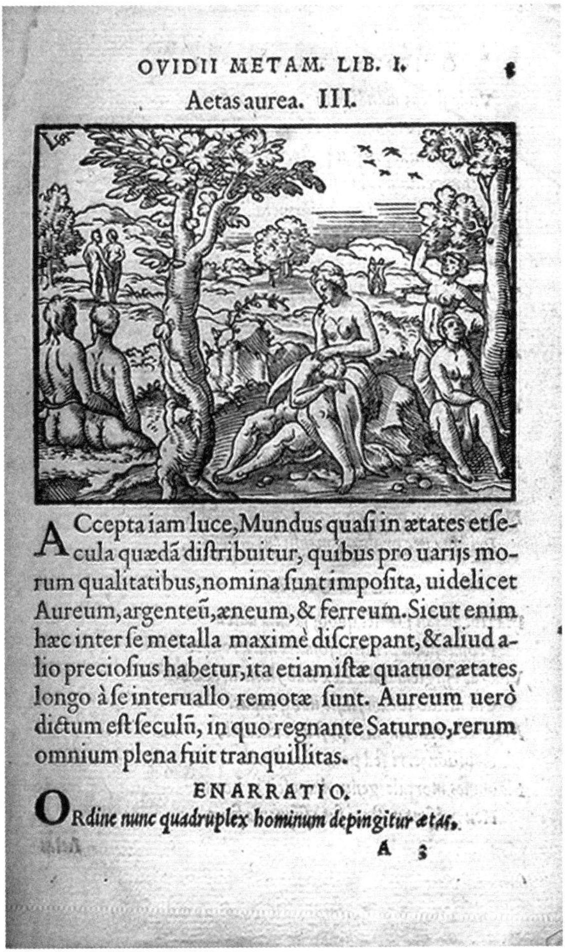

OVIDII METAM. LIB. I.

Aetas aurea. III.

ACcepta iam luce, Mundus quaſi in ætates et ſecula quædã diſtribuitur, quibus pro uarijs morum qualitatibus, nomina ſunt impoſita, uidelicet Aureum, argenteũ, æneum, & ferreum. Sicut enim hæc inter ſe metalla maximè diſcrepant, & aliud alio precioſius habetur, ita etiam iſtæ quatuor ætates longo à ſe interuallo remotæ ſunt. Aureum uerò dictum eſt ſeculũ, in quo regnante Saturno, rerum omnium plena fuit tranquillitas.

ENARRATIO.

ORdine nunc quadruplex hominum depingitur ætas.

A 3

Abbildung 1: Aetas aurea (Das goldene Zeitalter). Illustration von Virgil Solis zu Ovids *Metamorphosen* (1581)

Ovids „Metamorphosen" (vermutlich zwischen 1 und 8 n. Chr. entstanden) gehören zu den großen Klassikern der antiken Mythologie. In ihnen werden die Entstehung der Welt und der weitere Verlauf der Geschichte erzählt. Zunächst wird die Welt geschaffen, danach beginnt die eigentliche Geschichte. Ovid kennt vier Zeitalter: ein goldenes, ein silbernes, ein bronzenes und eines aus Metall. Am Anfang steht das goldene Zeitalter: „Aurea prima sata est aetas" (Ovid 2004, S. 14), hier in einem Ovid-Druck des 16. Jahrhunderts illustriert von Virgil Solis. Ovid galt vielen Autoren der Renaissance als Vorbild. Die Idealisierung der Antike führte in der Renaissance auch zu einer Wiederentdeckung der Idee eines goldenen Zeitalters.

Die Idee eines goldenen Zeitalters, eines Paradieses, einer vergangenen besseren Welt findet sich in nahezu allen Kulturen. Die großen Epen der Antike – in Griechenland Hesiods *Werke und Tage* (um 700 v. Chr.), im römischen Reich Vergils *Aeneis* (um 20 n. Chr.) – berichten von einem goldenen Zeitalter, das am Anfang der Geschichte der Menschheit steht und eine Phase des Friedens und der Unschuld war. Die biblische Erzählung vom Garten Eden oder Paradies variiert dieses universale Motiv (vgl. Gatz 1967).

Die Welt des goldenen Zeitalters erscheint in all diesen Erzählungen als eine heile Welt aus der Perspektive einer Gegenwart, die sich selbst im Niedergang sieht. Ein solcher Versuch, die Vergangenheit zu verstehen, um die Gegenwart zu erklären und die Zukunft zu deuten, führt mitten hinein ins geschichtsphilosophische Denken: Woher kommen wir? Wo stehen wir? Wohin gehen wir? Welches Ziel hat die Geschichte – oder hat sie überhaupt ein Ziel? Gibt es ein ordnendes Prinzip der Geschichte, das vom Menschen verstanden werden kann? Und warum brauchen wir eigentlich Geschichte?

1.1 Begriffsklärung: Was heißt Geschichtsphilosophie?

Begriff der Geschichtsphilosophie

Nicht jedes philosophische Nachdenken über Geschichte fällt unter den Begriff Geschichtsphilosophie, wenn der Begriff – so wie meistens – in seinem ausgezeichneten Sinn verwendet wird und etwas anderes bedeuten soll als: Philosophie der Geschichte. Zwar werden mitunter auch die rein anthropologische Frage, inwiefern es zum Wesen des Menschen gehört, Geschichte zu haben, sowie die erkenntnistheoretisch motivierte Frage, wie sich Geschichte verstehen und ordnen lässt, unter dem Begriff Geschichtsphilosophie verhandelt. Aber das, was in der Regel Geschichtsphilosophie heißt, unterscheidet sich von diesen und weiteren Möglichkeiten, Geschichte zum Gegenstand philosophischen Fragens zu machen (Ausnahmen bestätigen die Regel: vgl. z. B. Rickert 1924). Die Geschichtsphilosophie ist, wie der Philosoph Wilhelm Kamlah treffend formuliert, „keine Metatheorie, d. h. sie hat nicht die Geschichtswissenschaft zum Gegenstand, sondern dieselbe Geschichte, die auch der Gegenstand der Geschichtswissenschaft ist" (Kamlah 1969, S. 37).

Sinn der Geschichte

Nur dann, wenn die Frage nach einem Sinn der Geschichte gestellt wird, ist im eigentlichen Sinn von Geschichtsphilosophie die Rede. Nach dem Sinn der Geschichte zu fragen, bedeutet nach dem Ziel, nach der Richtung, nach einem möglichen ordnenden Prinzip der Geschichte zu fragen. Der Vagheit dieser Bestimmung im Allgemeinen und der Unbestimmtheit der Begriffe Telos und Ziel im Besonderen (vgl. Hartmann 1951; Spaemann/Löw 1981) entsprechen die verschiedenen Möglichkeiten, geschichtsphilosophisch zu denken. Mit den Begriffen Ziel, Richtung oder Prinzip kann gemeint sein, dass es sich um ein feststehendes Ziel handelt (causa finalis), das mit Notwendigkeit erreicht wurde oder in Zukunft erreicht wird. Dem stehen schwächere Varianten gegenüber, historische Prozesse als gerichtet zu betrachten: Es könnte ja sein, dass, solange die Geschichte noch nicht zu Ende ist, das Ziel immer wieder neu bestimmt wird bzw. bestimmt werden muss. Wohin die Zweige eines Baumes wachsen, steht nicht von vornherein fest. Es ist aber auch kein bloßer Zufall, dass die Zweige in die Höhe wachsen. Die Zweige wachsen in eine Richtung, ohne dass es ein bestimmbares Ziel gibt. Man kann hier von einer offenen Teleologie sprechen, die in vielen Fällen vielleicht nur unbewusst in Anspruch genommen wird, wenn eine Geschichte erzählt wird. Die Idee eines letzten Zieles verlangt, dass Geschichte ein Ende hat. Ein offenes Ziel lässt sich hingegen auch so denken, dass es, einmal erreicht, auch wieder überwunden werden kann.

Wenn Geschichtsphilosophie nach einem möglichen Prinzip der Geschichte fragt, dann muss auch die Möglichkeit bestehen, dass sich Geschichte zyklisch wiederholt und ihr Prinzip nicht in einer wie auch immer gearteten Logik von Ereignisabfolgen besteht, die auf ein Ziel zulaufen. Ihr Prinzip ist dann nicht das eine Ziel, sondern die Struktur bzw. die Gesetze der Abfolge des immer Gleichen oder Ähnlichen.

Geschichtsphilosophie fragt: Woher kommen wir? Wo stehen wir? Wohin gehen wir? Wo ist unser gegenwärtiger Standort? Geschichtsphilosophie ist, indem sie so grundsätzlich fragt, eingebettet in ein Netz von großen philosophischen Fragen und Problemen. Sie fragt nach dem Grund des Seins. Insofern verweist sie auf das Problem der

Kosmologie

Kosmologie bzw. Schöpfung. Wie wurde wann und unter welchen Umständen (und: von wem?) die Welt geschaffen? Oder existiert die Welt schon immer?

Eine Entscheidung in dieser Frage hängt auch damit zusammen, wie

Zeit

das Phänomen Zeit bzw. Zeitlichkeit gedacht wird. Wenn die Welt immer schon existiert, ist auch die Zeit ewig: Es gibt immer ein Vorher und immer ein Nachher, es gibt keinen Anfang und kein Ende. Wurde die Welt dagegen geschaffen, dann ist mit ihr auch die Zeit in die Welt gekommen, dann gibt es einen Anfang und – wahrscheinlich – ein Ende. Zeit ist dann Frist, Zeit bedeutet dann die Zeitspanne zwischen Anfang und Ende. Und Ewigkeit meint dann nicht mehr die unendliche Ausdehnung der Zeit in der Richtung des Vorher und der Richtung des Nachher, sondern den Zustand der Zeitlosigkeit vor Erschaffung bzw. Schöpfung der Welt und den Zustand nach ihrem Ende.

Pfeil …

Diesen beiden Möglichkeiten zu denken, entsprechen die beiden grundsätzlichen Möglichkeiten, Geschichte zu denken (vgl. Landmann 1964). Wenn es einen Anfang und ein Ende gibt, dann ist die Geschichte ein einmaliger Vorgang, der auf ein wie immer auch zu bestimmendes Ziel zuläuft. Das Symbol dieser Geschichte ist die Linie bzw. der Pfeil.

Dem steht eine zyklische Auffassung von Geschichte gegenüber,

… und Kreis

deren Symbol der Kreis ist: Hat die Geschichte keinen Anfang und kein Ende, dann kann es kein festes Ziel, kein bestimmbares Ende geben. Auch wenn es keinen zwingenden Grund gibt, aus der Offenheit der Geschichte zu folgern, dass sich in der Geschichte Ereignisse wiederholen, so liegt doch der Gedanke nahe, dass die Geschichte in ihrer Struktur einem Kreislauf ähnelt. Denn auf jeden Höhepunkt, auf jedes erreichte Ziel folgen Veränderungen, die als Abstieg oder als Niedergang bezeichnet werden können. Die Vorstellung einer endlosen Zeit, gekoppelt mit der Idee stetigen Fortschritts, ist zwar logisch nicht unmöglich, aber angesichts der geschichtlichen Wirklichkeit absurd. Ein unendlicher Fortschritt ist eigentlich undenkbar. Es würde ja die Vorstellung, es hätte einen Fortschritt gegeben, untergraben, wenn man zugleich denken müsste, dass dieser Fortschritt noch keineswegs das Ende sei, sondern ein noch größerer Fortschritt folgen wird, eine noch perfektere Welt, ein noch größeres Glück usw. Das Problem ist: Die Idee eines glücklichen Lebens ist nicht steigerungsfähig. Ein Leben kann glücklich sein oder weniger glücklich, aber es kann nicht glücklicher sein als glücklich. Der technische Fortschritt mag unendlich sein, das Glück, das er bringt (sofern er es denn bringt), ist es nicht.

Wenn Geschichtsphilosophie nicht von einem letzten Ziel ausgeht, sondern versucht, sich gegenüber den letzten metaphysischen Fragen nach einem Grund der Dinge enthaltsam zu verhalten, wird sie häufig zu dem Versuch, die Tendenzen einer Epoche, einer Kultur etc. zu rekonstruieren, um die eigene Gegenwart zu verstehen. So verstanden ist ihr Ziel ein relatives, weil der Anfang oft im Dunkeln liegt und das Ende offen ist. Dennoch scheint es so, als müsse der Geschichtsschreiber mindestens ein schwaches Telos voraussetzen, wenn er nicht zufälliges Geschehen in eine bloß chronologische Reihenfolge bringen möchte: Weil jede Geschichte aufgrund ihrer narrativen Struktur einen Anfang und ein Ende hat, ist der Historiker gezwungen, sich irgendwie zu der Frage nach einem möglichen Telos und einem ordnenden Prinzip seiner Geschichte zu verhalten (vgl. White 1973).

Verständnis der Gegenwart

Wollte man den Begriff Geschichtsphilosophie definieren, so könnte man sagen: Geschichtsphilosophie ist philosophisch reflektierte Theorie der Geschichte, die nach dem Telos bzw. nach einer möglichen Richtung der Geschichte fragt und Geschichte nach einem Prinzip zu ordnen versucht. Allerdings sollte man bei dergleichen pauschalisierenden Antworten bedenken, dass zahlreiche Varianten von Geschichtsphilosophie zu unterscheiden sind und sich einige Geschichtsphilosophien mehr oder weniger weit von dem so bestimmten Begriff von Geschichtsphilosophie entfernen. Um die Unterschiede zu verdeutlichen ist es sinnvoll, zunächst nach dem Verhältnis von Geschichtsphilosophie und Geschichtsschreibung sowie nach den verschiedenen Möglichkeiten, Geschichte zu denken, zu fragen. Die Unterscheidung der verschiedenen Varianten, Geschichte zu denken, macht es leichter, Äquivokationen im Begriff Geschichtsphilosophie aufzudecken.

Schwierigkeit einer Definition

Verhältnis von Geschichtsphilosophie und Geschichtsschreibung

Teleologie und Universalgeschichte

a) In der klassischen Variante von Geschichtsphilosophie gibt es irgendein Telos, das als ein letztes Ziel begriffen werden kann. Dieses Telos kann entweder in der Vorsehung – sei es offenbarungstheologisch oder vernunfttheologisch (Christentum, Vico, Hegel) – oder in einem gesetzlichem Ablauf (Marx, Comte) gründen. Die Geschichte ist dann Universalgeschichte bzw. Weltgeschichte, die Menschheit hat eine gemeinsame Geschichte.

Offene Teleologie

b) Teleologisch zu denken muss nicht heißen, an ein schon feststehendes letztes Ziel zu glauben: das Telos kann auch gedacht werden als in einem ständigen Werden begriffen. In den verschiedenen Kulturen und Epochen können sich unterschiedliche Ziele und Richtungen entwickeln; Geschichte ist dann nur noch schwer als Universalgeschichte zu schreiben, weil es keinen einheitlichen Referenzpunkt gibt (Herder, Troeltsch).

Negative Teleologie

c) In der Regel sind a) und b) Fortschrittsgeschichten, d. h. die Geschichte entwickelt sich letztlich zum Guten, zum Besseren; diese Perspektive lässt sich auch umkehren, ohne das zugrunde liegende Prinzip, teleologisch zu denken, aufzugeben. Die Geschichte ist dann eine Geschichte mehr oder weniger stetigen Niedergangs (Hesiod, Spengler etc.).

Ewige Wiederkehr

d) Wenn man nicht teleologisch denkt, aber der Geschichte dennoch ein ordnendes Prinzip unterstellen möchte, bleibt nur eine Möglichkeit: die Annahme einer ewigen Wiederkehr des Gleichen (Heraklit, Polybios, indische Philosophie, Machiavelli, Schopenhauer, Nietzsche).

Kulturkreislehre

e) Als sogenannte Kulturkreislehren lassen sich Mischformen zwischen b) und d) ansehen: Man nimmt ein partikulares Ziel innerhalb einer Epoche oder eines Kulturkreises an und erzählt deren bzw. dessen Geschichte als Aufstieg, Höhenflug, Niedergang. Dieses Schauspiel wiederholt sich in stetem Rhythmus, d. h. in universalgeschichtlicher Perspektive wiederholt sich das immer Gleiche immer etwas anders: semper eadem, sed aliter (Vico, Spengler, Toynbee).

Zufall

f) Die einzige Möglichkeit, Geschichte ohne ein ordnendes Prinzip zu denken, liegt darin, in der Geschichte ein bloß zufälliges Durcheinander von Ereignissen zu sehen. Geschichtsschreibung hätte dann keinen Sinn und wäre allenfalls als bloß chronologische Geschichtsschreibung möglich.

Fehlende Reflexion

g) Möglich ist auch eine unreflektierte Position: Viele Historiker vertreten einen Typ von Geschichtsschreibung, der in keinem Bezug zur Philosophie steht, greifen aber implizit auf teleologische Denkmuster zurück (z. B. schon im Titel Heinrich August Winklers *Der lange Weg nach Westen* (2000), der suggeriert, es gäbe nur einen Weg, den moderne Staaten gehen könnten).

h) Dass jede Geschichte ein Anfang und ein Ziel hat, könnte auch daran liegen, dass wir Geschichte gar nicht anders erzählen können. **Narration**
i) Schließlich ist ein Sonderfall von c) möglich: eine kritische Geschichte, die eine Verfallsgeschichte aufdeckt. Es wird nicht behauptet, dass der Prozess des Niedergangs notwendig war, sondern nur, dass er bis in die Gegenwart als Niedergang zu beschreiben ist (Nietzsche: Genealogie der Moral; Geschichte als Entlarvungsgeschichte: historischer Materialismus, Freud, Löwith, Leo Strauss). **Geschichte als Kritik**

Die klassischen Entwürfe der Geschichtsphilosophie der Neuzeit sind in der Regel auf ein Ziel angelegt, ihre Aufgabe ist das Verstehen der Vergangenheit, um die Gegenwart zu verstehen und mitunter auch die mögliche Zukunft zu deuten. Die für geschichtsphilosophische Entwürfe typische Rede vom Sinn der Geschichte verweist auf den vor allem von Georg Friedrich Wilhelm Hegel (1770–1831) berühmt gemachten Gedanken, dass sich in der Geschichte Ideen realisieren bzw. von Menschen realisiert werden. Hegel glaubt, dass die Geschichte der Menschheit ein Fortschritt im Bewusstsein der Freiheit ist. Die Geschichte der Menschheit ist, so der Kern von Hegels Denken, eine Verschränkung von zunehmender Einsicht in die Idee der Freiheit und der parallelen Verwirklichung dieser Idee. Trotz aller Kritik im Einzelnen, trotz aller Kritik an der metaphysischen Spekulation halten die großen geschichtsphilosophischen Entwürfe von Marx, Comte und dem Liberalismus in einem Punkt an Hegel fest: Es gibt einen Fortschritt in der Geschichte. **Ideen**

Die häufig verwendete Kategorie des Fortschritts lässt sich natürlich auch allgemeiner, universaler, unbestimmter denken als bei Hegel, bei dem sie an die Freiheit des Individuums gebunden ist. Die Frage lautet dann zunächst: Fortschritt in welcher Hinsicht? Schließlich ist es ein kapitaler Unterschied, ob es um einen behaupteten moralischen Fortschritt geht oder um einen Fortschritt in technischer Hinsicht. Dass es je einen moralischen Fortschritt gegeben hat, ist äußerst umstritten, dass es technischen Fortschritt im Sinne einer Akkumulation von Wissen der technischen Naturbeherrschung gibt, kaum zu bestreiten. **Fortschritt**

Häufig wurde Geschichtsphilosophie mit der Annahme der einen Weltgeschichte (oder auch Universalgeschichte) mit dem einen Ziel und Ende identifiziert. So entstand der Eindruck, das Projekt einer Geschichtsphilosophie sei nach der Kritik an Hegel und der Idee eines letzten Zieles obsolet geworden. Historische Ignoranz und ideenpolitische Taktik haben Begriff und Idee von Geschichtsphilosophie häufig eingeengt. Auf der einen Seite gibt es gute Argumente gegen die Geschichtsphilosophie: Die Kritik der Geschichtsphilosophie ver- **Weltgeschichte** langt aber auf der anderen Seite auch nach einer Kritik der Geschichtsphilosophiekritik.

Der Philosoph und Theologe Ernst Troeltsch (1865–1923) hat zu Beginn des Ersten Weltkrieges klar formuliert, in welcher Weise Geschichtsphilosophie nach der Kritik an Hegel und Marx noch möglich und nötig ist:

> „Es kann nicht die Aufgabe sein, letzte, endgültige und allgemeinste Menschheitsziele zu formulieren, die ja auch nur in einer vollendeten und universalen Menschheitsgemeinschaft realisiert werden könnten. Es kann ebensowenig die Aufgabe sein, den universalhistorischen Prozeß so zu konstruieren, daß dieses Ziel aus ihm hervorspringt. Es kann immer nur die Aufgabe sein, dem individuellen eigenen Kulturkreis und seiner Entwicklung die Kultursynthese zu entreißen, die ihn zusammenfaßt und weiterbildet." (Troeltsch 1922a, S. 198f.)

Troeltsch: Unvermeidbarkeit, Geschichte teleologisch zu denken

Die eigene Gegenwart zu verstehen, das bedeutet für Troeltsch die verschiedenen kulturellen Wurzeln der europäischen Geschichte zu einem Bild – zu einer Kultursynthese – zusammenzuführen. Wir verstehen unsere eigenen Wertvorstellungen und kulturellen Ideale nur, so Troeltsch, wenn wir verstehen, wie sie entstanden sind und woher sie kommen. Jede Zeit hat diese Aufgabe aufs Neue zu leisten. Die Geschichtsschreibung, die größere Zeiträume umfasst, kann gar nicht anders, als ihren Stoff im Hinblick auf ein partikulares Ziel (der Gegenwart) auszurichten. Geschichte hat daher eine teleologische Struktur und ist immer schon normativ, d. h. das Verstehen der Gegenwart schließt immer schon ein Bewerten der Gegenwart mit ein. Troeltsch hat deshalb – und darin liegt ein großes Verdienst – darauf gepocht, dass der Historiker seine falsche Scheu vor geschichtsphilosophischen Fragen ablegen soll, um reflexiv einzuholen, dass er keinen vermeintlich neutralen Standpunkt einnehmen kann (→ KAPITEL 12.3).

Formale Geschichtsphilosophie

Um die theoretisch-philosophischen von den praktisch-empirischen Momenten klar zu trennen, hat Troeltsch im Anschluss an den Philosophen Paul Barth zwischen einer „formalen" und einer „materialen" Geschichtsphilosophie unterschieden. Die formale Geschichtsphilosophie beschäftigt sich mit der Frage: Wie können wir etwas in der Geschichte erkennen bzw. was machen wir, wenn wir Geschichte schreiben? Sie ist die Erkenntnistheorie des Historikers. Seit Johann Gustav Droysen (1808–84) ist ihr Name Historik (→ KAPITEL 2). Grundfragen der formalen Geschichtsphilosophie sind: In welchem Verhältnis stehen Teil und Ganzes, Individuelles und Allgemeines? Wie ist historisches Verstehen möglich, d. h. wie ist ein Verstehen des Anderen, des Fremden möglich? Verstehen wir, was in der Geschichte passiert ist, wenn wir die Absichten großer Staatsmänner rekonstruieren oder wenn wir die Veränderung sozialer Strukturen oder anonymer Mächte nachzeichnen können?

Materiale Geschichtsphilosophie

Die materiale Geschichtsphilosophie hingegen meint die groß angelegte Deutung mindestens einer Epoche. Sie versucht, soweit es erkenntnistheoretisch möglich ist, historische Großzusammenhänge in ihrer wechselseitigen Verflochtenheit aufzudecken, immer mit dem Ziel, die Gegenwart besser zu verstehen. Die materiale Geschichtsphilosophie ist die eigentliche Geschichtsphilosophie.

1.2 Bedürfnis nach Geschichte

> „Betrachte die Heerde, die an dir vorüberweidet: sie weiß nicht was Gestern, was Heute ist, springt umher, frißt, ruht, verdaut, springt wieder, und so vom Morgen bis zur Nacht und von Tage zu Tage, kurz angebunden mit ihrer Lust und Unlust, nämlich an den Pflock des Augenblickes und deshalb weder schwermüthig noch überdrüssig. Dies zu sehen geht dem Menschen hart ein, weil er seines Menschenthums sich vor dem Thiere brüstet und doch nach seinem Glücke eifersüchtig hinblickt – denn das will er allein, gleich dem Thiere weder überdrüssig noch unter Schmerzen leben, und will es doch vergebens, weil er es nicht will wie das Thier. Der Mensch fragt wohl einmal das Thier: warum redest du mir nicht von deinem Glücke und siehst mich nur an? Das Thier will auch antworten und sagen, das kommt daher dass ich immer gleich vergesse, was ich sagen wollte – da vergaß es aber auch schon diese Antwort und schwieg: sodaß der Mensch sich darob verwunderte." (Nietzsche KSA 1, S. 247)

Natur des Menschen und Geschichte

Es gehört zum Wesen des Menschen, dass er Geschichte hat: In allen menschlichen Kulturen gibt es ein Bewusstsein von Vergangenheit und Zukunft. Es gibt ein Gestern und ein Morgen. Es gibt Erinnern und Vergessen. In allen menschlichen Kulturen gibt es ein Fragen danach, woher wir kommen und wohin wir gehen.

Menschen leben in Kulturen, d. h. in Überlieferungszusammenhängen, und haben daher immer schon Geschichte, wenn Geschichte zu haben bedeutet, Erfahrungen und Wissen zu konservieren. Menschen leben in Gruppen und geben ihr technisches Wissen, ihre Sitten, ihre Vorstellungen von Gut und Böse von Generation zu Generation weiter. Auch in den traditionellsten Gemeinschaften gibt es Veränderung, d. h. es gibt Geschichte. Aber Geschichte zu haben, bedeutet nicht, ein Bewusstsein von geschichtlicher Veränderung zu haben, wie das Beispiel der sogenannten *geschichtslosen Völker* zeigt (eine Formulierung von Friedrich Engels, vgl. Klaus E. Müller 1998). Da sich alle menschlichen Kulturen ständig wandeln, aber nur einige ein historisches Bewusstsein entwickelt haben, sind Stufen des historischen Bewusstseins zu unterscheiden.

Historisches Bewusstsein

Zunächst hat sich in verschiedenen Kulturen eine Form der Überlieferung bzw. Geschichtsschreibung etabliert, die vor allem identitätsstiftende Funktion hatte. Als erste Stufe hat man das mythische Bewusstsein identifiziert. In allen bisher bekannten Kulturen haben sich Mythen entwickelt, die von Generation zu Generation überliefert wurden, ohne dass eine nach heutigen Maßstäben exakte zeitliche Datierung möglich ist. Dennoch erfüllt schon der Mythos einige wichtige Aufgaben der Geschichtsschreibung: Er gibt eine Antwort auf die Frage nach der Herkunft, und er hält wichtige Erkenntnisse der praktischen Lebensführung für die Nachkommenden bereit.

Mythos

Geschichte und Identität

Eine identitätsstiftende Funktion, wie sie schon der Mythos leistet, zeichnet alle Geschichtsschreibung aus. Je stärker das Bewusstsein von historischem Wandel ist, je stärker das Bewusstsein ist, dass es neben der eigenen noch viele andere, sehr verschiedene Kulturen gibt, desto stärker wird die Bedeutung der Geschichtsschreibung. Menschen leben in Gesellschaften, die auch Gemeinschaften sind, und streben nicht nur nach individueller, sondern auch nach kollektiver Identität. Angesichts der Sittlichkeit anderer Kulturen haben Menschen das Bedürfnis, die eigene Sittlichkeit kollektiv gegenüber der anderen Kultur zu verteidigen. Kollektive Identität braucht Geschichte.

1.3 Kritik der Geschichtsphilosophie

Die Kritik an der Geschichtsphilosophie ist so alt wie diese selbst. Zwei Motive lassen sich unterscheiden: ein erkenntnistheoretisches und ein normatives. Oft lassen sich beide Motive schwer voneinander trennen, so in der Kritik, die der später so genannte Historismus (→ KAPITEL 9) an alle Geschichtsphilosophien vom Typ Hegels gerichtet hat.

Herder

Schon Johann Gottfried Herder (1744–1803) hat gegen die „Schwäche des allgemeinen Charakterisirens“ polemisiert, die allem historischen Verstehen, sei’s einer fremden Kultur, sei’s der eigenen, inhärent ist (Herder 1774, S. 501). Geschichte ist ein In-den-Zusammenhang-Bringen: alles Individuelle wird zurechtgemacht, um zu einem Allgemeinen zu werden. Herder und seine Nachfolger ergriffen Partei für das Individuelle und entwickelten eine eigene Theorie, wie das individuelle Andere verstanden werden kann.

Wer das Individuelle gegenüber dem Allgemeinen zu seinem Recht kommen lassen möchte, steht vor der Frage, wie sich eine fremde, ganz andere Individualität begreifen lässt. Die deutsche Sprache hält für diesen Vorgang einen besonderen Begriff bereit: Verstehen (→ KAPITEL 2). Bei Johann Gottfried Herder, Johann Gustav Droysen, Wilhelm von Humboldt und Wilhelm Dilthey meint Verstehen einen ganz besonderen Zugang zum Denken eines Anderen, d. h. auch des Anderen der ganz anderen Kultur. Um diesem Gerechtigkeit widerfahren zu lassen, muss man teilnehmen und sich in die Position des Anderen versetzen, man muss versuchen zu denken und zu fühlen, was der Andere gedacht und gefühlt hat.

Verstehen

Im Historismus gewinnt die Geschichtsschreibung einen anthropologischen Zug, der auch normative Konsequenzen hat. Gegen Hegel formulierte Leopold von Ranke (1795–1886):

Historismus

> „Ich aber behaupte, jede Epoche ist unmittelbar zu Gott, und ihr Wert beruht gar nicht auf dem, was aus ihr hervorgeht, sondern in ihrer Existenz selbst, in ihrem eigenen Selbst.“ (Ranke 1925, S. 61)

In dieser Absage an eine Fortschrittsgeschichte mit Anfang und Ende liegt gerade kein ethischer Relativismus, sondern ein Anerkennen einer anderen Individualität, die wir verstehen können, weil sie eine andere Ausgestaltung menschlicher Anlagen ist. In den verschiedenen Kulturen und Epochen realisieren sich dieser Idee zufolge je unterschiedliche Anlagen der einen menschlichen Natur.

Wenn man mit dem Historismus annimmt, dass objektive Geschichtsschreibung nur möglich ist, wenn die Vergangenheit so verstanden wird, als lebe man in ihr, dann ergibt sich jedoch ein Problem: Es fehlt an Distanz, um die Vergangenheit zu bewerten. Nietzsches Affekte gegen die Geschichtsschreibung seiner Zeit haben hier ihren Grund:

Objektivität

> „Alles ‚objektiv‘ nehmen, über nichts zürnen, nichts lieben, alles ‚begreifen‘ – das heisst jetzt ‚historischer Sinn‘ […] tout comprendre c’est tout pardonner.“ (Nietzsche KSA 1, S. 652)

Hegels Geschichtsphilosophie gilt bis heute als die reinste Verkörperung der Geschichtsphilosophie. Die Kritik an seiner Geschichtsphilosophie und der seiner Nachfolger ist Legion. Zwei Momente dieser Kritik sind streng zu unterscheiden: Zum einen wurde bestritten, dass man in der Geschichte tatsächlich einen sinnvollen Prozess sehen könne, der am Ende auch noch als Fortschritt gelten könne. Angesichts einer Geschichte, die mit guten Gründen auch als eine kontinuierliche Lei-

Normativ motivierte Kritik

densgeschichte erzählt werden kann, weil sie eine Geschichte von Verbrechen gegen die Menschlichkeit ist, erscheint es vielen obszön, noch von Fortschritt zu sprechen. Hannah Arendt bringt diese Kritik auf den Punkt, wenn sie formuliert: „Es ist gegen die menschliche Würde, an den Fortschritt zu glauben." (Arendt 1985, S. 102)

Erkenntnistheoretisch motivierte Kritik

Zum anderen zielte die Kritik auf die als anmaßend empfundene Vorstellung, man könne ein der Weltgeschichte zugrunde liegendes Prinzip erkennen. Nicht die Annahme, dass es dieses Prinzip gibt, sondern dass wir es erkennen können, stieß vor allem bei Historikern, so z. B. bei Jacob Burckhardt (1818–97), auf Widerstand:

> „Wir sind aber nicht eingeweiht in die Zwecke der ewigen Weisheit und kennen sie nicht. Dieses kecke Antizipieren eines Weltplanes führt zu Irrtümern, weil es von irrigen Prämissen ausgeht." (Burckhardt 1905, S. 44)

1.4 Wozu Geschichte? Wozu Geschichtsphilosophie?

Identitätsstiftende Funktion

Häufig ist die Frage gestellt worden: Wozu Geschichte? Die Frage ist so alt wie die Geschichtsschreibung: Die vermutlich ursprünglichste Funktion des Erzählens bzw. Aufschreibens von Geschichte besteht in der Bewahrung von Tradition und der Stiftung von Identität. Die Bewahrung von Traditionen hat zunächst nur eine praktische Funktion, insofern ein Wissen weitergegeben wird, etwa wie praktische Probleme durch Werkzeuggebrauch gelöst werden können. Identitätsstiftende Bedeutung gewinnt die Geschichte dort, wo Menschen zu ihrer Selbstverständigung Geschichte schreiben, also z. B. um eine Antwort auf die Frage zu erhalten, woher wir kommen und wohin wir gehen. Widmet sich die Geschichtsschreibung der großen Frage nach Schöpfung und Zukunft, dann ist sie Geschichtsphilosophie. Seit der Infragestellung der großen geschichtsphilosophischen Meistererzählungen ist die identitätsstiftende Funktion partikularer ausgerichtet. Die Geschichte einzelner Nationen, Epochen oder Ideen wird häufig zu einer affirmativen bzw. rechtfertigenden Geschichte.

Identitätskritische Funktion

Im Umkehrschluss gewinnt man so auch den Begriff kritischer Geschichte, insofern kritische Geschichtsschreibung gegen bestehende Identitäten vorgeht: Oft wurde die primäre Aufgabe der Geschichtsschreibung gerade darin gesehen:

> „Aber die Geschichtswissenschaft hat die Pflicht, die Konflikte in ihrer Vielfalt darzustellen und nicht Identität zu suchen. Und da-

> rin liegt der ungeheure Vorteil der Geschichtswissenschaft wie selbstverständlich auch der Geschichtsschreibung, wenn sich Wissenschaft in ihr äußert, dass sie nämlich gegen den Strich zu lesen nötigt, dass man durch sie Wahrheiten zur Kenntnis zu nehmen hat, die nicht identitätsstiftend sind." (Koselleck 2001, S. 268)

Der allgemeine Nutzen, den Geschichtsschreibung haben kann, wurde von Cicero in seiner Schrift *De Oratore* (*Über den Redner*, 55 v. Chr.) auf den Begriff der Geschichte als Lehrmeisterin des Lebens gebracht: *Historia magistra vitae* (Cicero 1997, II36, S. 229). Die Antwort auf die Frage nach dem Nutzen der Geschichte hängt davon ab, wie Geschichte gedacht wird: Wenn die Geschichtsschreibung nicht auf große Zusammenhänge ausgerichtet ist, sondern auf das Verstehen individueller Geschichten, dann können einzelne Begebenheiten zu einer pädagogisch nützlichen Sammlung von Beispielen zusammengeführt werden.

Historia magistra vitae

Ist die Geschichte Universalgeschichte – sei es als Heilsgeschichte, sei es als nach Gesetzen ablaufende Geschichte gedacht –, dann ist nicht die Geschichte Lehrmeisterin des Lebens, sondern wir selbst erkennen, wie sich in der Geschichte Ideen manifestieren und realisieren (z. B. Wilhelm von Humboldt 1822)

Auch stellt sich natürlich die Frage, was aus der Geschichte gelernt werden soll. Wenn man überhaupt etwas lernen könne, so der Historiker Hans-Ulrich Wehler, dann nur aus Geschichte: Es sei schon ein Gewinn, „wenn man historisches Orientierungswissen in Situationen besitzt, die politisches Handeln erfordern" (Wehler 2006, S. 203f.).

Dient die Geschichte hier einem besseren Verständnis der Sphäre des Politischen, so ist sie vielen für die moralische Orientierung des Menschen nützlich, etwa wenn man sie wie Friedrich Daniel Ernst Schleiermacher (1768–1834) als „Bilderbuch der Sittenlehre" begreift (Schleiermacher 1913, S. 549). Schleiermacher will sagen: Um zu einer moralischen Einsicht zu gelangen, brauchen wir ein Beispiel. Moralische Überzeugungen entstehen nicht, wie Kant und seine Anhänger behaupten, durch reinen Verstandesgebrauch, sondern indem an einem Beispiel das Gute bzw. Richtige erkannt wird. Das Gute bzw. Richtige wird, wie die Phänomenologen und Platoniker sagen, *geschaut*. Wenn es richtig ist, dass Menschen – auch in entwicklungspsychologischer Perspektive – zu ihren moralischen Überzeugungen nicht auf dem Weg einer abstrakten Verstandesleistung kommen, sondern an einem Beispiel intuitiv erkennen (bzw. erschauen), was gut und richtig ist, dann stellt sich natürlich die Frage, ob es nicht auch moralische Erfahrungen gibt, die an bestimmten historischen Ereignissen gewonnen werden. Dies jedenfalls ist die Idee Schleierma-

Entstehung unserer moralischen Überzeugungen

chers, die auch heute wieder attraktiv erscheint, denn nicht jeder Mensch kann (und sollte) moralische Überzeugungen nur dann entwickeln, wenn er etwas selbst erlebt hat.

Würde

Die heute von vielen Menschen geteilte Überzeugung der Würde der Person gründet auf Erfahrungen der Demütigung und Entwürdigung. Der Soziologe Hans Joas hat jüngst zu zeigen versucht, dass es diese historischen Erfahrungen sind, in denen die tiefe Überzeugung der Sakralität der Person ihren Grund hat. Kein Mitvollzug rational rekonstruierbarer Vernunfteinsicht, keine Letztbegründung, sondern gemeinsame Erfahrungen der Menschheit führen demnach zur Entdeckung der allgemeinen Menschenwürde und der zunehmenden Forderung nach deren Verrechtlichung. Aus dieser Einsicht folgt die Notwendigkeit bzw. das Bedürfnis nach „affirmativen Genealogien", d. h. historischen Erzählungen, in denen die Geschichte von moralischen Entdeckungen berichtet und gedeutet wird (Joas 2011; vgl. auch Appiah 2011).

Fragen und Anregungen

- Skizzieren Sie die zentralen Merkmale geschichtsphilosophischen Denkens.
- Diskutieren Sie das Verhältnis von Geschichtsphilosophie und Geschichtsschreibung.
- Inwiefern und weshalb ist die Geschichtsschreibung auf Geschichtsphilosophie angewiesen?
- Ist Geschichtsphilosophie auf die Idee einer Schöpfung bzw. Fragen der Kosmologie angewiesen? Und wenn ja: warum?
- An welchen Thesen der Geschichtsphilosophie setzt deren Kritik an?

Lektüreempfehlungen

Quellen

- **Ovid: Metamorphosen** [entstanden um 1–8 n. Chr.], Düsseldorf 2004.
- **Jacob Burckhardt: Weltgeschichtliche Betrachtungen**, Basel 1905.

Forschung

- **Emil Angehrn: Geschichtsphilosophie**, Stuttgart u. a. 1991. *Diskussion der systematischen Fragestellungen und Probleme der Geschichtsphilosophie.*

- **Ulrich Dierse / Gunter Scholtz: Artikel „Geschichtsphilosophie"**, in: Historisches Wörterbuch der Philosophie, Bd. 3, G–H, Basel 1974, Sp. 416–439. *Informativer Überblick.*
- **Odo Marquard: Schwierigkeiten mit der Geschichtsphilosophie**, Frankfurt a. M. 1973. *Klassiker der Geschichtsphilosophiekritik.*
- **Michael Landmann: Kreis und Pfeil**, in: Zeitschrift für Philosophische Forschung 19(4), 1965, S. 637–654. *Versuch, die Möglichkeiten des geschichtsphilosophischen Denkens abzustecken.*

2 Probleme der Historik

Abbildung 2: Matthäus Merian der Ältere: *Daniels Vision von den vier Tieren* (Stich, Illustration zu Daniel 7) (1630)

Das Bild ist eine von vielen Illustrationen des berühmten Kupferstechers Matthäus Merian d. Ä. (1593–1650) zur Bibel, die zunächst als icones biblicae in verschiedenen Separatdrucken gesondert, sowie später in den Text der Lutherbibel integriert, 1630 bei Lazarus Zetzner gedruckt wurden. Es zeigt den berühmten Traum des Propheten Daniel von den vier einander ablösenden Weltreichen (Daniel 7).

Daniel, der am Hof Nebukadnezars in Babylonien lebte, berichtet in mehreren Visionen, was in der Zukunft geschehen wird: „Ich, Daniel, sah ein Gesicht in der Nacht, und siehe, die vier Winde unter dem Himmel wühlten das große Meer auf. Und vier große Tiere stiegen herauf auf dem Meer, ein jedes anders als das andere." (Daniel 7) Das erste Tier sah aus wie ein Löwe, das zweite wie ein Bär und das dritte wie ein Panther. Das vierte Tier war furchtbar, schrecklich und sehr stark, es war anders als die anderen Tiere und hatte zehn Hörner. Ein kleines Horn brach hervor, drei der anderen wurden ausgerissen, das neue Horn redete. Daniel sah, wie Throne aufgestellt wurden und sich einer setzte, der uralt war. Er berichtet, dass das Tier getötet und sein Leib ins Feuer geworfen wurde und mit seiner Tötung auch die Macht der anderen Tiere zu Ende war. Es war „Zeit und Stunde bestimmt, wie lang ein jedes leben sollte". Daraufhin erschien Daniel eine Gestalt, die mit den Wolken des Himmels kam und zu dem Uralten gebracht wurde, der ihm ewige Macht gab und ein Reich, das nicht mehr vergeht.

Im Traum erscheinen Daniel vier Tiere, die vier Weltreiche symbolisieren. Welche Weltreiche von welchem Tier repräsentiert werden, war immer wieder umstritten. In der Deutung Merians und seiner Zeit folgte auf das Reich der Assyrer zunächst das Reich der Perser, dann das der Griechen und am Ende das römische Reich. Bis ins 17. Jahrhundert war die sogenannte Vier-Reiche-Lehre das dominierende Periodisierungsmodell. Die Frage danach, warum zu welcher Zeit welche Periodisierung favorisiert wurde, und weshalb Periodisierungen überhaupt nötig sind, führt zu wichtigen systematischen Fragen der Geschichtsphilosophie: zur Frage nach der Einheit der Geschichte, d. h. der Möglichkeit einer Universalgeschichte, und zur Frage nach der Standortgebundenheit historischen Wissens.

2.1 Ordnung der Geschichte: Periodisierung durch Epochen

2.2 Universalgeschichte – histoire totale

2.3 Objektivität und Parteilichkeit

2.1 Ordnung der Geschichte: Periodisierung durch Epochen

Jaques Bénigne Bossuet (1627–1704), der Bischof von Meux, beschreibt in seiner *Einleitung in die allgemeine Geschichte der Welt* (*Discours sur l'histoire universelle*, 1681) ein Problem, dem sich kein Historiker entziehen kann:

> „Allein, wie man auch bey der Erlernung der Erdbeschreibung seinem Gedächtnisse dadurch zur Hülfe kömmt, daß man sich gewisse Hauptstädte merkt, um die man wiederum andere in ihrer gehörigen Entfernung von einander setzet; so muß man eben auch in der Ordnung der Jahrhunderte gewisse Zeiten haben, welche durch irgend eine große Begebenheit merkwürdig geworden sind, damit man alles Uebrige dahin beziehen kann. Eine solche Zeit nennt man Epoche; dieser Name wird aus einem griechischen Wort hergeleitet, welches stillestehen bedeutet, weil man sich dabey als an einem Ruheorte aufhält, um alles dasjenige, was vorher oder darnach geschehen ist, zu betrachten, und durch dieses Mittel, die Anachronismen, oder diejenige Art von Irrthümern zu vermeiden, durch welche man verschiedene Zeiten miteinander vermengt." (Bossuet 1748, S. 21)

Epochen

Aufgabe der Periodisierung

Epochen bringen Ordnung in die Geschichte. Ohne eine Aufteilung der Geschichte in Abschnitte ist kein Verständnis größerer Zusammenhänge möglich. Gegen eine Unterteilung der Geschichte in Epochen wurde eingewendet, dass der Ablauf geschichtlicher Ereignisse immer ein Kontinuum sei und daher jede Vorstellung einer Epoche im Grunde willkürlich, weil durch die Teilung in Epochen das Kontinuum unterbrochen werde. Auch wurde vorgebracht, dass durch die behauptete Abfolge von Epochen der Eindruck entsteht, die eine Epoche sei mehr oder weniger notwendig aus der anderen hervorgegangen. Diese Einwände sind sicher berechtigt, wenn man die Epochengliederung der großen teleologischen universalgeschichtlichen Entwürfe betrachtet, z. B. bei Hegel. Aus deren Perspektive sind es freilich gerade keine Einwände, denn der Gang der Geschichte vollzieht sich auch in teleologischen Modellen nicht geradlinig, so als ob es beliebig zu identifizierende kleine Schritte gäbe, sondern in der Abfolge mehr oder weniger großer Stufen, deren Übergänge die interessanten Phasen der Geschichte markieren.

Es ist stets eine vieldiskutierte Frage gewesen, ob es Epochen wirklich gibt oder ob es sich nur um beliebige Fiktionen handelt, die lediglich der Notwendigkeit entspringen, historische Ereignisse zu ordnen. Der Begriff der Epoche zielt darauf, das herauszustellen, was eine Zeit ausmacht, d. h. die Welt oder eine Kultur zu einem bestimmten Zeitpunkt zu charakterisieren. Eine Epoche zu verstehen, heißt die verschiedenen Faktoren, die eine Zeit ausmachen, in ihrer wechselseitigen Verflechtung und Abhängigkeit zu verstehen. Der Historiker Jacob Burckhardt sprach von den drei Potenzen „Staat, Religion und Kultur" und fragte nach „ihrem gegenseitigen Verhältnisse" (Burckhardt 1941, S. 74). Als einflussreiche Faktoren kommen aber sicher sehr viel mehr Parameter in Betracht: Nicht nur politische, sondern auch soziale Entwicklungen, ökonomische und kulturelle Veränderungen sowie religiöse und säkulare Bewegungen. Jeder dieser Begriffe ist schon für sich schwer zu bestimmen, wenn es darum geht, eine scharfe Trennlinie zu anderen Begriffen zu ziehen. Letztlich zielt die Periodisierung, wie es der Historiker Georg von Below einmal formuliert hat, auf eine „umfassende Synthese" (von Below 1925, S. 9).

Kritik an Periodisierung und Epochenbegriffen

Es mag immer gute Gründe geben, bestimmte Epochenbegriffe und Gliederungsvorschläge infrage zu stellen. Allerdings wird eine Geschichtsschreibung, die auf größere Zusammenhänge zielt, schwerlich ohne Epochenbegriffe auskommen. Wie anders als durch die Unterscheidung von Epochen könnte sie das Nacheinander und Ineinander der genannten Faktoren sonst beschreiben? Auch wenn man der metaphysischen Spekulation etwa Hegels skeptisch gegenüber steht, so scheint es doch plausibel, dass es Phasen der Geschichte gibt, in denen sich relativ wenig ändert, und Phasen, in denen sehr viel passiert. Weil es Epochenbegriffe gibt, können wir die Dinge so sehen. Skeptiker könnten einwenden, dass es eben der Begriff einer bestimmten Epoche ist, z. B. der Begriff des Mittelalters, der alles, was zwischen dem 5. Jahrhundert n. Chr. und dem Beginn der Neuzeit um 1600 zu einem vermeintlich zusammengehörenden Ganzen nivelliert, zumindest so, als ob der gefühlte Abstand zwischen dem 4. und dem 5. Jahrhundert n. Chr. größer sei, als der Abstand zwischen dem 5. und dem 15. Jahrhundert.

Hermeneutischer Zirkel bei der Bildung von Epochenbegriffen

Die Verwendung von Epochenbegriffen verweist auf einen der vielen hermeneutischen Zirkel des Verstehens, die wenngleich problematisch, so doch schwer vermeidbar sind. Nur indem wir Epochenbegriffe anwenden, können wir überhaupt verstehen, d. h. in Begriffen formulieren, dass für eine bestimmte Phase diese und jene Faktoren entscheidend waren und relativ stabil geblieben sind. Das bedeutet: den Begriff einer Epoche zu haben, ist Voraussetzung, um das zu verstehen, was uns eigentlich erst auf den Begriff führt.

Herkunft der ersten Periodisierungsversuche

Schon verschiedene antike Mythen erklären den Ablauf der Geschichte, indem sie eine Abfolge von Zeitaltern annehmen. Wie Ovid (→ KAPITEL 1, ABBILDUNG 1), so berichtet auch Hesiod in seinen *Werken und Tagen* (um 700 v. Chr.) von vier Zeitaltern, die durch vier Metalle dargestellt werden: Ein goldenes, ein silbernes, ein bronzenes und eines aus Erz. Ursprünglich bezeichnet das griechische Wort *periodos* „den Weg, um etwas herum", d. h. eine Art Kreislauf. Jede Periode hat dieser Bedeutung zufolge eine Verlaufsfigur: Aufstieg, Höhepunkt, Niedergang. Auch da, wo der Begriff nicht mit einer zyklischen Vorstellung der Geschichte verbunden ist, wird häufig eine Verlaufsfigur mitgedacht.

Ursprung der Lehre von den vier Weltaltern bzw. den vier Reichen

Eine Vorstellung von vier metallischen Weltaltern findet sich auch bei den Persern. Zarathustra erblickt einen Baum, der vier Zweige hat: einen goldenen, einen silbernen, einen ehernen und einen mit Eisen vermischten. Die vier Zweige sind ihm die vier Perioden der Weltgeschichte. Bevor im Alten Testament im Buch Daniel die vier Reiche durch die vier aus dem Meer aufsteigenden Tiere symbolisiert werden (→ ABBILDUNG 2), ist in Daniel 2 bereits von jener schrecklichen Statue mit goldenem Haupt, einer Brust und Armen aus Silber, dem Bauch aus Erz und den Schenkeln und Füßen aus Eisen die Rede.

Man vermutet einen mehr oder weniger direkten Einfluss babylonischer und persischer Ansichten auf die Lehre von den vier Reichen in der Danielprophetie (vgl. Reitzenstein 1924/25). Die Wirkungs- bzw. Interpretationsgeschichte der Daniel'schen Weissagung ist ebenso verschlungen wie interessant.

Vier Reiche nach Daniel

Zunächst – z. B. bei Flavius Josephus (37–100) – wurde eine Abfolge von Babyloniern, Medern, Persern und Griechen angenommen. Seit des Kirchenvaters Hieronymus' (347–420) einflussreichem Kommentar zum Buch Daniel gilt die Abfolge Babylonier, Meder und Perser, Griechen und Römer als kanonisch. Orosius (um 417) hat dann einen geografischen Zug in die Deutung gebracht, indem er die Abfolge der Reiche den vier Himmelsrichtungen zuordnete. Allerdings weicht die Zuordnung der Reiche bei Orosius ab, sie lautet: Babylonien, Karthago, griechisches Reich und römisches Reich. Noch Hegel orientierte sich an diesem geografischen Prinzip, wenn er die Weltgeschichte im orientalischen Reich beginnen und sich gen Westen entwickeln lässt. Die Vorstellung einer Abfolge von vier Reichen war eine der wirkungsmächtigsten christlichen Auffassungen der Geschichte. Sie bot zum einen die Möglichkeit, die Geschichte zu periodisieren, zum anderen wurde an ihr deutlich, dass mit dem römischen Reich das Ende der Zeiten gekommen war. Geht das letzte Reich unter, so die zentrale Botschaft des Buches Daniel, dann steht das Jüngste Gericht bevor. Um zu erklären, dass der Untergang des weströmischen Reichs im 5. Jahrhundert n. Chr. noch nicht das Ende der Welt bedeutete, bedurfte es des Gedankens einer *translatio imperii*, d. h. einer Verschiebung bzw. Übernahme des römischen Reichs. Das heilige römische Reich deutscher Nation verstand sich als der legitime Nachfolger Roms und sollte bis zur Ankunft des Antichrists dauern (→ KAPITEL 4.2).

Sechs oder sieben Weltalter (aetates)

Im Anschluss an die biblische Schöpfungsgeschichte und das Psalmwort 89,4, in dem es heißt, dass vor Gottes Augen tausend Jahre so lang sind wie der Tag, der gestern verging, nahm man an, dass die Geschichte von der Erschaffung der Welt bis zum Jüngsten Gericht 6 000 Jahre dauern würde und es analog zu den sechs Schöpfungstagen sechs Zeitalter zu je tausend Jahren gebe. Eine Periodisierung in sechs oder sieben Weltalter findet sich bei Augustinus (354–430), Isidor von Sevilla (560–636), Beda Venerabilis (673–735) und vielen anderen. Sie bestimmte die mittelalterliche Periodisierung, bevor die Vier-Reiche-Lehre dominant wurde.

	Bibel	Isidor von Sevilla	Beda von Venerabilis
1	ab Adam	2242	1651
2	ab Noah	942	292
3	ab Abraham	941	942
4	ab David	485	473
5	ab babylonischer Gefangenschaft	601	589
6	ab Christi Geburt	vom 5211. Jahre an	vom 3952. Jahre an
Ende			

Abbildung 3: Schema der unterschiedlichen Berechnungen nach Isidor von Sevilla und Beda Venerabilis (nach den Angaben von: Schmidt 1955 / 56, S. 292f.)

Dreier-Periodisierung

Die Vier-Reiche-Lehre blieb bis ins 16. Jahrhundert das populärste Erklärungsmodell universalgeschichtlicher Gliederung, um dann von einer Dreier-Periodisierung abgelöst zu werden, die vermutlich verschiedene Quellen hat. Der Umbruch fällt zusammen mit einem Prozess, den einige Anhänger der Dreier-Periodisierung als Auflösung des Mittelalters und Beginn der Neuzeit zu begreifen versuchen.

Ursprung der Lehre von den drei Epochen

Als eine mögliche Quelle der Dreier-Periodisierung kommt eine christlich geprägte Deutung in Betracht, in der die Trinitätslehre (Vater, Sohn und heiliger Geist) als Schema historischer Stadien verstanden wird. Sie ist vor allem durch Joachim von Fiore (ca. 1130–1202) verbreitet worden. Die Wirkungsgeschichte von Joachims Denken liegt im Dunkeln, wenngleich unbestritten ist, dass es viele Denkströmungen und Autoren gibt, die von Joachim beeinflusst sind. Die Dreier-Unterscheidung, die auf die Renaissance zurückgeht, entwickelte sich dagegen vermutlich ohne einen direkten Einfluss Joachims. Die Idee einer Wiedergeburt (französisch: *renaissance*) verweist bereits auf drei Stadien: die Antike, die untergeht und deren kulturelle Leistungen in Vergessenheit geraten in jener ‚dunklen' Phase des Mittelalters, die der Antike nicht das Wasser reichen kann, und die dann abgelöst wird durch die Wiedergeburt, d. h. die Wiederentdeckung der Antike. Dieses Schema, das vor allem auf den italienischen Dichter und Geschichtsschreiber Petrarca (1304–74) zurückgeht, ist nicht heilsgeschichtlich, ja überhaupt nicht christlich abgesichert. Es steht unabhängig neben der Dreistadienlehre Joachims und seiner Nachfolger, wenngleich es spätere Zusammenführungen der beiden Theorien gibt (→ KAPITEL 5.2).

Antike – Mittelalter – Neuzeit

Die Dreiteilung Antike – Mittelalter – Neuzeit ist diejenige Periodisierung, nach der auch heute noch der historische Stoff an den Universitäten unterteilt wird. Die Unterscheidung hat sich erst im 19. Jahrhundert wirklich durchgesetzt. Die genauen Abgrenzungen waren und sind jedoch umstritten, insbesondere der Übergang zwischen Mittelalter und Neuzeit, weshalb es unterschiedliche Versuche gibt, feinere Unterscheidungen durch Bezeichnungen wie „frühe Neuzeit", „Moderne" etc. zu etablieren. Für einige Autoren gehören Renaissance und Reformation schon zur Neuzeit, für andere noch zum Mittelalter, das erst durch die Aufklärung überwunden wird.

Weitere Drei-Stadientheorien

Neben der Dreiteilung Antike – Mittelalter – Neuzeit gibt es andere Dreistadienmodelle, die weniger auf die Einteilung konkret zu benennender historischer Zeitabschnitt ausgerichtet sind, sondern vielmehr auf eine innere Notwendigkeit in der Abfolge der drei Stadien zielen. Joachim von Fiore (→ KAPITEL 4.5), Vico, Hegel und andere haben den christlichen Gedanken der Trinität auf die Geschichte bezogen und in Analogie zur Unterscheidung des Vaters, des Sohnes und des heiligen Geistes drei Stadien unterschieden, die zugleich Entwicklungsstufen eines philosophischen Prinzips als auch historisch identifizierbare Epochen sind. Andere haben die Idee eines philosophischen Prinzips, das sich in drei Stadien entwickelt, explizit aus dem Kontext seiner christlichen Herkunft gelöst: so z. B Auguste Comte (1798–1857), der annahm, dass die Menschheit zunächst in einem religiösen, dann in einem metaphysischen und schließlich in einem positivistischen Zeitalter leben würde (→ KAPITEL 10.3).

2.2 Universalgeschichte – histoire totale

Der Historiker August Ludwig von Schlözer (1735–1809) beginnt die *Vorstellung seiner Universal-Historie* (1772) mit einer programmatischen Begriffsbestimmung. Jede deutsche Stadt und jedes deutsche Land habe ihre „Individualgeschichte“, aus der Verbindung derselben entstehe dann eine allgemeine deutsche Geschichte: „die Summe von allen, in ein System geordnet, giebt eine allgemeine Europäische Geschichte“. Ihre Aufgabe sei, die Fragen der philosophischen Neugier zu behandeln: Warum Europa so geworden sei, warum es zu einem so hohen Grad der Kultur gelangt sei und wie sich „dieser kleinste der Welttheile durch Aufklärung, Sitten, und Macht über die andern so empor geschwungen“ habe. Noch weiter breite sich die Universalhistorie aus, denn „sie umfasset alle Welttheile und Zeitalter, und sammlet alle Völker in allen Ländern zusammen. Ihr Gegenstand ist die Welt und das menschliche Geschlecht“ (Schlözer 1772, S. 2f.).

Begriff der Universalgeschichte

Jede Geschichte verweist auf eine Universalgeschichte bzw. Weltgeschichte, weil jede Geschichte auf ein Vorher, Nebenher und Nachher Bezug nimmt. Oft ist gesagt worden, dass alle Geschichten nur verständlich sind „durch die Weltgeschichte, und in der Weltgeschichte“ (Luden 1807, S. 281). Der Grund ist offenkundig: Bei jeder Geschichte lässt sich fragen: und was war vorher? Hat nicht das, was sich vorher ereignete, das, was historisch erforscht werden soll, so vorherbestimmt, dass es töricht wäre, nicht auch nach dem Vorher zu fragen? Damit ist auch schon ein wesentlicher Zusammenhang zur Philosophie der Geschichte hergestellt: Je größer die Zeiträume sind, denen sich die Geschichtsschreibung zuwendet, je größer die historischen Verflechtungen werden, die zwischen Völkern, Nationen etc. bestehen und aufgewiesen werden sollen, desto mehr tendiert sie zu einer Universalgeschichte, und je mehr sie zu einer Universalgeschichte wird, desto mehr muss sich die Geschichtsschreibung mit den Fragen der Geschichtsphilosophie beschäftigen. Denn je länger die historischen Zeiträume sind, die es verständlich zu machen gilt, desto mehr ergibt sich ihr Zusammenhang nur durch eine teleologische

Struktur, die es erlaubt, bestimmte Ereignisse herauszuheben und andere wegzulassen.

Am Ende verweist die Universalgeschichte auch auf die großen metaphysischen Fragen nach dem Woher und Wohin: auf Fragen der Schöpfungslehre bzw. der Kosmologie und Fragen nach einem möglichen Ende der Geschichte – sei es als Ende im Sinne der Vorstellung, dass eines Tages „der letzte Mensch am letzten Feuer seine letzte Kartoffel brät" (Troeltsch 1922a, S. 101), oder als Ende allen Lebens auf der Erde, weil die Sonne erlischt, d. h. als mögliches Ende aller Dinge überhaupt.

Kritik an der Idee der Universalgeschichte

Der Althistoriker Arnaldo Momigliano sprach davon, „daß der Begriff der Universalhistorie nie klar und eindeutig gewesen ist", und nannte auch diese Feststellung noch eine Untertreibung. Nimmt man den Begriff der Universalgeschichtsschreibung wörtlich, so Momigliano, dann grenzt er ans Absurde, denn: „Wer kann alles erzählen, was geschehen ist? Und wer würde zuhören wollen, wenn man ihm alles das erzählte?" (Momigliano 1998, S. 111).

Lange Zeit galt die Rede von der Universal- und Weltgeschichte als Ausdruck eines abendländisch-christlichen Überlegenheitsverständnisses, weil die großen weltgeschichtlichen Entwürfe oft in einer Verklärung der eigenen Nation bzw. Kultur endeten. Diese Kritik hatte oft gute Gründe, allerdings sollte man bedenken, dass sich das Problem der Universalgeschichte zu verschiedenen Zeiten unterschiedlich gestellt hat. Für die Antike war Universalgeschichte die Geschichte der großen siegreichen Reiche, erst der Griechen, dann der Römer. Für viele Geschichtsschreiber des Mittelalters war die Geschichte Universalgeschichte, indem die sogenannten Universalchroniken in der Regel den Gang der Dinge von der Erschaffung der Welt bis zur Gegenwart berichten. Sie erzählen Geschichte als ein Nebeneinander von Heilsgeschichte und Profangeschichte, das sich im Wesentlichen auf europäischem Boden abspielt. Für Hegel und die meisten Historiker seit der Aufklärung zielte Universalgeschichte darauf, die Geschichte zu erzählen, die zur gegenwärtigen Größe Preußens, Europas oder der westlichen Zivilisation geführt hat. Mit dem Beginn des 20. Jahrhunderts gewinnen universalgeschichtliche Fragestellungen unter dem Einfluss der Marx'schen Idee, dass das gesellschaftliche Bewusstsein von sozioökonomischen Faktoren geprägt ist, einen starken soziologischen Zug. Maßgeblich sind hier die Arbeiten von Ferdinand Tönnies, Max Weber, Ernst Troeltsch und Emilé Durkheim.

Universalgeschichte zu verschiedenen Zeiten

Universalgeschichte bei Max Weber

In der berühmten Vorbemerkung zu seinem Buch *Die protestantische Ethik und der Geist des Kapitalismus* (1904) fragte sich Max

Weber, warum sich nur in Europa jene Form des Rationalismus entwickelt habe, die den modernen Kapitalismus ermöglicht hat:

> „Universalgeschichtliche Probleme wird der Sohn der modernen europäischen Kulturwelt unvermeidlicher- und berechtigterweise unter der Fragestellung behandeln: welche Verkettung von Umständen hat dazu geführt, daß gerade auf dem Boden des Okzidents, und nur hier, Kulturerscheinungen auftraten, welche doch – wie wenigstens wir uns gerne vorstellen – in einer Entwicklungsrichtung von *universeller* Bedeutung und Gültigkeit lagen?" (Weber 1922, S. 1)

Für Max Weber war klar, dass der moderne Kapitalismus, d. h. eine Form des Gewinnstrebens, die stets auf erneuten Gewinn, auf Rentabilität ausgerichtet ist, das wesentliche Merkmal der Moderne ist. Seine Frage lautete daher: Was hat die Entwicklung des Kapitalismus ermöglicht? Seine Antwort ist komplex. Der Okzident hat eine besondere Form des Rationalismus hervorgebracht, die die moderne Wissenschaft und die moderne Arbeitsteilung ermöglicht habe. Noch in der Musik entdeckt Weber eine besondere Form des Rationalismus, der nur für den Okzident typisch ist. Aber es sind nur Ermöglichungsbedingungen, die für sich genommen noch nicht die entscheidende Entstehung des modernen Kapitalismus erklären können. Die eigentliche Antwort Webers lautet: Die protestantische Ethik – nicht in der Form, die ihr Luther gegeben hat, sondern in der Form Calvins – hat durch die Wirkungen der Prädestinationslehre auf das ökonomische Verhalten der Menschen eine neue, alles beherrschende Wirtschaftsform ermöglicht: den modernen Kapitalismus; dieser hat sich dann auch unabhängig von seiner Herkunft weiterentwickelt.

Kapitalismus und Prädestinationslehre

Entscheidend ist der Hinweis auf die Prädestinationslehre. Nach der Auslegung der Calvinisten könne man nur dann sicher sein, auserwählt zu sein, wenn man auch die Reichtümer angehäuft hat, die einem Auserwählten zustehen. Folglich akkumuliert der Calvinist Vermögen um seiner selbst willen, nicht um es auszugeben.

Man sieht sogleich an Webers Fragestellung, wie anders ein Historiker vorgeht, der nicht primär den politischen Ereignissen folgt, sondern danach fragt, was eigentlich die Gründe der Entwicklung, der Veränderung und des Wechsels von leitenden Ideen einer Epoche sind.

Universalgeschichte als Ideengeschichte

Universalgeschichte wird so häufig zur Ideen- oder Geistesgeschichte. Die Frage nach den leitenden Ideen oder Master-Narrativen einer Epoche (in ihrem Zusammenhang, aber auch in ihrer Spannung) ist trotz der Kritik, die ihr von Jean-François Lyotard und der sogenannten Postmoderne entgegengehalten wurde, für Historiker,

Soziologen und Philosophen weiterhin eine zentrale Frage (→ KAPITEL 14.1).

Bezieht sich die Rede von Universalgeschichte in der Regel nur auf den großen historischen Zusammenhang, so könnte man zurecht von einer universalen Geschichte verlangen, dass sie auch die Geschichte aller sozialer Schichten, aller Generationen, aller Völker etc. sein müsste. In der Schule der *Annales* – so genannt nach der gleichnamigen 1929 von Marc Bloch und Lucien Febvre gegründeten Zeitschrift – geht es um einen Versuch in diese Richtung, bei dem Alltagsgeschichte, Mentalitätsgeschichte, Ereignisgeschichte, Politikgeschichte, Sozialgeschichte etc. miteinander verbunden werden unter Einbezug der verschiedenen Disziplinen und ihrer je eigenen Fragestellungen: vor allem Ethnologie, Soziologie, Psychologie, aber auch Geografie, Ökonomie, historische Klimaforschung etc. Fernand Braudel (1902–85), ein Schüler von Bloch und Febvre, erläutert den Gedanken einer histoire totale, einer totalen Geschichte, in der Einleitung zu seiner *Geschichte Frankreichs* (1970):

Histoire totale

> „Diese revolutionäre Öffnung, die häufig eine entschiedene Infragestellung bedeutet, ist in erster Linie darauf zurückzuführen, daß andere Humanwissenschaften in den fast unbewachten Bereich der Geschichtswissenschaften vorgedrungen sind: Geographie, Politische Ökonomie, Demographie, Politologie, Anthropologie, Ethnologie, Sozialpsychologie, Kulturwissenschaften, Soziologie usw. Die Geschichte hat zugelassen, daß sie von allen Seiten ausgeleuchtet wurde. Die Schwierigkeit (deren sich Historiker nicht immer bewußt sind) besteht nun darin, daß keiner dieser Gesichtspunkte übersehen werden sollte. Auch wenn in der Praxis keiner von uns zu solch einem Kraftakt in der Lage ist, müssen wir uns plötzlich mit dem Ganzen beschäftigen, der ‚historischen Totalisierung‘, müssen wir die These vertreten, daß ‚nur die totale Geschichte die wahre Geschichte‘ ist oder wie bereits Michelet sagte, daß ‚alles mit allem zusammenhängt, alles mit allem vermengt ist‘." (Braudel 1989, S. 14)

So einleuchtend die Forderung Braudels ist, so absurd scheint jedoch die Konsequenz, wenn man sich einmal vorstellt, dass eine vollkommene totale Geschichte erreicht wäre und man nun tatsächlich wüsste, wie alles mit allem zusammenhängt. Es erginge einem dann, wie bei jenem berühmten Gedankenexperiment mit dem Laplace'schen Dämon: Wenn man die Naturgesetze und die Ausgangsbedingungen der Welt kennt, so argumentierte der französische Physiker Pierre-Simon Laplace (1749–1827), dann kann man jede beliebige Situation der Welt berechnen und auch für die Zukunft vorhersagen. Man hat

Der Laplace'sche Dämon

dann ein komplettes Wissen der Welt, aber es wird alles sinnlos, schon deshalb, weil es in dieser Welt keine Freiheit gibt.

2.3 Objektivität und Parteilichkeit

Idee der Historik

Spätestens seit der berühmten *Historik* (1868) Johann Gustav Droysens bezeichnet der Name Historik das Projekt einer erkenntnistheoretischen Grundlegung der Geschichte. Alle historische Forschung – sei es das tief schürfende Fragen nach einem Sinn der Geschichte, sei es das methodisch unbedarfte Erzählen der Geschichte einer Kleinstadt – verweist auf erkenntnistheoretische Probleme. Der Historiker, der versucht sich Rechenschaft abzulegen, warum er welches Thema wie behandelt, ist mit zahlreichen Fragen konfrontiert, die der eigentlichen Behandlung seines Themas vorangestellt sind. Zunächst stellt sich ihm die allgemeine Frage, wie überhaupt Erkenntnis – in seinem besonderen Fall: von Vergangenem – möglich ist. Daher muss er die erkenntnistheoretische Frage klären, wie überhaupt Wissen von etwas möglich ist, im Besonderen, wie Wissen von Fremdseelischem möglich ist. Wenn der Mensch Subjekt der Geschichte ist, geht es darum, die Handlungen von Menschen zu verstehen, wenn der Mensch Objekt der Geschichte ist, sein Fühlen, Leiden, Erleben etc. Da die meisten Quellen, mit denen der Historiker arbeitet, schriftliche Quellen, d. h. Texte sind, bedarf es zum anderen einer Hermeneutik. Der Historiker muss sich in der Kunst üben, Texte auszulegen.

Objektivität

Der Historiker, der vor der Wahl eines Themas steht, der begründen will, warum er dieses oder jenes Problem für bedeutend erachtet, steht vor der Frage, inwiefern eine objektive Behandlung des Themas möglich bzw. geboten ist. Wer eine objektive Geschichtsschreibung für möglich hält, muss begründen, woher er seine Maßstäbe nimmt und wie er sie legitimieren kann.

Auswahl des Stoffes

Auch steht der Historiker vor der Aufgabe, sich Klarheit darüber zu verschaffen, nach welchen Kriterien er aus der Fülle des historischen Stoffes bestimmte individuelle Ereignisse herauspräpariert und in eine Ordnung bringt. Individuelles für sich genommen ist unverständlich, es gewinnt erst Bedeutung, wenn es in einen Zusammenhang eingeordnet wird. Geschichte kennt nur Ereignisse, die mit vorhergehenden Ereignissen in der Ordnung der Zeit verbunden sind. Jedes Ereignis ist eingebettet in den geschichtlichen Zusammenhang des Geschehenen. Da jedes Ereignis auf ein anderes verweist, wird Geschichte tendenziell immer zur Universalgeschichte.

Aber kein Historiker kann – schon aufgrund mangelnder Quellen – alles, was geschehen ist, überschauen. Indem sich der Historiker auf Bestimmtes konzentriert und Anderes beiseite lässt oder marginalisiert, unterstellt er, dass die von ihm gewählte Perspektive auf bestimmte Gegenstände das Geschehene verständlich macht. Weil er den Beweis nicht erbringen kann, dass alle anderen möglichen Perspektiven unfruchtbar sind oder nichts Wesentliches hinzufügen, braucht er ein ordnendes Prinzip, zumal wenn längere Zeiträume behandelt werden. Die Bestimmung eines ordnenden Prinzips, das sich in der Regel schon in der spezifischen Fragestellung niederschlägt, hat immer etwas vom Charakter einer Entscheidung, die aus pragmatischen Gründen gefällt werden muss. Letztlich scheint es nur zwei Möglichkeiten zu geben, als Historiker die Entscheidung für dieses oder jenes ordnende Prinzip zu rechtfertigen: Er kann sich zu einer metaphysischen oder zu einer agnostischen Spekulation bekennen, d. h. er kann entweder auf bestimmte Glaubensüberzeugungen hinweisen, die sich nicht mehr argumentativ ausweisen lassen, oder aber er kann die reine Notwendigkeit, sich beschränken zu müssen, als Grund seiner Wahl angeben.

Perspektivismus

Gerne wird Leopold von Ranke zitiert, wenn nach einem Historiker gesucht wird, der an die Möglichkeit einer objektiven Geschichtsschreibung geglaubt hat. In der Einleitung zu den *Geschichten der romanischen und germanischen Völker* (1824) heißt es:

Möglichkeit eines objektiven Standpunktes

> „Man hat der Historie das Amt, die Vergangenheit zu richten, die Mitwelt zum Nutzen zukünftiger Jahre zu belehren, beigemessen: so hoher Aemter unterwindet sich gegenwärtiger Versuch nicht: er will blos zeigen, wie es eigentlich gewesen." (Ranke 1874, S. VII)

Häufig hat man hier ein hybrides Verständnis der Möglichkeit absoluter Objektivität gesehen. Tatsächlich will Ranke nur sagen: die Geschichte, die ich erzähle, verurteile ich nicht, sondern ich affirmiere sie. Denn bevor er seinen Leser darüber informiert, dass er ihm zeigen will, wie es eigentlich gewesen ist, legt er dar, von welchem Standpunkt aus er argumentiert: Zunächst sei er von der Einheit der romanischen und germanischen Nation ausgegangen, um dann zu zeigen – die „Absicht eines Historikers hängt von seiner Ansicht ab" (Ranke 1874, S. V) – weshalb, worin und wie diese Einheit besteht.

Auch hier handelt es sich um einen hermeneutischen Zirkel, auf den Ranke hinweist, wenn er auf sein Motiv, auf seine ursprüngliche Absicht verweist. Die Objektivität, die Ranke beansprucht, verlangt Einverständnis mit seinen Prämissen, die sich nur dann als die richtigen erweisen können, wenn sie historisch geprüft werden. Letztlich

Hermeneutischer Zirkel aufgrund normativer Prämissen

ist es ein sehr eingeschränkter Begriff von Objektivität, den Ranke für sich reklamiert. Objektivität meint hier nichts anderes als Wahrheit. Kein Historiker würde ja behaupten, er habe absichtlich eine unwahre Geschichte geschrieben. Allein Friedrich Nietzsche hat einmal die paradoxe Ansicht vertreten, Objektivität und Wahrheit stünden in einem Spannungsverhältnis:

> „Objectivität und Gerechtigkeit haben nichts miteinander zu thun. Es wäre eine Geschichtsschreibung zu denken, die keinen Tropfen der gemeinen empirischen Wahrheit in sich hat und doch im höchsten Grade auf das Prädicat der Objectivität Anspruch machen dürfte." (Nietzsche KSA 1, S. 290)

Nietzsche spielt hier mit den Begriffen. Letztlich will er sagen: Eine Geschichtsschreibung, die sich zu sehr an den objektiv überprüfbaren Fakten orientiert, an den Ereignissen, die keiner infrage stellt, führt uns niemals zu einer Bewertung der entscheidenden Fragen. Erst wenn die Geschichtschreibung spekulativ wird, d. h. im Sinne des wissenschaftlichen Sprachgebrauchs nicht mehr objektiv ist, ist Erkenntnis der Wahrheit möglich, d. h. Objektivität in einem anderen Sinn.

Weber contra Troeltsch

Vielleicht gibt es angesichts der Frage nach der Möglichkeit eines objektiven Standpunktes keine interessantere Diskussion als das Gespräch zwischen Max Weber und Ernst Troeltsch (→ KAPITEL 12). Weber und Troeltsch lernten sich um 1900 in kennen und wohnten mehrere Jahre (bis zu Troeltschs Berufung nach Berlin 1915) als Nachbarn im gleichen Haus in Heidelberg. Beide sind für die Entwicklung der Soziologie, insbesondere der Religionssoziologie, der universalgeschichtlichen Fragestellung und der erkenntnistheoretischen Fundierung der historischen Wissenschaften von großer Bedeutung. Ihre Stellung in der Frage nach der Möglichkeit einer objektiven Perspektive könnte konträrer kaum sein. Während sich Weber an der Idee eines objektiven, d. h. von Herkunft und eigener Wertung unabhängigen Standpunkt orientiert und für eine wertneutrale Haltung eintritt, glaubt Troeltsch, dass der forschende Historiker keinen neutralen Standpunkt einnehmen kann und soll.

Weber: Polytheismus der Werte oder …

Max Weber hat in der ihm eigenen Deutlichkeit klar formuliert, inwiefern historische Forschung *objektiv* sein sollte:

> „Denn es ist und bleibt wahr, daß eine methodisch korrekte wissenschaftliche Beweisführung auf dem Gebiete der Sozialwissenschaften, wenn sie ihren Zweck erreicht haben will, auch von einem Chinesen als richtig anerkannt werden muß oder – richtiger gesagt – daß sie dieses vielleicht wegen Materialmangels nicht erreichbare Ziel jedenfalls erstreben muß oder – richtiger gesagt –

> daß ferner auch die *logische* Analyse eines Ideals auf seinen Gehalt und auf seine letzten Axiome hin und die Aufzeigung der aus seiner Verfolgung sich logischer und praktischer Weise ergebenden Konsequenzen, wenn sie als gelungen gelten soll, auch für ihn gültig sein muß, während ihm für unsere ethischen Imperative das ‚Gehör' fehlen kann, und während er das Ideal selbst und die daraus fließenden konkreten *Wertungen* ablehnen kann und sicherlich oft ablehnen wird, ohne dadurch dem wissenschaftlichen Wert jener denkenden Analyse irgend nahe zu treten." (Weber 1904, S. 155f.)

Weber war der Ansicht, dass eine objektive, d. h. prinzipiell für jeden gleichermaßen nachvollziehbare Begriffsbildung möglich ist. Alle normativen Fragen, alle Wertungen gehören für ihn nicht in die Sphäre der Wissenschaft. Im Streit konfligierender Wertordnungen hingegen könne und dürfe die Wissenschaft keinen Beitrag leisten, da hier nicht mehr rational argumentiert werden könne, weshalb Weber von einem Polytheismus der Werte spricht.

Troeltsch: Kultursynthese

Dagegen steht die ganz anders geartete Auffassung Ernst Troeltschs. Für Troeltsch gibt es keinen neutralen objektiven Standpunkt, da der Historiker seine Begriffe nur in einer bestimmten historischen Situation einer bestimmten Kultur gewinnen kann:

> „Alle Maßstabbildung gegenüber historischen Dingen entspringt also aus dem eigenen Lebenszusammenhang, ist dessen Kritik und Weiterbildung zugleich. Wie jede Bewegungsberechnung in den Naturwissenschaften abhängig ist von dem Standort des Rechners, so ist auch in der Historie jeder Maßstab unaustilgbar bestimmt von dem Standort, von dem aus er entspringt." (Troeltsch 1922a S. 169)

Die Geschichtsschreibung sollte nach Troeltsch stets in engem Kontakt mit einer Geschichtsphilosophie stehen, weil es gilt, den eigenen Standpunkt auszuweisen. Troeltschs normatives Ziel ist die Kultursynthese, d. h. der Versuch durch kritische Aneignung der Vergangenheit den normativen Standpunkt der Gegenwart zu bestimmen.

Fragen und Anregungen

- Skizzieren Sie das Verhältnis von Geschichtswissenschaft und Philosophie.
- Inwiefern ist die Frage der Periodisierung ein philosophisches Problem?

- Vor welchen erkenntnistheoretischen Schwierigkeiten steht die Universalgeschichtsschreibung?
- Wie objektiv kann und sollte Geschichtsschreibung sein?
- Überlegen Sie, in welchem Verhältnis Objektivität und Bewertung in historischen Darstellungen stehen.

Lektüreempfehlungen

Quellen

- **Johann Gustav Droysen: Historik.** Historisch-kritische Ausgabe Historik Bd. 1, Rekonstruktion der ersten vollständigen Fassung der Vorlesungen (1857); Grundriß der ‚Historik' in der ersten handschriftlichen (1857/1858) und in der letzten gedruckten Fassung (1882), hrsg. von Peter Leyh, Stuttgart 1977.
- **Ernst Troeltsch: Über Maßstäbe zur Beurteilung historischer Dinge,** in: ders., Der Historismus und seine Probleme. Das logische Problem der Geschichtsphilosophie, Tübingen 1922, S. 111–220.
- **Max Weber: Die Objektivität sozialwissenschaftlicher und sozialpolitischer Erkenntnis,** in: ders., Gesammelte Aufsätze zur Wissenschaftslehre, Tübingen 1922, S. 146–214.

Forschung

- **Arnaldo Momigliano: Die Ursprünge der Universalgeschichte,** in: ders., Ausgewählte Schriften zur Geschichte und Geschichtsschreibung, Bd. 1, Stuttgart, Weimar 1998, S. 111–140. *Diskutiert das Verhältnis der verschiedenen antiken und jüdisch-christlichen Beiträge zur Entstehung der universalgeschichtlichen Auffassung.*
- **Ernst Schulin (Hg.): Universalgeschichte,** Köln 1974. *Sammelband mit klassischen Beiträgen von: Karl Jaspers, Christopher Dawson, Max Weber, Fernand Braudel, W. W. Rostow, Alexander Gerschenkron u. a.*
- **Johan Hendrik Jacob van der Pot: Sinndeutung und Periodisierung der Geschichte. Eine systematische Übersicht der Theorien und Auffassungen,** Leiden/Boston/Köln 1999. *Breiter, sehr gelehrter Überblick.*

3 Antike und frühes Christentum

Abbildung 4: Joseph-Noël Sylvestre: *Plünderung Roms durch die Barbaren 410 (Le sac de Rome par les barbares en 410)* (1890) (Ausschnitt)

Im August 410 n. Chr. wüteten westgotische Soldaten unter der Führung von Alarich drei Tage lang in Rom. Diese Plünderung Roms – hier in einem Ausschnitt aus einem Gemälde von Joseph-Noël Sylvestre dargestellt – gilt als eines der wichtigsten Ereignisse, die zum Untergang des weströmischen Reiches 476 n. Chr. geführt haben.

Für viele Historiker markiert der Sieg der Westgoten die Grenze zwischen Antike und Mittelalter. Im kollektiven Gedächtnis Europas ist der Untergang Roms stets ein wichtiger Bezugspunkt gewesen. Roms Untergang steht für die Möglichkeit, dass Großes vergänglich ist. Von Montesquieues „Considérations sur les causes de la grandeur des Romains et de leur decadence" (1749) über Edward Gibbons „History and Decline and Fall of the Roman Empire" (1776–89) bis in die Gegenwart hält sich das Bedürfnis, die Gründe für den Untergang Roms zu verstehen (vgl. Demandt 1984). Der Untergang Roms fasziniert jedoch nicht allein deshalb, weil ein großes Weltreich besiegt wurde, sondern auch, weil eine vermeintlich hohe Kultur von Barbaren zerstört wurde. Ferdinand Gregorovius beschreibt den Einfall der Westgoten in seiner „Geschichte der Stadt Rom im Mittelalter" (1859) aus dieser Perspektive – und könnte damit die Bildunterschrift für das Gemälde von Sylvestre liefern: „Der trunkene Hunne hielt sich nicht bei der Betrachtung der Kunst auf, welche alexandrinische Meister für den feinsten Luxus der Frauen Roms verwandt hatten" (Gregorovius 1978, Bd. 2, S. 72).

Aus der Perspektive der Menschen des Mittelalters war Roms Untergang weniger einschneidend, da man die eigene Zeit in enger Kontinuität mit dem römischen Reich verstand, das der Vier-Reiche-Lehre zufolge gar nicht untergehen, sondern nur transformiert werden konnte (vgl. Rehm 1930, 34ff.). Die Ansichten von Geschichte, die sich in der Antike entwickelten, sind ausgesprochen heterogen. Sie reichen von dem bei Persern, Griechen und Römern verbreiteten Glauben an die ewige Wiederkehr und ein goldenes Zeitalter bis zu teleologischen Vorstellungen – sei es in der Orientierung an einem jenseitigen Reich wie in Judentum und Christentum, sei es an einer innerweltlichen Höherentwicklung, wie sie von der Ausdehnung des Imperium Romanum verkörpert wurde.

3.1 Die Lehre von der ewigen Wiederkehr des Gleichen

Man stelle sich vor: Das Leben in einer einfachen, archaischen Gesellschaft. Die Welt, die die Menschen umgibt, ist so wie sie ist. – Es ist eine sehr spekulative Frage, was für ein Bild der Welt die Menschen hatten, bevor an verschiedenen Stellen der Erde die großen historischen Bewegungen in Gang kamen. Es gibt kaum historisch verwertbare Überlieferungen, die Auskunft geben über die Ansichten der Menschen, die vor 10 000 oder vor 20 000 Jahren lebten.

Um dieser Verlegenheit zu entgehen, hat man sich denjenigen Völkern zugewandt, die abseits der großen historischen Bewegungen leben bzw. gelebt haben. Dabei hat sich, bei allen Unterschieden im Einzelnen, gezeigt, dass die Menschen der sogenannten Naturvölker aus den sogenannten archaischen Kulturen alle relativ ähnliche Vorstellungen über das Wesen der Zeit und die kosmologische Frage nach dem Grund und der Herkunft der Welt haben. Das Leben von Menschen in vorindustriellen Kulturen ist geprägt von den Rhythmen der Natur. Tag und Nacht wechseln sich mit steter Regelmäßigkeit ab. Die Jahreszeiten wiederholen sich. Die Konstellation der Sterne am Himmel folgt dem Wechsel der Jahreszeiten. Versucht man sich vor dem Hintergrund nur dieser unmittelbaren Tatsachen des Lebens die Frage zu stellen, was vor der selbst erlebten Zeit geschehen ist, so scheint die Antwort klar. Die Zeit ist ewig. Es gibt keinen Zeitpunkt vor der Zeit, es gibt keinen Nullpunkt, von dem aus die Zeit beginnt. Und ebenso wenig ist ein Ende der Zeit vorstellbar. Die Zeit dauert ewig. Damit scheint auch die Frage nach einem möglichen Beginn der Welt und einem möglichen Schöpfer obsolet. Die Welt existiert immer schon.

Archaische Vorstellungen von Geschichte

Zyklische Vorstellungen, in denen die Zeit als ewig gedacht wird, sind auch für die sogenannten frühen Hochkulturen typisch, z. B. für Babylonier, Perser, Inder und viele andere, insbesondere auch für das antike Griechenland. Als Name für diese Vorstellungen hat sich die Rede von der ewigen Wiederkehr bzw. Wiederkunft des Gleichen etabliert. Bei diesem Begriff ist allerdings eine gewisse Vorsicht angebracht, denn seine pauschale Verwendung verdeckt eine wichtige Unterscheidung von zwei Möglichkeiten, eine zyklische Wiederholung zu denken.

Begriff der ewigen Wiederkehr

Wiederholung des Ähnlichen

Für die einen wiederholt sich alles im Sinne eines ähnlichen zyklischen Ablaufs. Die Wiederkehr besteht in einer Wiederholung des Ähnlichen, nicht aber in einer exakten Wiederholung derselben Ereignisse: *semper eadem, sed aliter* (immer das Gleiche, aber immer anders). Der Gedanke einer zyklischen Wiederkehr dient dann z. B. einer Beschreibung der politischen Veränderungen. Platon in der *Politeia* (um 370 v. Chr.) oder der griechische Historiker Polybios (um 200 v. Chr. – 120 v. Chr.) denken an einen Kreislauf der Verfassungen, der sich mit Naturnotwendigkeit vollzieht und „durch den die Verfassungen sich wandeln und miteinander wechseln, bis der Kreis sich geschlossen hat und alles wieder am Ausgangspunkt angelangt ist“ (Polybios 1974, S. 9–10).

Wiederholung des Identischen

Für andere hingegen wiederholt sich die Geschichte auf exakt identische Weise immer wieder von Neuem. Diese Ansicht geht zurück auf Folgerungen, die man aus der Konstellation der Gestirne ableitet. Schon die Babylonier und von ihnen beeinflusst die Griechen hatten vermutet, dass sich die Planeten in langen Zeitintervallen wieder in derselben Konstellation zueinander einfinden. Bei Platon, Aristoteles und den Pythagoreern findet sich die Idee des großen Jahres (oder auch Weltjahres), das, so Platon im *Timaios* (um 360 v. Chr.), vollendet ist, „wenn alle acht Umläufe, nach Durchmessung ihrer Bahnen, gemäß ihren Geschwindigkeitsverhältnissen, gleichzeitig wieder am Ausgangspunkt angelangt sind“ (Platon 1919, S. 58). Platon hat zwar angenommen, dass die Gestirne wieder an genau dieselbe Stelle zurückkehren, er hat allerdings nicht an eine exakte Wiederholung des schon Gewesenen geglaubt. Diese Ansicht wird den Pythagoreern zugeschrieben, die von einer Harmonie zwischen Makrokosmus und Mikrokosmos ausgehen, der zufolge die Wiederholung der himmlischen Bewegungen ein klares Indiz für eine exakte Wiederholung auch aller Ereignisse auf Erden ist. Eudemos, ein Schüler des Aristoteles, berichtet:

> „Wenn man den Pythagoreern glauben soll, so werde auch ich künftig, so wie alles der Zahl nach wiederkehrt, euch hier wieder Märchen erzählen, dieses Stöckchen in der Hand haltend, während ihr ebenso vor mir sitzen werdet; auch alles andere wird sich ebenso verhalten. Und es ist logisch, daß dann auch die Zeit dieselbe sein wird. Denn bei einer und derselben Bewegung, und ebenso, wenn viele Bewegungen dieselben sind, sind die vorangehenden und späteren Geschehnisse dieselben und ihre Anzahl auch. Da das alles dasselbe ist, wird auch die Zeit dieselbe sein.“ (Eudemos zit. n. van der Waerden 1952, S. 130)

Die Vorstellung einer sich identisch wiederholenden Geschichte ist sicher weit weniger verbreitet und populär gewesen als die Annahme sich zyklisch wiederholender Abläufe. Allerdings gab es immer wieder Versuche, die Lehre einer identischen Wiederkehr zu aktualisieren. Berühmt ist der Versuch Nietzsches, der sich explizit auf die antiken Autoren bezieht (→ KAPITEL 11.2). Diejenigen, die unter seinem Einfluss ihre Kritik an der christlich-jüdischen bzw. christlich-jüdisch geprägten Vorstellung eines linearen Verlaufs der Zeit mit einem Rückgriff auf die Idee des zyklischen Denkens der Antike verbunden haben, haben sich jedoch selten zu einer Wiederkehr des Identischen bekannt.

Normative Beurteilung der Lehre von der ewigen Wiederkehr

Bemerkenswert ist, dass in der Diskussion der Argumente, die für und wider eine zyklische Auffassung der Geschichte sprechen, kaum auf eigentlich kosmologische Fragen Bezug genommen wird. Im Mittelpunkt steht stattdessen meistens die normative Frage, ob denn eine solche Vorstellung überhaupt wünschenswert sei. Von den einen wird diese Frage vehement verneint, z. B. von Augustinus (354–430 n. Chr.) (→ KAPITEL 4.3). Für ihn ist die Annahme einer steten Wiederkehr gleichbedeutend mit einer determinierten Welt, in der gar nicht sinnvoll von moralischem Verhalten gesprochen werden kann. Für andere, z. B. für Karl Löwith, ist das zyklische Weltbild der Antike gerade deshalb menschlicher, weil es entlastet und eine Versöhnung mit dem Schicksal ermöglicht (→ KAPITEL 14.2). Dominanter ist sicher die kritische Haltung gegenüber den zyklischen Vorstellungen gewesen, die sich auch bei ausgesprochenen Bewunderern der Antike findet. Typisch ist die Sichtweise Wilhelm Windelbands (1848–1915):

> „Es ist mir immer peinlich gewesen, daß ein so geschmackvolles und feinfühliges Volk wie das griechische die durch die ganze Philosophie hindurchgehende Lehre sich hat gefallen lassen, wonach in der periodischen Wiederkehr aller Dinge auch die Persönlichkeit mit allem ihren Tun und Leiden wiederkehren soll. Wie schlimm entwertet ist das Leben, wenn es genau so schon wer weiß wie oft dagewesen sein und wer weiß wie oft sich noch wiederholen soll – wie entsetzlich der Gedanke, daß ich als derselbe schon einmal dasselbe gelebt, gelitten, gestrebt und gestritten, geliebt, gehaßt, gedacht und gewollt haben und daß, wenn das große Weltjahr abgelaufen ist und die Zeit wiederkommt, ich dieselbe Rolle auf demselben Theater noch wieder und wieder soll abspielen müssen! Und was so vom individuellen Menschenleben gilt, das gilt erst recht von der Gesamtheit des geschichtlichen Prozesses: er hat nur Wert, wenn er einmalig ist. Dies ist das Prinzip, welches die christliche Philosophie in der Patristik siegreich gegen den Hellenismus behauptet hat. Im Mittelpunkt ihrer Weltansicht standen von vornherein der Fall und die Erlösung des Menschengeschlechts als einmalige Tatsachen." (Windelband 1894, S. 156)

Die Gegenüberstellung von zyklischer und linearer Zeit ist hier verbunden mit der diskussionswürdigen These, dass sich nur im Christentum die Vorstellung historischer Einmaligkeit herausgebildet hat und nur diese Einmaligkeit die Idee der Freiheit ermöglicht. Unabhängig von einer Diskussion dieser normativen These ist das historische Urteil Windelbands. Dieses Urteil ist insofern problematisch, als sich das antike Zeitdenken keineswegs so einheitlich beschreiben lässt, wie Windelband unterstellt. Schon zwischen den Positionen Platons und Aristoteles' bestehen große Unterschiede. Nicht alle zyklischen Theorien gehen von einer Anfangslosigkeit der Welt aus. Platon nimmt im *Timaios* den relativen Anfang eines Weltjahres an, der das Werk eines Demiurgen, eines Weltschöpfers, ist. Aristoteles hingegen denkt in *De caelo (Über den Himmel)* die Ewigkeit der Zeit mit der Ewigkeit der Bewegung zusammen und glaubt nicht an eine Schöpfung.

Unterschiede im antiken Zeitdenken

Sinn der Geschichte bei ewiger Wiederkehr des Gleichen

Zunächst sollte man fragen, welchen Sinn diejenigen, die an eine ewige Wiederkehr des Gleichen glauben, der Geschichte geben. Dann zeigt sich nämlich, dass diese Annahme nicht zwingend mit einem totalen Fatalismus in Verbindung gebracht werden muss. Das Studium der Geschichte ist für die griechischen Historiker, für Herodot, Thukydides oder Polybios sinnvoll, weil man aufgrund der sich mehr oder weniger ähnelnden Ereignisse aus der Geschichte lernen kann. Dieser Typ von Geschichtsschreibung, der mit dem Begriff der *historia magistra vitae* verbunden ist, wird häufig als *pragmatische* Geschichtsschreibung bezeichnet.

Aus der Ähnlichkeit der Ereignisse lernen

Polybios und Thukydides argumentieren dabei übrigens weniger kosmologisch als anthropologisch: Bei einem Körper, bei einer Verfassung und beim Handeln gibt es, so Polybios in den *Historien*, „von Natur aus ein Wachstum, dann eine Blüte, und schließlich ein Vergehen" (Polybios 1973, S. 61). Und Thukydides (454 v. Chr. – ca. 396 v. Chr.) führt als Grund der Wiederholung explizit die Gleichheit der menschlichen Natur an, wenn er sein Werk *Peloponnesischer Krieg* mit den Worten anpreist: „Wer aber klare Erkenntnis des Vergangenen erstrebt und damit auch des Künftigen, das wieder einmal nach der menschlichen Natur so oder ähnlich eintreten wird, der wird mein Werk für nützlich halten" (Thukydides 1973, S. 56).

Kairos: der günstige Augenblick

Der antike Fatalismus, d. h. der Glaube an das Schicksal, wird falsch verstanden, wenn man ihn mit einem Determinismus gleichsetzt, der keinen Handlungsspielraum und keine Entscheidungsfreiheit zulässt. Dies zeigt sich besonders deutlich an der Idee des *Kairos*, des günstigen Augenblicks. Kairos meint den Zeitpunkt, in dem der Handelnde sein Ziel erreichen kann. In einem bestimmten Augenblick ist möglich, was vorher und nachher nicht mehr möglich sein wird. Wie viele antike Ideen hat sich die Vorstellung des günstigen Augenblicks später mit jüdisch-christlichen Motiven verbunden. Kairos meint auch hier den Augenblick, in dem die Geschichte eine entscheidende Wendung erfährt, z. B. den Augenblick, in dem der Messias erscheint.

De viris illustribus: Die Idee der Größe

Ein anderer Sinn der Geschichtsschreibung ist für viele Autoren der griechischen und römischen Antike mit der Idee des großen Individuums verbunden. Geschichte dient dazu, die Tatsache sowie die Möglichkeit dieser Idee zu vermitteln. Charakteristisch ist die Rede von den berühmten Männern. Cornelius Nepos (um 100 – nach 28 v. Chr.) und Sueton (um 70 – nach 122 n. Chr.) schrieben Bücher, die den Titel *De viris illustribus* (*Über berühmte Männer*) tragen. Sie begründeten damit ein Genre, das bis ins 17. Jahrhundert immer wieder neu belebt wurde.

Erfahrung von Wirklichkeit

Eine Kritik der kosmologischen Theorien sollte versuchen, sich auch auf den konkreten Lebensvollzug derer zu beziehen, für die jene Annahme bestimmend ist. Der Religionswissenschaftler Mircea Eliade kommt Mitte des 20. Jahrhunderts unter Einbeziehung zahlreicher antiker und außereuropäischer Quellen zu dem Ergebnis, dass die Welt für diejenigen Menschen, die an eine stete Wiederkehr glauben, nur qua dieser Annahme Wirklichkeit gewinnt:

> „Hegel behauptete, daß in der Natur die Dinge sich ununterbrochen wiederholten und ‚daß es nichts Neues unter der Sonne' gebe. Alles, was wir bisher gezeigt haben, bestätigt das Vorhandensein einer ähnlichen Vorstellung beim Menschen der archaischen Gesellschaft: für ihn wiederholen sich die Dinge unendlich, und es geschieht in der Tat nichts Neues unter der Sonne. Aber diese Wiederholung hat einen Sinn […]: Sie allein verleiht den Geschehnissen Wirklichkeit." (Eliade 1961, S. 77)

3.2 Schöpfungsmythen: Goldenes Zeitalter

Wiederkehr versus Fortschritt

Es ist aus heutiger Perspektive erstaunlich, dass in so vielen Kulturen eine unserer Vorstellung von Geschichte geradezu gegenläufige Entwicklung der Dinge behauptet wird. Auch wenn heutzutage Viele der Idee des Fortschritts skeptisch gegenüber stehen, so steht doch außer Frage, dass die Idee des Fortschritts unser Denken und unsere Kultur prägt. Die Richtung unseres Denkens ist der Richtung der antiken und traditionellen Mythen und Märchen entgegengesetzt. Die großen sozialen Utopien der Gegenwart trauern nur selten der Vergangenheit hinterher, sie sind in die Zukunft gerichtet. Das gilt gleichermaßen für soziale Utopien, die gleiche Gerechtigkeit für alle erstreben, wie für das große Projekt der liberalen Demokratie mit seiner Idee der individuellen Selbstverwirklichung.

Vorstellung vom goldenen Zeitalter ...

Die Vorstellung eines goldenen Zeitalters, eines Paradieses in dem die Menschen einmal gelebt haben und das sie verloren haben, ist eine rückwärtsgewandte Vorstellung von Geschichte, in der sich Motive zyklischen und linearen Denkens mal so, mal anders verschränken. Den einschlägigen ideengeschichtlichen Untersuchungen zufolge handelt es sich bei dem Gedanken eines ursprünglichen Paradieses um eine Idee, die bei nahezu allen Völkern nachzuweisen ist (→ KAPITEL 1). Das gemeinsame Motiv, das die verschiedenen Vorstellungen verbindet, ist die Vorstellung einer Natur, die ohne jegliches Zutun des Menschen alle Bedürfnisse befriedigt (vgl. Gatz 1967, S. 201ff.).

... verbunden mit der Vorstellung der ewigen Wiederkehr bei Vergil

Die ersten Schöpfungsmythen, die von einem goldenen Zeitalter oder sinnverwandten Vorstellungen handeln, lassen den Gang der Weltgeschichte mit einem goldenen Zeitalter beginnen. Für Hesiod und andere ist es das verlorene Paradies, das nicht wiederkommen wird. Das bedeutet: Die lineare Perspektive auf die Geschichte ist zunächst auf die Vergangenheit gerichtet, weil Geschichte als Verlust und Niedergang erfahren wird. Erst bei Vergil findet sich eine andere Einordnung des goldenen Zeitalters. In der berühmten IV. Ekloge der *Bucolica* (Hirtengedichte, entstanden um 40 v. Chr.) heißt es unter dem Titel *Zeitenwende*:

> „Und großartig beginnen den Lauf ganz neue Geschlechter.
> Schon kehrt wieder Astraea, es kehrt Saturnus' Regierung:
> Neue Geburten entsteigen nun bald dem erhabenen Himmel.
> Sei nur dem werdenden Knaben, mit dem sich das eiserne Alter
> Schließt, und die goldene Zeit aufsteiget dem sämtlichen Erdkreis,
> Sei nur, keusche Lucina, ihm hold! Schon herrscht dein Apollo."
> (Vergil 1959, S. 13)

Vor Vergil ist der Gedanke einer Wiederkehr des goldenen Zeitalters bei keinem antiken Autor belegt (vgl. Gatz 1967, S. 90, S. 143). Erst Vergil verbindet den Gedanken einer ewigen Wiederkehr mit der Idee des goldenen Zeitalters und kann so die Größe Roms als historisches Ereignis feiern. Zugleich wird er, aus der Perspektive der Nachwelt, unter dem Einfluss jüdischer Messiaserwartungen zum Propheten des Christentums (vgl. van der Pot 1999, S. 302).

Pessimistische und optimistische Prophetie

Zwei Varianten der Idee eines goldenen Zeitalters lassen sich also unterscheiden: Es gibt pessimistische Utopien und optimistische Prophetien, die von einem goldenen Zeitalter oder Ähnlichem handeln. Vor allem in der Renaissance wird die Idee wiederentdeckt, für die Utopien des 16. Jahrhunderts ist sie eine wichtige Quelle, ebenso für die Romantik.

Je näher man der Gegenwart kommt, desto geringer wird die Bedeutung der Vorstellung eines goldenen Zeitalters. Das Denken der Neuzeit hat sich von der Idee eines ursprünglichen idealen Zusammenlebens weitgehend verabschiedet. Immanuel Kant verband das goldene Zeitalter nur noch mit einer leeren Sehnsucht nach etwas Unerreichbarem, aber auch gar nicht Wünschbarem. Als Aufklärer des 18. Jahrhunderts verstand er die Zeit der Unschuld des goldenen Zeitalters als eine Zeit der Einfalt, die nicht erstrebenswert ist, weil der Mensch seinem Leben durch Handlungen, die ihm seine Vernunft vorgibt, einen Wert geben soll. Kant sprach von dem

Kritik der Idee eines goldenen Zeitalters bei Kant

> „Schattenbild des von Dichtern so gepriesenen goldenen Zeitalters: wo eine Entledigung von allem eingebildeten Bedürfnisse, das uns die Üppigkeit aufladet, sein soll, eine Genügsamkeit mit dem bloßen Bedarf der Natur, eine durchgängige Gleichheit der Menschen, ein immerwährender Friede unter ihnen, mit einem Worte der reine Genuß eines sorgenfreien, in Faulheit verträumten oder mit kindischem Spiel vertändelte Lebens: – eine Sehnsucht, die die Robinsone und die Reisen nach den Südseeinseln so reizend macht, überhaupt aber den Überdruß beweiset, den der denkende Mensch am civilisirten Leben fühlt, wenn er dessen Werth lediglich im Genusse sucht und das Gegengewicht der Faulheit dabei in Anschlag bringt, wenn etwa die Vernunft ihn erinnert, dem Leben durch Handlungen einen Werth zu geben." (Kant 1786, S. 121)

3.3 Jüdische und urchristliche Zeitvorstellungen

Das jüdische und christliche Denken der Geschichte ist von Beginn an komplex. Die Auslegungen beider Religionen sind so unterschiedlich, dass es unmöglich ist, eine einzige Deutung als die kanonische herauszustellen, von der ausgehend dann die Abweichungen markiert werden könnten.

Ausgangspunkt jeder Beschäftigung mit den jüdisch-christlichen Vorstellungen von Geschichte ist die Bibel. Die hebräische Bibel, der Tanach, ist weitgehend identisch mit einem Teil der christlichen Bibel, dem Alten Testament. Die einzelnen Bücher der Bibel stammen aus verschiedenen Jahrhunderten, die ältesten gehen vermutlich bis auf das 12. Jahrhundert vor Christus zurück, die jüngsten, so das Buch Daniel, sind um 200 vor Christus entstanden. Die Zusammen-

Bibel

stellung zu einem Buch erfolgte etwa zur selben Zeit. Die Bibel gibt eine durchgehende Erzählung von der Erschaffung der Welt bis etwa 400 v. Chr. Die Genesis berichtet von der Erschaffung der Welt in sechs Tagen. Nach Psalm 90 (89) 4 sollen diesen sechs Tagen 6 000 Jahre entsprechen. Der Zeitpunkt der Gegenwart Jesu bzw. der Zeitpunkt, an dem die letzten Texte der Bibel entstanden sind, ist so umstritten wie der Zeitpunkt des Endes der Zeiten. Verglichen mit den Werken der griechischen und römischen Historiker zeigt sich in der Bibel eine bemerkenswerte Kontinuität der Geschichte, die von Adam und Eva, Noah und Abraham über den Exodus und das babylonische Exil bis zur Geburt Jesu reicht (vgl. Momigliano 1991, S. 54f.). Die Geschichte ist hier Universalgeschichte, denn alles, was geschehen ist, hat seinen Ort in einer kontinuierlichen, linearen Entwicklung, die vorerst in der Gegenwart endet.

Ausgesprochen populär ist das seit Augustinus übliche Vorgehen, das Wesentliche des jüdischen und christlichen Verständnisses von Geschichte im Unterschied zum zyklischen Denken der Antike kontrastiv herauszustellen. Dieses Vorgehen hat (obgleich es historisch wie systematisch voller Probleme ist) den Vorteil, dass es zu einem mehr oder weniger klaren Ergebnis führt. Die jüdisch-christliche Vorstellung von der Zeit unterscheidet sich in dieser Perspektive grundsätzlich von der in Griechenland dominanten Vorstellung, der zufolge die Zeit unendlich ist und sich die Ereignisse in der Zeit zyklisch wiederholen. Für Juden und Christen heißt Zeit dagegen Frist, meint Zeit eine Zeitspanne – die Zeitspanne von der Erschaffung der Welt bis zur Ankunft des Messias, bis zum Jüngsten Gericht, bis zu dem Anbruch von etwas, das nicht mehr in der Welt der irdischen Zeit stattfindet. Das bedeutet: Es gibt einen Anfang und ein Ende, und alle Ereignisse, die sich zwischen Anfang und Ende vollziehen, sind einmalig. Für Juden und Christen hat die Geschichte ein Ziel. Dieses Ziel heißt Erlösung.

Anfang und Ende in jüdisch-christlicher Zeitvorstellung

Problematik der Antithese zyklisch – linear

Diese zuspitzende Darstellung ist in vielerlei Hinsicht problematisch. Sie ist zum einen fragwürdig, weil es keineswegs gerechtfertigt ist, dem Denken vor bzw. neben dem jüdisch-christlichen jede Idee einer linearen, antizyklischen Sicht abzusprechen (→ KAPITEL 3.1, 3.2). Aber auch als Charakterisierung des ursprünglich jüdisch-christlichen Zeitverständnisses ist die Antithese zyklisch – linear schief, sofern man sie nicht als Antithese zur Schärfung der Begriffe, sondern als historische These versteht, denn auch im jüdisch-christlichen Denken finden sich zahlreiche Motive zyklischen Denkens:

Biblische Geschichte als Restauration eines ursprünglichen Zustandes

Die (biblische) Geschichte der Menschheit beginnt bei Adam und Eva im Paradies mit dem Sündenfall. Die Geschichte der Menschheit seit dem Sündenfall ist eine Geschichte der Prüfungen des Menschen durch Gott. Aus christlicher Perspektive stellt erst Christus, der zweite Adam (Römer 5) das durch die Sünde verderbte Menschenbild des Anfangs wieder her. Am Anfang hat Gott den Menschen ‚nach seinem Bilde' geschaffen. Dieser Mensch ist von Gott abgefallen, hat sein Gottesbild verloren und es mit Christus wiedergewonnen. Die Erlösung bedeutet so gesehen „Restauration des Ursprünglichen; das Ende kehrt zum Anfang zurück" (Benz 1957, S. 295).

Geschichte im Alten Testament

Das Alte Testament erzählt die Geschichte des jüdischen Volkes. Die Geschichtsauffassung des Alten Testaments ist bestimmt durch den Prophetismus. Prophetie bedeutet Verkündigung, die Prophetie ist *eine* Form der Offenbarung. Die Propheten verkünden die Botschaft Gottes, sie rufen zu einem sittlichen Leben auf und deuten die Zukunft. Die frühe Geschichte Israels ist die Geschichte verschiedener Prüfungen, die es zu überstehen gilt. Gott zürnt den Menschen so sehr, dass er ihnen die Sintflut schickt und nur Noah und seine Familie überleben lässt. Die Geschichte zeigt die uneingeschränkte Herrschaft Gottes, der Israel auserwählt hat. Göttliche Gnade, Sünde des Menschen, göttliches Gericht, menschliche Buße und göttliche Vergebung wechseln sich ab. Das Ziel der Geschichte ist zunächst ein innerweltliches: die Rückkehr des Volkes Israel aus dem Exil (vgl. Bultmann 1961; van der Pot 1999, S. 145), angekündigt durch den Propheten Deuterojesaia um 540 v. Chr. (vgl. Kamlah 1969, S. 28).

Eschatologie

Das Alte Testament kennt aber nicht nur eine prophetische, sondern auch eine apokalyptische Richtung. Der prophetischen und apokalyptischen Perspektive ist gemeinsam, dass sie eschatologisch ist, d. h. auf ein Ziel, auf ein Ende gerichtet ist, das verborgen ist und entschlüsselt werden kann. Die allgemeine Aussage, das jüdisch-christliche Verständnis von Geschichte sei im Kern eschatologisch, verdeckt mitunter die Tatsache der unterschiedlichen Momente des jüdisch-christlichen Zeit- und Geschichtsdenkens. Von grundsätzlicher Bedeutung für ein Verständnis dieser verschiedenen Momente ist die Unterscheidung innerweltlicher und jenseitiger Zukunftsvorstellungen. In einer Perspektive auf die Offenbarungen der Propheten zeigt sich die Geschichte als offene Geschichte mit Deutungs- *und* Handlungsspielräumen. Die Propheten verheißen das Ziel der Geschichte, aber die Realisierung dieses Zieles ist abhängig von den Taten der Menschen, d. h. der Gehorsamkeit des Volkes Israel. Entscheidend aber ist: Das Ziel ist meistens ein innerweltliches Ziel. Moses will sein Volk in ein Land führen, in dem Milch und Honig fließt (2 Mose 3,9). Der Prophet Jesaja verkündet: „Die Wüste und Einöde wird frohlocken, und die Steppe wird jubeln und wird blühen wie die Lilien“; in der Wüste wird es Wasser geben, Flüsse werden ehemals dürre Landstriche bewässern, und: „Die Erlösten des Herrn werden wiederkommen und nach Zion kommen mit Jauchzen; ewige Freude wird über ihrem Haupte sein; Freude und Wonne werden sie ergreifen, und Schmerz und Seufzen wird entfliehen“ (Jesaja 35). Die Verheißungen Jesajas finden in dieser Welt statt. Erst in den apokalyptischen Prophezeiungen vor allem des Buches Daniel wird deutlich, dass es auch ein jenseitiges Ziel gibt, das auf das Ende der diesseitigen Welt folgt.

Apokalypse

Unterscheidung von prophetischem und apokalyptischem Denken

Apokalypse meint dem Begriff nach Enthüllung, dem Sinn nach Enthüllung des konkreten Endes. Genaugenommen handelt es sich auch bei der Apokalypse um eine Prophetie. Es ist also zu unterscheiden zwischen prophetischer Weissagung, die sich im Diesseits in der Geschichte abspielt (von diesen Weissagungen sind einige eingetroffen, andere nicht), und apokalyptischer prophetischer Weissagung, d. h. einer Weissagung, die noch offen ist, die aber auf ein jenseitiges Reich verweist. Im Alten Testament ist die apokalyptische Perspektive am bedeutendsten im Buch Daniel. Verglichen mit der Prophetie Jesaias zeigt hier sich ein anderes Bild: Ist die Zukunft der prophetischen Perspektive zufolge prinzipiell offen, so ist sie es in der apokalyptischen nur insofern, als die Deutung der apokalyptischen Vorhersagen Interpretationsspielraum lässt. Das Ende kommt mit Notwendigkeit zu der von Gott bestimmten Zeit. Die Botschaft der Propheten hingegen ist konkret an die historische Situation gebunden, in der sie geäußert wird. Für einige Theologen ist die Spannung zwischen diesen beiden Perspektiven auf die Geschichte so stark, dass sie das Geschichtsverständnis von Apokalyptik und Prophetismus als unvereinbar bezeichnen (von Rad 1970, S. 260ff.).

Das Buch Daniel

Die Hauptquelle der apokalyptischen Vorstellungen des Alten Testamentes, das Buch Daniel, ist um 165 v. Chr. entstanden. Daniel berichtet einen Traum und die Deutung des Traumes (→ KAPITEL 2, ABBILDUNG 2): Vier Winde durchwühlen das Meer. Daniel sieht vier Tiere, die hintereinander aus dem Meer steigen. Zeit und Stunde, wie lang ein Tier leben soll, sind genau bestimmt. Eine Gestalt, die „mit den Wolken des Himmels kam“, deutet ihm den Traum:

> „Diese vier Tiere sind vier Königreiche, die auf Erden kommen werden. Aber die Heiligen des Höchsten werden das Reich empfangen und werden’s immer und ewig besitzen [...] das vierte Tier wird das vierte Königreich auf Erden sein; das wird ganz anders sein als alle andern Königreiche; es wird alle Länder fressen zertreten und zermalmen.“ (Daniel 7, 16–28).

Am Ende aber wird Gericht gehalten, das letzte Reich wird vernichtet werden und das ewige Gottesreich wird folgen. Dieses Reich Gottes, das nach Vernichtung des letzten Reiches entsteht, ist nicht mehr von dieser Welt. Viele endzeitliche Vorstellungen der antiken Christenheit beziehen sich auf die Danielapokalypse und auch das spätantike, vor allem aber das mittelalterliche Geschichtsdenken ist stark von der Danielprophetie geprägt.

Der Messias als Heilsbringer

Das Alte Testament kennt neben den Propheten eine für das zukünftig zu erwartende Heil besondere Figur, den Messias, der die Menschheit erlösen wird (z. B. Jesaia 9, 5–6). Der Unterschied zwischen jüdischem und christlichem Geschichtsverständnis hat seinen Grund in der unterschiedlichen Messiashoffnung. Die Juden warten bis heute auf den Messias. Für die Christen ist der Messias mit Jesus Christus gekommen. Für die frühen Christen ist Jesus der Beleg für das prophezeite nahe Ende: „Als aber kam die Fülle der Zeit, sandte Gott seinen Sohn“ (Galater 4,4a). Die angekündigte und erwartete Wiederkunft Christi lag für die frühen Christen in naher Zukunft.

Unterschied zwischen Judentum und Christentum

Die Spannung, die sich zwischen dem prophetischen und dem apokalyptischem Verständnis von Geschichte zeigt, ist charakteristisch für das jüdische *und* das christliche Geschichtsdenken, auch wenn das Judentum für viele, z. B. für den jüdischen Religionsphilosophen Martin Buber, einen stärkeren prophetischen Zug hat:

> „Wenn wir die Scheidung zwischen Juden und Christen, zwischen Israel und der Kirche, auf eine Formel bringen wollen, können wir sagen: Die Kirche steht auf dem Gekommensein Christi, als an der Menschheit durch Gott zuteil gewordene Erlösung. Wir Israel vermögen das nicht zu glauben [...] Wir spüren die Unerlöstheit der Welt [...] Erlösung der Welt ist uns unverbrüchlich eins mit der Schöpfung, mit der Aufrichtung der durch nichts mehr behinderten, keinen Widerspruch mehr erleidenden, in all der Vielfältigkeit der Welt verwirklichten Einheit, eins mit dem erfüllten Königtum Gottes.“ (Buber 1963, 561f.)

Einen weiteren Unterschied hat man darin gesehen, dass das Christentum einen anderen Begriff der einen universalen Menschheit entwickelt hat. Aber auch für das Christentum gilt: erst ist Israel das auserwählte Volk, das stellvertretend für die ganze Menschheit handelt. Schon im Alten Testament ist diese Universalität angelegt, die auf den Begriff der einen Menschheit und der einen Universalgeschichte hinweist: „In deinem Samen sollen alle Völker der Erde gesegnet werden“ (1 Moses 22, 18).

Geschichte als Heilsgeschichte

Das christliche Verständnis von Geschichte wird oft als Heilsgeschichte bezeichnet, weil die Geschichte auf Erlösung zielt. Aber wie die Geschichte als Heilsgeschichte verstanden werden kann, ist umstritten. Bis heute gibt es die unterschiedlichsten Auslegungen der jüdischen und der christlichen Lehre. Erlöst wird der Mensch durch das rettende Handeln Gottes. Erlösung meint Erlösung in der Welt, aber auch am Ende der Zeiten. Für den Christen ist die Erlösung wesentlich durch das Auftreten Jesu Christus bestimmt, der für die Sünden der Menschheit am Kreuz gestorben ist. Für das Judentum ist die Erbsünde weniger bedeutend. Die Rede von der Heilsgeschichte suggeriert häufig, dass man das Wesentliche von Judentum und Christentum darin zu sehen habe, dass am Ende der Geschichte Heil bzw. Erlösung zu erwarten sei. Das ist sicher nicht falsch. Aber man sollte bedenken, dass weder Judentum noch Christentum allein über ihren Begriff von Geschichte verständlich werden. Für die ersten Christen stand das Ende unmittelbar bevor, und doch ging Jesus in alle Welt, um das Evangelium der Liebe zu verkünden. Eine zu einseitige Perspektive auf die Geschichte verstellt bzw. vergisst, dass es sich beim Judentum wie beim Christentum um große ethische Bewegungen handelt, deren zentrales Anliegen die Liebe ist: die Liebe zu Gott und die Liebe zum Nächsten.

Neues Testament

Das Geschichtsdenken des Neuen Testaments schließt teilweise an das des Alten Testaments an, teilweise zeigen sich neue, wenngleich nicht weniger spannungsreiche Aspekte. In Jesu Predigt spielt die Zukunft des Volkes Israel keine Rolle mehr. Sie richtet sich an die Einzelnen, die seine Jünger werden. Besondere Unglücksfälle sind nicht mehr Strafen für besondere Sünden, denn alle Menschen sind Sünder und müssen Buße tun. Jesu Verheißung richtet sich ganz auf ein jenseitiges Reich.

Johannes-Offenbarung: das Jüngste Gericht

Eine besondere Bedeutung hat die Johannes-Offenbarung. Sie nimmt die apokalyptischen Vorgaben der Daniel'schen Weissagung auf, es ist wie bei Daniel von verschiedenen Tieren, die aus dem Meer aufsteigen, die Rede. Die Kernaussage der Offenbarung ist die Ankündigung des Jüngsten Gerichts, des Weltgerichts, das am Ende der Zeiten stattfindet und auf das das göttliche Reich, das Himmelreich folgt: „Mein Reich ist nicht von dieser Welt" (Johannes 18, 36). Johannes berichtet von einem Zwischenreich, das 1000 Jahre dauert (daher werden aus den 6000 Jahren in manchen Deutungen 7000 Jahre), bevor die letzte Schlacht gegen den Antichrist (d. h. den Teufel) geführt und danach Gericht gehalten wird:

> Und ich sah einen Engel, der „griff den Drachen, die alte Schlange, welche ist der Teufel und Satan, und band ihn tausend Jahre und warf ihn in den Abgrund und verschloß ihn und versiegelte obendarauf, daß er nicht mehr verführen sollte die Heiden, bis daß vollendet würden tausend Jahre; und darnach muß er los werden eine kleine Zeit." Und wenn tausend Jahre vollendet sind, wird der Satan ausgehen, „zu verführen die Heiden an den vier Enden der Erde, den Gog und Magog". (Johannes 20, 1–8)

Lehren, die sich explizit oder implizit auf die in der Johannesapokalypse genannte Frist von 1000 Jahren beziehen und von einem tausendjährigen Friedensreich ausgehen, das vor dem Jüngsten Gericht liegt, werden nach der griechischen Bezeichnung für Tausend, χιλία *(chilia)* als Chiliasmus oder lateinisch als Millenarismus bezeichnet (vgl. Kamlah 1969, S. 32).

Chiliasmus

Ist das Neue Testament in der Offenbarung des Johannes streng apokalyptisch, so zeigt sich bei Paulus ein ganz anderer Zug: Das wahre Heil ist das Heil des Einzelnen, das jeder Einzelne in seiner Begegnung mit Jesus Christus selbst erfährt (vgl. Bultmann 1961, S. 102). Durch das Erscheinen Jesu steigert sich die Erwartung eines nahen Endes. Ursprünglich war zwischen der Auferstehung Christi und der angekündigten Wiederkunft eine kurze Zeitspanne angenommen worden. Als sich die Naherwartung verzögerte, als die Parusie, d. h. die Wiederkunft Christi ausblieb, musste man dazu übergehen, einen unbestimmt langen Zeitraum anzunehmen.

Paulus

Parusieverzögerung

So ergab sich aus der Parusieverzögerung die Notwendigkeit einer Erklärung. Hier bot sich die Vorstellung vom Κατέχων (Katechon = Aufhalter) an. Im zweiten Brief des Paulus an die Thessaloniker heißt es: „Und ihr wisset, was ihn noch aufhält, bis er offenbart werde zu seiner Zeit. Denn es regt sich das Geheimnis des Frevels, nur daß, der es jetzt aufhält, erst muß hinweggetan werden" (2 Thessaloniker 2).

Die Lehre vom Katechon

Ernst Troeltsch hat einmal über die christliche Sittlichkeit gesagt, sie sei nicht das Erzeugnis eines ethischen Systems, sondern „eine aus hundert Quellen zusammengeflossene Fülle von Idealen, Regeln, Autoritäten und Sitten" (Troeltsch 1915, S. 52). Das gleiche gilt für die christliche Vorstellung von der Geschichte. Es gibt nicht die eine Idee der christlichen Geschichte. Es gibt offene, tendenziell optimistische, auch an diesseitigem Heil orientierte Auffassungen und für das diesseitige Leben tendenziell pessimistische, auf ein Ende bezogene Auffassungen, denen zufolge das Heil erst nach dem Ende der diesseitigen Geschichte zu erwarten ist.

Schwierigkeit eines einheitlichen Begriffs von Geschichte im Christentum

Fragen und Anregungen

- Diskutieren Sie das Verhältnis von griechischem und christlichem Geschichtsdenken.
- Diskutieren Sie, was von einem rein philosophischen Standpunkt aus für eine zyklische und was für eine lineare Perspektive auf die Geschichte spricht.
- Diskutieren Sie, inwiefern eine philosophische Beschäftigung mit dem Wesen der Zeit und dem Wesen der Geschichte auf eine Auseinandersetzung mit der faktischen Geschichte angewiesen ist.

Lektüreempfehlungen

Quellen

- **Die Bibel oder die ganze heilige Schrift des Alten und Neuen Testaments. Nach der Übersetzung Martin Luthers,** Stuttgart 1967.
- **Hesiod: Werke und Tage** [um 700 v. Chr.], Stuttgart 2007.
- **Polybios: Historien. Auswahl** [um 140 v. Chr.], Stuttgart 1973.

Forschung

- **Rudolf Bultmann: Geschichte und Eschatologie im Neuen Testament** [1954], in: ders., Glauben und Verstehen, Gesammelte Aufsätze, 3. Bd., Tübingen 1961, S. 91–106. *Bemerkenswert kurze Zusammenfassung der Geschichtsauffassungen des Alten und des Neuen Testaments.*
- **Bodo Gatz: Weltalter, goldenes Zeitalter und sinnverwandte Vorstellungen,** Hildesheim 1967. *Klassische ideengeschichtliche Arbeit, in der die Unterschiede der Idee der Weltalter und des goldenen Zeitalters herausgearbeitet werden.*
- **Arnaldo Momigliano: Zeit in der antiken Geschichtsschreibung,** in: ders., Wege in die alte Welt, Berlin 1991, S. 38–58. *Problematisiert die Gegenüberstellung von zyklischem Denken der Griechen und linearer Zeitvorstellung im Judentum und Christentum.*

4 Mittelalter

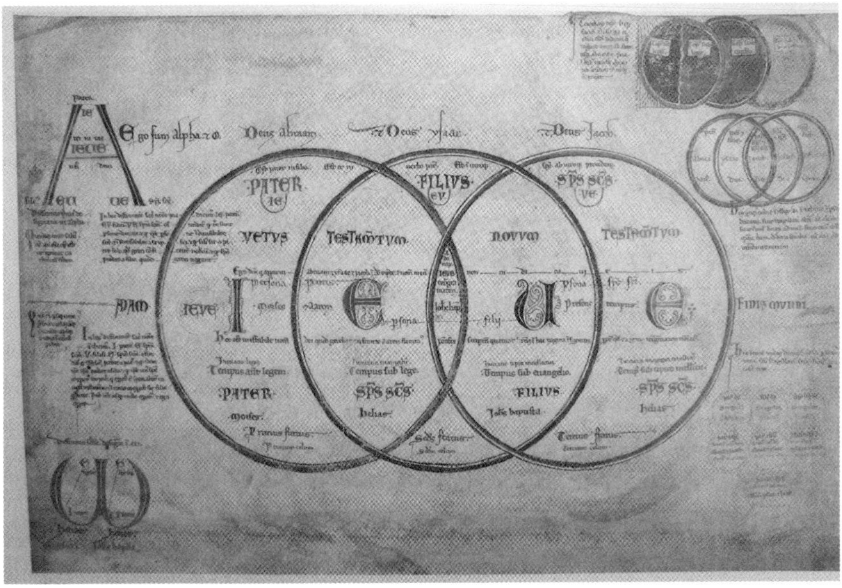

Abbildung 5: Joachim von Fiore (ca. 1130–1200): *Drei-Kreise-Diagramm.*

Der kalabresische Abt Joachim von Fiore (ca. 1130–1200) verwendete in seinen Arbeiten häufig Diagramme. Vermutlich erst nach seinem Tod wurden diese Diagramme gesammelt und zu dem sogenannten „Liber Figurarum" zusammengefasst. Leone Tondelli hat 1937 eines von drei erhaltenen Exemplaren des „Liber Figurarum" in einem Codex des von ihm geleiteten Priesterseminars in Reggio-Emilia entdeckt und 1940 als Faksimile veröffentlicht. Seitdem sind zwei weitere Exemplare aus den Bibliotheken in Dresden und Oxford bekannt geworden. Das Bild zeigt den Versuch, die Trinitätslehre als eine sich überschneidende Abfolge von drei Zeitaltern zu verstehen. Analog zur trinitarischen Struktur Gottes unterscheidet Joachim in diesem Diagramm drei Zeitalter (status) in der Geschichte: die Zeit des Alten Testaments (Gesetz) als die Zeit des Gottvaters, die Zeit des Neuen Testaments (Evangelium) als die Zeit des Sohnes und schließlich die Zeit des heiligen Geistes. Diesen drei status ordnet Joachim drei Perioden zu: tempus ante legem bzw. sub lege, sub evangelio, sub tipico intellecto (Zeit vor bzw. unter dem Gesetz, unter dem Evangelium, unter dem heiligen Geist; vgl. Tondelli 1953, Bd. I, S. 54–56, 171–180). Joachim berichtete, dass ihm jene Gedanken zum ersten Mal in einer Vision klar vor Augen traten, als ihn Zweifel an der heiligen Dreifaltigkeit plagten. Er war der Ansicht, dass bestimmte Wahrheiten besser durch Figuren als durch Worte dargestellt werden können („quod potius figuris ostendi quam lingua exprimi potest", zit. n.: Reeves / Hirsch-Reich 1972, S. 20).

Joachim glaubte an ein irdisches Glück. Für die offizielle christliche Lehre seiner Zeit war er ein Ketzer. Aber viele folgten ihm und nicht wenige Ideenhistoriker sehen in Joachim denjenigen, der als erster das Tor zu einer neuen Zeit öffnete, weil er davon ausging, dass die Zukunft den Menschen bereits im Diesseits, also *auf Erden* ein vollkommeneres Leben bringen würde. Joachim rückte von der für das Mittelalter seit Augustinus dominanten Vorstellung ab, dass das Ziel der Geschichte primär in einem jenseitigen Reich liegt.

4.1 Epochenschwelle zum Mittelalter

Begriff des Mittelalters

Der Begriff des Mittelalters ist seit langem umstritten. Seine Kritiker sagen, die bis auf Petrarca (1304–74) zurückgehende Vorstellung vom dunklen oder finsteren Mittelalter habe sich so sehr in unser kollektives historisches Bewusstsein eingeprägt, dass wir die kulturellen Leistungen des Mittelalters gar nicht mehr wahrnehmen könnten. Dabei gäbe es im Mittelalter Großartiges zu entdecken: sowohl was die Aufnahme und Umbildung antiker Ideen betrifft als auch eigene neue Kulturleistungen. Für Andere ist die konkrete Periodisierung problematisch, die mit dem Begriff Mittelalter verbunden ist. Sie argumentieren: Weder der Übergang von der Antike zum Mittelalter noch der Übergang vom Mittelalter zur Neuzeit sei klar zu markieren (→ ASB MÜLLER, KAPITEL 1).

Die Diskussionen, die sich um die verschiedenen Möglichkeiten der Datierung entwickelt haben, verweisen auf grundsätzliche Möglichkeiten, die Geschichte im Allgemeinen bzw. die Geschichte Europas im Besonderen zu verstehen. Mindestens drei Wege lassen sich in einer die Differenzen zuspitzenden Perspektive unterscheiden: Geschichte kann erklärt werden (1.) in Auseinandersetzung mit den politischen Veränderungen, (2.) mit der Dynamik sozio-ökonomischer Prozesse oder (3.) mit den kulturellen, vor allem religiösen Entwicklungen.

Wann beginnt das Mittelalter?

Die Datierung der Epochenübergänge ist davon abhängig, welche der drei Sichtweisen als die wichtigste angesehen wird. Das Ende der Antike und der Beginn des Mittelalters werden dann wahlweise identifiziert mit dem Regierungsantritt Konstantins 312, dem ersten römischen Kaiser, der das Christentum offiziell tolerierte und sich als Christ bekannte, mit der Plünderung Roms durch Alarich 409 (→ KAPITEL 3, ABBILDUNG 3) oder aber mit dem Untergang Westroms 476 bzw. der Völkerwanderung.

... und wann endet es?

Noch umstrittener ist das Ende des Mittelalters. Hier konkurrieren der Beginn der italienischen Renaissance, die Eroberung von Konstantinopel und der Untergang Ostroms 1453, die Entdeckung Amerikas 1492, der Beginn der Reformation 1517, die Erfindung des Buchdrucks um 1450 und der Dreißigjährige Krieg von 1618 bis 1648. Mit jedem Datum ist eine andere Deutung verbunden.

Epochengrenzen und historische Ausgangslage

Wie auch immer man sich in dieser Frage entscheidet: Sowohl ein Verständnis der geschichtsphilosophischen Entwürfe, die das Mittelalter selbst hervorgebracht hat, als auch ein Verständnis der geschichtsphilosophischen Bedeutung, die mit der Epocheneinteilung verbunden ist, die sich durch die in der Mitte liegende Epoche Mittelalter ergibt, ist nur möglich, wenn man das geschichtsphilosophische Denken des Mittelalters in Beziehung setzt zu den faktischen historischen Ereignissen.

Im Ausgang der Antike entwickelten sich die beiden für die Geschichte Europas grundlegenden geistigen und politischen Bewegungen, die das geschichtsphilosophische Denken bis heute prägen: Das Christentum und Rom. Beide entstanden und entwickelten sich zur gleichen Zeit am gleichen Ort. Natürlich kann und muss man noch weiter zurückgehen, wenn man nach der Herkunft der europäischen Kultur und ihrer Auffassung von Geschichte fragt. Man spricht von Athen, Rom und Jerusalem als den großen Zentren und Wurzeln der europäischen Kultur und Geschichte. Im Folgenden geht es um das Neben-, Mit- und Gegeneinander von römischer und christlicher Kultur. Das soll nicht bedeuten, dass der Beitrag Athens gering zu veranschlagen sei. Rom hat Wesentliches von Griechenland übernommen und weiterentwickelt: die attische Demokratie, die in Aristoteles' *Nikomachischer Ethik* (334–322 v. Chr.) zum ersten Mal anklingende Idee einer Selbstverwirklichung des Individuums, die durch Alexander den Großen vorangetriebene Idee des Imperium, das sich Schritt für Schritt anderer Völker bemächtigt. Der Historiker Johann Gustav Droysen hat den Begriff Hellenismus geprägt, um die weltverändernden Leistungen der griechischen Kultur nach den siegreichen Eroberungszügen Alexanders auf den Begriff zu bringen: Philosophische Kultur sowie Einheit von Sprache, Sitte und Kultur in einem relativ großen Gebiet.

Die bestimmenden Kräfte: Christentum und Rom

Athen – Rom – Jerusalem

Hellenismus

Andere Einflüsse

Im östlichen Teil des Mittelmeerraumes gab es von Ägypten bis Persien neben den Griechen zahlreiche andere bedeutende Kulturen, die großen Einfluss auf die sich formierenden jüdisch-christlichen Lehren hatten. Der Versuch einer ideengeschichtlichen Erzählung, die den Entwicklungen im Einzelnen nachgeht, kann hier nicht geleistet werden. Es ist aber auch insofern legitim, sich im Folgenden auf Rom und Jerusalem zu beschränken, als griechische und andere Einflüsse an der Epochenschwelle von Spätantike und frühem Mittelalter in römischer und christlicher Gestalt in die mittelalterliche Kultur eingegangen sind.

Synkretismus

Die Geschichte des Verhältnisses von römischer Kultur und Christentum ist eine Geschichte von Allianzen und Spannungen. Ein Vergleich des frühchristlichen Denkens und der römischen Antike zeigt, dass in beiden Traditionen zahlreiche ähnliche Motive vorliegen: der Brudermord, das Paradies bzw. ein goldenes Zeitalter etc. Der Versuch einer historischen Rekonstruktion des Zusammengehens von römischer Kultur und Christentum kann und sollte daher nicht dazu führen, die Vermischung bzw. Verunreinigung eines ursprünglichen und reinen Denkens aufzuzeigen. Denn beide sind – in historischer Perspektive – das Ergebnis stets neuer Synthesen aus Vergangenem.

4.2 Roma aeterna: Rom als Prinzip der Weltgeschichte

Romulus und Remus

Die Stadt Rom ist um 750 v. Chr. gegründet worden. Am Anfang steht die von Plutarch, Livius und vielen anderen überlieferte Geschichte des Brudermords. Romulus ermordete Remus, weil dieser unrechtmäßig die Grenzen der neugegründeten Stadt überschritten hatte. Auch die christliche Geschichte beginnt mit einem Brudermord, nämlich dem Mord des Kain an Abel, der allerdings eine ganz andere Bedeutung hat als der römische Brudermord: Romulus' Mord erscheint gerechtfertigt, denn Remus hat gegen Recht und Gesetz verstoßen. Wichtig für das geschichtliche Selbstverständnis Roms ist die Herkunft von Romulus und Remus: Sie sind Nachfahren des Griechen Aeneas, der aus dem zerstörten Troja geflohen war und sich in Latium, der Gegend um das spätere Rom, niedergelassen hatte. Anschluss und Übernahme der griechischen Kultur gehören also auch der Sage nach zum römischen Bewusstsein.

Geschichte des Imperium Romanum

Um 500 v. Chr. wurde Rom zur Republik. Roms Aufstieg begann mit den drei punischen Kriegen (264–146 v. Chr.), in denen die hellenistischen Großreiche besiegt wurden. Nach Überwindung innenpolitischer Schwierigkeiten etablierte Augustus 27 v. Chr. das Kaisertum und es begann die Phase, in der das römische Imperium weite Teile der bekannten Welt unterwarf und zu Provinzen des römischen Reiches machte. 117 n. Chr. hatte das Reich seine größte Ausdehnung: es reichte von der gesamten afrikanischen Mittelmeerküste bis tief nach Kleinasien und umfasste den gesamten Balkan, Frankreich und England. Gemessen an dem, was den Gelehrten der Antike von Afrika, Europa und Asien bekannt war, hat nie wieder ein Imperium die Größe des römischen Reichs erreicht. Roms Erfolg war ein militärischer, der ermöglicht wurde von einer gut funktionierenden Verwaltung. Das römische Recht, vor allem in seiner stoischen Ausprägung, die Idee der *humanitas*, der Universalismus des imperialen Gedankens waren die kulturellen Säulen dieses Erfolges (→ ASB MANN).

Nach dem Ende der Bürgerkriege entstand die sogenannte Augusteische Klassik, ein Höhepunkt der römischen Kultur. Ihre hervorragendsten Vertreter sind Horaz, Vergil und Livius. Sie sind ebenso Dichter wie Geschichtsschreiber. Ihre Werke, vor allem Vergils *Ae-*

Rom als Idee

neis, sollen zeigen: Die Geschichte Roms ist die Geschichte einer Idee. Das römische Reich, das Imperium Romanum soll ewig dauern und keine Grenzen haben, Rom ist die Hauptstadt der Welt: *Roma aeterna – Imperium sine fine dedi – Roma caput mundi.* Von Polybios über Horaz, Vergil und Livius und den irischen Bischof Beda Venerabilis (674–735), der als erster die bis heute gültige Zeitrechnung nach Christi Geburt durchsetzte (vgl. Maier 2000, S. 34), zieht sich dieser Gedanke bis zu Dante, Petrarca, Machiavelli und schließlich bis in die Gegenwart (z. B. Ernst Robert Curtius' *Europäische Literatur und lateinisches Mittelalter*, 1949).

Rom als Ursprung der teleologischen Geschichtsphilosophie?

Der Historiker Ferdinand Gregorovius hat in seiner monumentalen *Geschichte der Stadt Rom im Mittelalter* (1859–72), die zugleich eine Geschichte des römischen Imperium des Mittelalters ist, herauszustellen versucht, dass die geschichtsphilosophische Perspektive der Gegenwart weniger eine christliche als vielmehr eine römische Schöpfung ist:

> „Die kosmopolitische Macht tritt mit Rom auf. Sie wird ein System, welches alles in der Alten Welt bisher Entwickelte und Gestaltete in eine soziale Gesamtordnung zusammenfaßt, die beschränkten Grenzen der Nationalität aufhebt und die Völker als Glieder einer großen Staatsfamilie unter gleicher Regierung vereinigt. Dies römische Prinzip ist, als auf die Menschheit bezogen, über die Individualität des schönen Hellenentums erhaben. Es ist mit einem Wort die Idee des ‚Imperium' oder des Reichs, welche in Rom zur Weltform wird. Sie hat das Abendland, als ein ihm gehöriges Prinzip, bis auf unsere Zeiten herab beherrscht. Ihrer Macht und Dauer kam nur die Schöpfung der Kirche gleich, und auch diese war in ihrer sichtbaren Gestalt nur die religiöse Form der antiken Reichsidee." (Gregorovius 1978, Bd. I,1, S. 3)

Abfolge von Imperien

Auch für die nichtchristlichen Zeitgenossen der Spätantike schien es, als ob sich die Geschichte in Richtung auf das römische Imperium hin entwickelte, als ob die ganze Weltgeschichte im Römerreich konvergierte. Die Idee einer Abfolge von Imperien ist der gelebten Geschichte abgeschaut: auf das Reich der Assyrer folgte das Reich der Meder, der Perser und der Makedonen. Diese Idee findet sich nicht nur in der Danielprophetie (→ KAPITEL 2), sondern auch bei zahlreichen römischen Historikern, z. B. bei Aemelius Sura (189–171 v. Chr.) und bei Pompejus Trogus (um 80 n. Chr.). Vielleicht geht Gregorovius zu weit, wenn er in der Kirche nur eine Umwandlung der antiken Reichsidee erkennt. Aber Vieles spricht dafür, neben Juden- und Christentum eine zweite wirkungsmächtige Quelle des modernen, in die Zukunft gerichteten Geschichtsdenkens anzuerkennen.

Besonders der Historiker Friedrich Vittinghoff hat diese These stark gemacht:

> „Die Idee der Roma Aeterna widerlegt unbestreitbar die Annahme, daß die römische Antike Geschichte als einen ziel- und sinnlosen Zyklus regelmäßiger Wiederholung der gleichen Vorgänge ausgelegt habe und unfähig gewesen sei, auch nur die Sinnfrage zu stellen.“ (Vittinghoff 1964, S. 544)

Unterschied zwischen römischer und christlicher Auffassung der Geschichte

Der entscheidende Unterschied zwischen römischer und christlicher Auffassung von Geschichte besteht darin, dass für den Römer die Weltgeschichte schon in der Gegenwart ihr Telos erreicht hat (vgl. Vittinghoff 1964, S. 573). Als das römische Reich nach dem 4. Jahrhundert immer mehr an Macht verlor, musste dieser Gedanke transformiert werden. Nun galt es, die Größe Roms wiederherzustellen. Die Geschichte der Verehrung und der Sehnsucht nach der Stadt Rom und ihrer Größe spiegeln diesen Wunsch nach einer Rückkehr Roms in die Weltgeschichte, nach einer *renovatio imperii*, einer Wiederherstellung des römischen Reichs.

Niedergang Roms

Während das Christentum sich immer stärker durchsetzte, verlor Rom an politischer und wirtschaftlicher Macht. Im 5. und 6. Jahrhundert n. Chr. wurde es wiederholt von Vandalen geplündert. Nach der Teilung des Imperium in ein weströmisches und ein oströmisches Reich wurde Konstantinopel als das neue, als das zweite Rom bezeichnet. Mitte des 6. Jahrhunderts war Rom zu einer byzantinischen Provinzstadt geworden, deren Einwohnerzahl auf unter 50 000 zurückgegangen war. Erst im Jahr 800 kehrte Rom in die Weltgeschichte zurück, als sich die fränkisch-deutschen Könige mit dem Papsttum verbündeten und Karl der Große in der Peterskirche zum Kaiser gekrönt wurde. Auch im 9., 10. und 11. Jahrhundert ging es mit Rom eher bergab. Nicht nur Byzanz, sondern auch das heilige römische Reich deutscher Nation Karls des Großen, das bis zur Niederlage des preußischen Heeres 1806 gegen Napoleons Truppen Bestand hatte, verstand sich als die legitime Forstsetzung des römischen Imperium.

Heiliges römisches Reich deutscher Nation

An beiden Beispielen zeigt sich, dass der ursprünglich aus der Danielprophetie abgeleitete und im frühen Christentum verbreitete Gedanke der *translatio imperii* eine enge Verbindung mit der Romidee eingegangen war. Die Notwendigkeit einer *translatio imperii*, einer Übertragung des Reiches, wird verständlich, wenn man die Vier-Reiche-Lehre der Danielprophetie mit der Annahme eines Aufhalters aus dem zweiten Brief an die Thessaloniker zusammendenkt. Die Kirchenväter Irenäus von Lyon (135–202), sein Schüler Hippolyt von Rom (170–235) und Tertullian (150–230) orientierten sich an dieser

Vorstellung eines Aufhalters der im Buch Daniel geäußerten Prophezeiung und erkannten im römischen Reich den Aufhalter des Antichrists: Solange das römische Reich noch existiert, kann der Antichrist nicht erscheinen (vgl. Kamlah 1951, S. 120). Tertullian distanzierte sich auch von der Wünschbarkeit der Erwartung eines baldigen Endes: „wir wünschen nicht es zu erleben, und indem wir um Aufschub dieser Dinge beten, befördern wir die Fortdauer Roms" (Tertullian 1850, S. 39). Sich auf den Gedanken einer aufhaltenden Macht stützend, hat sich so die das Mittelalter bestimmende Idee der *translatio imperii* entwickelt, der zufolge für den Fall einer Schwächung des ursprünglichen römischen Reiches eine Übertragung auf ein anderes Reich nötig wird, um eine weitere Verzögerung des jüngsten Gerichts erklären zu können (vgl. Goez 1958). Da das römische Reich das letzte ist, wird es erst am Ende der Tage untergehen: *Cadet Colosseum, cadet Roma, cadet mundus* – wird das Kolosseum zerstört, dann fällt Rom und die Welt geht unter, schreibt Beda Venerabilis um 700 n. Chr.

Rom als Aufhalter des Antichrists

Notwendigkeit einer *translatio imperii*

Rom erholte sich erst im 12. und 13. Jahrhundert. Das Papsttum bestimmte die Stadt, deren antike Vergangenheit immer mehr verfiel. Die römische Campagna eroberte sich immer weitere Teile des antiken Rom zurück. Das Forum Romanum wurde zu einer Kuhweide. Von 1378 bis 1417 kam es zum großen Schisma, das die abendländische Christenheit spaltete. Und erneut kam Rom zurück: Im 15. Jahrhundert war es wieder Zentrum der Christenheit, 1506 wurde mit dem Bau des Petersdoms begonnen, der er erst im 17. Jahrhundert vollendet wurde. Roms Geschichte ist ein ständiges Auf und Ab, und so ist es kein Wunder, dass das ganze Mittelalter hindurch jede Krise Roms von dem Wunsch einer Wiederherstellung der einstigen Größe, einer *resurrectio* bzw. *renovatio imperii* begleitet wurde, von Staatsmännern wie Cola di Rienzo ebenso wie von Dante, Petrarca und Machiavelli (vgl. Schramm 1929; John 1953).

Die Idee der *renovatio imperii*

Die Romidee in der Dichtung

Es wäre ein großer Fehler, wenn man davon ausginge, dass die großen geschichtsphilosophischen Entwürfe nur in Gestalt rein theoretischer, philosophischer, theologischer, historischer oder sonstiger Abhandlungen auftreten und ihre Wirkung entfalten. Vergils *Aeneis* (29–25 v. Chr.) und Dantes *Divina Commedia* (um 1320 n. Chr.) sind mindestens ebenso bedeutend wie die Werke der Theologen und Historiker. Der erste Referenztext der christlichen Lehre und der christlichen Vorstellung von Geschichte ist die Bibel. Die römische Auffassung von Geschichte hingegen manifestiert sich v. a. in den Werken der Dichtkunst.

Natürlich ist die *Aeneis* ein Werk der Antike, doch ihr Bezug auf Rom ist für das Mittelalter eminent wichtig. Vergils *Aeneis* ist entstanden um 20 v. Chr. Rahmen der Handlung ist die Irrfahrt des Aeneas, der aus Troja flieht und zum Stammvater der Römer wird. Vergil lehnt sich an die *Odyssee* und die *Ilias* Homers an, deren Motive er aufnimmt, aber in eine teleologische Geschichtsdeutung überführt. Von Beginn an wird deutlich, dass Rom das Ziel der Geschichte ist. Der Lauf der Geschichte ist kein zufälliger, sondern ein schicksalhafter. Jupiter ist das Fatum, im Hintergrund steht die Metaphysik der Stoa. Die Götter greifen immer wieder in die Geschichte ein und geben ihr die Richtung: „Aeneas ist nur das Mittel, dessen sich das Schicksal bedient" (Nawratil 1939, S. 120). Nahezu die gesamte Geschichte Roms wird erzählt: die Gründungszeit, die Gründung der Republik, die punischen Kriege, die Eroberung Griechenlands, die Hellenisierung Roms, schließlich Augustus und seine Friedensherrschaft über die Welt. Die *Aeneis* ist ein Ruhmgedicht auf den gegenwärtigen Herrscher Augustus und rechtfertigt, indem sie Augustus' Errungenschaften preist, den dornenreichen Weg, der zur Errichtung des römischen Imperium notwendig war. Die Wirkungsgeschichte Vergils ist eminent. Vielen gilt er nicht nur als der Autor des römischen Nationalepos, sondern auch als Vater des Abendlandes: „mit Vergil und Augustus betreten wir die imperiale Szene Roms, die Dimension erlebter Dauer, den tragenden und nährenden Boden unserer abendländischen Erinnerung und Gegenwart" (Curtius 1930, S. 780).

Vergil: *Aeneis*

Zwischen Vergils *Aeneis* und Dantes *Divina Commedia (Göttliche Komödie)* liegen 1 200 Jahre wechselhafter Geschichte, die von der Idee eines *Sacrum Imperium*, dem Zusammen von römischer und christlicher Geschichte bestimmt werden (vgl. Dempf 1929). Dantes Aligheris *Divina Commedia* ist ein in vielerlei Hinsicht bemerkenswertes Werk. Verschiedene geschichtsphilosophische Motive sind hier vereint: Die Entwicklung der individuellen Seele, das Miteinander von römischem Imperium und dem heiligen Reich der Kirche sowie die Sehnsucht nach einer Rückkehr der Größe Roms, die zugleich Sehnsucht nach einem künftigen Italien ist. Der Aufbau der *Divina Commedia* orientiert sich an den drei Sphären des Jenseits: Hölle, Läuterungsberg und Paradies. Der Dichter führt seine Leser durch diese drei Reiche: durch die Hölle (*inferno*), dem Ort ewiger Strafe, wo sich diejenigen aufhalten, die aufgrund besonders schwerer Sünden zu ewiger Verdammnis verurteilt sind, auf den Läuterungsberg (*purgatorio*), wo sich die Seelen von ihren Lastern reinigen können, indem sie sich in einem ihrer Sünde gegenläufigen Streben üben, bis sie der sündhaften Triebe ledig sind und sie ins

Dante: *Divina Commedia*

himmlische Paradies (*paradiso*) mit seinen neun Himmelssphären aufsteigen, wo sie ewige Seligkeit erlangen.

Neben dieser ethisch-lebenspraktischen Perspektive, die von der Läuterung der individuellen Seelen berichtet, steht eine geschichtstheologische Absicht. Geführt wird der Reisende u. a. von Vergil, dessen *Aeneis* Dantes großes Vorbild ist. Im Fixsternhimmel, dem Ort der erlösten Menschheit, erscheint Adam und berichtet die jedem Christen vertraute Geschichte vom Abfall Gottes durch die Ursünde und deren Aufhebung durch Gottes Sohn. Diese Geschichte verknüpft sich dann mit der Idee einer besonderen Mission Roms in der Weltgeschichte. In Rom sollen zwei Gewalten streng voneinander getrennt, aber in einem Gleichgewicht nebeneinander herrschen: die geistliche Gewalt des Papstes und die weltliche Gewalt des Kaisers: „So strömt die römische Überlieferung in die Heilsgeschichte ein, und fast gleichberechtigt scheinen hier die beiden Verkündigen sich zu ergänzen.“ (Auerbach 1929, S. 153f.)

Verknüpfung Roms mit dem Christentum – Kaisertum und Papsttum

4.3 Augustinus: *De civitate Dei*

Lage des Christentums im Ausgang der Antike

Die Gläubigen, die sich um Jesus und Paulus geschart hatten, lebten im festen Bewusstsein, dass das Ende der Tage nahe ist. Sie waren vom römischen Staat Verfolgte, deren Hoffnung sich auf die nahe Wiederkunft Christi richtete. Der Glaube der frühen Christen war unmittelbar. Gott hatte sich durch die Erscheinung Jesu Christi gezeigt. Bald bildeten sich verschiedene Sekten, die unterschiedliche Positionen vertraten. Der gelebte und gefühlte Glaube wurde reflexiv. Es entstand eine christliche Lehre, d. h. es kam (im Sprachgebrauch der Theologie) zur Bildung von Dogmen (vgl. Harnack 1888, I, S. 18), die immer wieder neu ausgehandelt wurden, wie z. B. die Geschichte der eschatologischen Vorstellungen zeigt. Es bildete sich aber nicht nur eine Lehre. Die Gemeinschaft der Glaubenden musste sich auch organisieren. Es entstand die Kirche, die zunehmend zu einer dem Staat ähnlichen Einheit wurde, und so stellte sich das Problem des Verhältnisses von Staat und Kirche.

Verhältnis von Staat und Kirche

Ursprünglich hatten die Christen als Verfolgte eine starke Distanz zum Staat. Sie versuchten, eine klare Trennungslinie zwischen den zwei Gewalten zu ziehen. „So gebet dem Kaiser, was des Kaisers ist, und Gott, was Gottes ist“ hatte Jesu auf die Frage geantwortet, ob es erlaubt sei, Steuern zu zahlen (Markus 17). Hippolyt von Rom sah in seinem Danielkommentar um 200 n. Chr. im zeitgleichen Auftreten von Jesus und Augustus den Gegensatz von irdischer und himmlischer Macht angelegt. Anders sah es nach dem Ende der Christenverfolgung durch Konstantin Eusebius von Caesarea aus: Er versuchte, die römische Geschichte in die Heilsgeschichte einzugliedern (die sogenannte Caesareopapismus) und gilt seitdem als einer der Begründer der Idee einer politischen Theologie (Peterson 1932/33, 1935).

Caesareopapismus: Politische Theologie

Anlässe von *De civitate Dei*

Gegen die Vorstellung einer Annäherung von Kirche und Staat sowie einer gemeinsamen Heilsgeschichte wandte sich ganz vehement Aurelius Augustinus (354–430) aus Thagaste im heutigen Algerien. Augustinus lebte in Karthago, in Rom und in Mailand. Sein Werk *De civitate Dei* gilt als das geistesgeschichtliche Bindeglied zwischen Antike und Mittelalter, als das Bindeglied zwischen römischer und christlicher Kultur, deren Verbindung die Entwicklung der europäischen Kultur bestimmt und ermöglicht hat.

Für die Christen war die Plünderung Roms durch Alarich im August 401 (→ KAPITEL 3, ABBILDUNG 1) ein echtes Problem. Die Heiden argumentierten, Rom wurde bestraft, weil es die falschen Götter verehrt habe. Um diese Argumentation zu widerlegen, wollte Augustinus zeigen, dass es innere Gründe in der römischen Entwicklung gab, die zur Dekadenz geführt hatten. Aber sein Werk wird noch durch eine andere Opposition verständlich. Augustinus war überhaupt nicht einverstanden mit der nach Konstantins Konversion eingetretenen Entwicklung einer Annäherung von Kirche und römischem Staat und ihrer theologischen Rechtfertigung durch Eusebius. Von daher erklärt sich die berühmte Unterscheidung zweier Bürgschaften, die dem Werk seinen Namen gab, einer *civitas Dei* und einer *civitas terrena*: „In Gleichnisrede sprechen wir hier von zwei Staaten, das ist zwei menschlichen Gemeinschaften, deren eine vorherbestimmt ist, mit Gott zu herrschen, die andere mit dem Teufel ewiges Strafgericht zu erleiden“ (Augustinus XV, 1, S. 212).

Die Lehre von den zwei Bürgschaften: *civitas Dei* und *civitas terrena*

Die beiden Bürgschaften stehen für die Prinzipien Gut und Böse. Ihre Geschichte beginnt mit Kain und Abel, d. h. die *civitas Dei* beginnt nicht erst mit dem leiblichen Auftreten Christi. Ihr Weg ist ein Weg „zwischen Verfolgungen der Welt und Tröstungen Gottes“ (Augustinus, XVIII, 51, S. 507). Die *civitas terrena* hat keine Bedeutung für die Heilsgeschichte.

Vielen Interpreten gilt *De civitate Dei* als erster großer Entwurf einer theologischen Geschichtsphilosophie. Die Geschichte, die Augustinus berichtet, ist eine umfassende Geschichte. Alle Ereignisse der biblischen und der bekannten römischen Geschichte werden erwähnt. Es ist die Geschichte des ganzen Menschengeschlechts, alle Völker stammen von Adam ab (Augustinus XVI, 8, S. 293) und es gibt ein leitendes Prinzip der Geschichte, das bereits an Hegels „List der Vernunft" erinnert:

> „Die Bösen tun freilich vieles, was Gottes Willen widerstreitet, aber seine Weisheit und Macht ist so groß, daß auch all das, was seinem Willen zuwider scheint, auf das Ziel und Ende hinsteuert, das er als gut und gerecht vorherweiß" (Augustinus XXII, 2, S. 748).

Zurückweisung der Kreislauftheorien

Dieses Ziel ist allerdings kein innerweltliches. Die Welt ist für Augustinus nicht in der Zeit, sondern mit der Zeit geschaffen (Augustinus XI, 6, S. 11). Berühmt ist die Zurückweisung der Kreislauftheorien, über deren Anhänger Augustinus spottet:

> „Kein Wunder, daß sie weder Eingang noch Ausgang finden, wenn sie so im Kreis herumirren. Denn sie wissen weder, welchen Anfang das Menschengeschlecht und dies unser sterbliches Dasein genommen hat, noch welches sein Ende sein wird." (Augustinus XII, 15, S. 82)

Zurücktreten der eschatologischen Hoffnung

Da sich die Naherwartung einer unmittelbaren Wiederkunft Christi nicht erfüllte, musste sie durch eine alternative Deutung ersetzt werden. Augustinus lebte in jener Phase der Spätantike, in der Christentum und römische Kultur zusammengehen. Die Überwindung des Chiliasmus wurde möglich auch durch den Übertritt Konstantins zum Christentum, denn nun war das Christentum von einer Religion der Verfolgten zur Staatsreligion geworden (vgl. Scholz 1911, S. 114). Augustinus hat nach Hieronymus ganz entschieden gegen alle chiliastischen Vorstellungen polemisiert und diese für lange Zeit erfolgreich zurückgedrängt.

Periodisierung in *De Civitate Dei*

Die Lösung, die sich auf die Vorstellung eines Aufhalters bezog, kam für ihn nicht in Betracht (vgl. Augustinus XX, 19 und 23, S. 631 und S. 648ff.). Ebenso spielte der Bezug auf Daniel und Johannes eher eine untergeordnete Rolle. Augustinus orientierte sich an der Lehre von den sechs aetates (Adam – Noah – Abraham – David – Babylonische Gefangenschaft – Christus). Auch vom Standpunkt dieser Periodisierung aus ist die Zeit der irdischen Geschichte schon relativ weit fortgeschritten (Augustinus XII, 11, S. 75f.). Augustinus vergleicht verschiedene Berechnungen. Am Ende zieht er sich aber auf das neutestamentliche Berechnungsverbot zurück und sagt wiederholt: „Es gebührt euch nicht zu wissen die Zeit, die der Vater seiner Macht vorbehalten hat" (Apostelgeschichte 1,7; Augustinus XVIII, 53, S. 510). Sein Antichiliasmus hat zwei Aspekte. Zum einen besagt er, dass der Zeitpunkt des Endes ungewiss ist, zum anderen bedeutet er eine Absage an die Möglichkeit eines Himmelreichs auf

Erden. Dies ist der Sinn der epochalen Bedeutung des Kapitels „Der Sinn der tausendjährigen Herrschaft der Heiligen mit Christus“: Die Heiligen herrschen schon jetzt, aber anders, als sie im Jenseits herrschen werden (Augustinus XX, 9, S. 610).

Ziel der Geschichte: Glückseligkeit im Jenseits

Das Ziel der Geschichte ist bei Augustinus kein innerweltliches. Alles Streben nach einem vollkommenen Glück auf Erden hält er für hybrid, erst am Ende wird die Seele wirklich erlöst: „Wenn nämlich die Seele erlöst, und zwar zum ersten und einzigen Male erlöst wird, ohne noch einmal in das Elend zurückkehren zu müssen, geschieht ihr etwas Neues, was es noch nie zuvor gab, etwas gewaltig Großes: Die ewige Glückseligkeit, die kein Ende nimmt, wird ihr zuteil.“ (Augustinus XII, 21, S. 96)

4.4 Die Chroniken des Mittelalters

Der Buchtyp Chronik

Chroniken gehören zu den am meisten verbreiteten Geschichtsbüchern des Mittelalters. Die ersten überlieferten Chroniken stammen aus der Antike und sind unmittelbar nach Christi Geburt entstanden. Der Typus der Chronik hält sich bis ins 16. Jahrhundert. Charakteristisch für das Geschichtsdenken der Chronik ist, dass sie den Zeitraum von der Schöpfung bis zur Gegenwart bzw. dem zu erwartenden Ende umfasst. Chroniken schließen in der Regel mit eschatologischen Ausführungen über das Kommen des Antichrists und das Jüngste Gericht. Heilsgeschichte und Profangeschichte sind nicht streng zu unterscheiden, die biblische Geschichte ist genauso Geschichte wie die Geschichte der unmittelbaren Vergangenheit.

Die chronologische Geschichtsschreibung, die zunächst bloß den Ereignissen zu folgen scheint, bringt Ordnung in die Geschichte, indem sie sie in Epochen unterteilt (vgl. Krüger 1976). Die Abfolge der Ereignisse ist mehr als ein bloßes Nebeneinander, weil die Geschichte auf ein Ende angelegt ist. Die Chronik erzählt jedoch in der Regel keine Geschichte, die verständlich wird, weil ein Ereignis aus dem anderen hervorgeht.

Bedeutung der Periodisierung

Ein Ziel der Chronik ist es stets gewesen, die Stunde der Gegenwart im historischen Prozess zu bestimmen. Sowohl nach der Lehre von den sechs oder sieben aetates, als auch nach der Vier-Reiche-Lehre ist die Gegenwart im letzten Stadium der als Frist gedachten Geschichte angekommen. Im Verlauf der Geschichte der mittelalterlichen Geschichtsschreibung zeigt sich eine bedeutende Verschiebung: Anfänglich dominiert die Weltalterlehre (sechs oder sieben aetates),

Von der Weltalterlehre zur Vier-Reiche-Lehre

die später zunehmend von der Vier-Reiche-Lehre verdrängt bzw. abgelöst wird, wobei in vielen Fällen auch beide nebeneinander Verwendung finden.

Im späten Mittelalter ist die Einteilung in sechs aetates nicht mehr mit der Vorstellung verbunden, dass jedes Zeitalter 1 000 Jahre dauert. Da das 6. Zeitalter mit Christi Geburt begonnen hat, muss das 6. Zeitalter deutlich länger sein als die vorhergehenden. Trotzdem kommt z. B. die von Hartmann Schedel zusammengestellte Chronik mehr oder weniger auf die angenommenen 6 000 Jahre seit Erschaffung der Welt. 1492, in dem Jahr, in dem Kolumbus Amerika entdeckte, sind es genaugenommen 5 159 Jahre nach der Erschaffung des Adam.

Sextus Iulius Africanus	240
Eusebius von Caesarea	325
Hieronymus	Nach 378 (Fortsetzung der Chronik des Eusebius)
Orosius	417 Historarium libri VII adversos paganos / 4 Reiche
Isisdor von Sevilla	(560–636) Chronica maiora / 6 Aetates
Beda Venerabilis	6 Aetates
Otto von Freising	1143–46 Chronica sive historia de duabis civitatibus
Ranulph Higden	1360 Polychronicon
Hartmann Schedel	1492 Weltchronik
Johannes Carion, Philipp Melanchthon	1531 Chronicon Carionis
Johann Ludwig Gottfried	1619 Historische Chronik, oder Beschreibung der Merckwürdigsten Geschichte, so sich von Anfang der Welt biß auf das Jahr Christi 1619 zugetragen [...]

Abbildung 6: Übersicht der wichtigsten Chroniken (ausführliches Verzeichnis vgl. von den Brincken 1957)

Chronik als Universalgeschichte

Die Chroniken sind Universalgeschichten. Sie behandeln alles, was in der einen Geschichte zwischen Schöpfung und jüngstem Gericht passiert ist. Wenn die Ereignisse nicht in einen echten Zusammenhang gebracht werden, wenn der Ablauf der Weltgeschichte von Beginn an feststeht, dann zeigt die Geschichte keine Handlungsspielräume. Es gibt dann nur Interpretationsspielräume für Historiker, die nach den hinter der Geschichte stehenden Absichten des göttlichen Heilsplanes fragen.

700 Jahre trennen Otto von Freisings *Chronica sive historia de duabus civitatibus* (*Chronik oder die Geschichte der zwei Staaten*, 1143–46) von Augustinus' *De civitate Dei* und doch steht er ganz in dessen Nachfolge – allerdings mit einigen wichtigen Unterschieden: Otto orientiert sich an der Danielprophetie und der Vorstellung der *translatio imperii*. Wie Viele, die sich an der Danielschen Weissagung orientierten, war Otto durch und durch pessimistisch: Die Weltgeschichte zeigt eine Zunahme des Bösen. Das Ziel, das Ende des letzten Reiches, ist ein negatives Ziel. Der Dualismus der zwei Bürgschaften bleibt auch bei ihm unversöhnt. Aber Otto sieht die *civitas Dei* nicht mehr nur als ideale Gemeinschaft der Glaubenden, sondern in zahlreichen Institutionen des *Romanum Imperium Christianum* verwirklicht (vgl. Spörl 1956, S. 312).

Otto von Freising

4.5 Joachim von Fiore

Die ersten Christen hatten in der Erwartung einer nahen Wiederkunft gelebt. Sie hatten an ein irdisches himmlisches Jerusalem geglaubt. Während der Herausbildung des christlichen Dogmas verschob sich dieser Glaube immer mehr zu einem Glauben an ein Jerusalem im Himmel über uns. Mit dem Ende der Christenverfolgung ging die Orientierung an einer nahen geschichtlichen Zukunft zurück. Hieronymus und Augustinus hatten die chiliastischen Aussagen der Apokalypse unschädlich gemacht (vgl. Kamlah 1935, S. 71). Die Umformung des messianischen Endreichs durch Augustin, die dann von Isidor von Sevilla und Beda Venerabilis gefördert wurde, führte zu einer Zurückdrängung des Chiliasmus, ohne ihn zu vernichten (vgl. Schmidt 1955/56, S. 297). Aber erst im 12. Jahrhundert kam es zu einem wirkungsvollen Versuch, zu einem Glauben an ein diesseitiges Glück zurückzufinden, der die frühen chiliastischen Lehren ausgezeichnet hatte.

Rückkehr zum Glauben an diesseitiges Glück

In seinen Büchern *Liber concordiae veteris et novi testamenti* (*Buch der Übereinstimmung zwischen Altem und Neuem Testament*, ca. 1185) und *Expositio in Apocalypsim* (*Erklärung der Apokalypse*, ca. 1184) entwickelte Joachim von Fiore eine von der bisherigen christlichen Deutung der Geschichte verschiedene – im Urteil der Nachwelt: revolutionäre (vgl. Löwith 1953; Taubes 1947) – Deutung der Geschichte.

In dem Drei-Kreise-Diagramm (→ ABBILDUNG 4) zeigt sich die fundamentale Bedeutung der Art und Weise, wie Joachim Geschichte in Epochen unterteilt. Seine große Neuerung besteht nicht darin, dass

Bedeutung der Periodisierung: Vollkommeneres Leben im Diesseits

er gegenüber den Periodisierungen, die vor ihm aus der Bibel abgeleitet wurden (Vier-Reiche-Lehre etc.), eine andere Periodisierung vorschlägt, die im Gegensatz zu den anderen Periodisierungen steht. Der große Unterschied besteht vielmehr darin, dass die drei Zeitalter nicht nur als chronologisch aufeinander folgende Zeitabschnitte gedacht werden, sondern dass sich *in* der Geschichte, d. h. innerhalb der Frist, die der Mensch im Diesseits der Welt verbringt, etwas Positives realisiert. Während die christliche Eschatologie seit Augustinus im Grunde immer nur das bevorstehende Weltende erwartet hatte, glaubte Joachim daran, dass die Menschen in Zukunft auf Erden ein vollkommeneres Leben erwartet.

Wirkungsgeschichte

Die Bedeutung Joachims ist umstritten, weil seine Wirkungsgeschichte im Dunkeln liegt. Auf dem Vierten Laterankonzil wurde seine Lehre 1215 als häretisch verurteilt. Ausgesprochen einflussreich waren seine Ansichten in den Orden der Franziskaner (vgl. Benz 1934). Die weitere Wirkungsgeschichte ist unsicher, da unklar ist, ob die zahlreichen Dreistadien-Lehren der Neuzeit direkt oder indirekt auf Joachim zurückgehen. In den ideengeschichtlichen Arbeiten von Wilhelm Kamlah, Jacob Taubes, Eric Voegelin und Karl Löwith wird ihr eine eminente Rolle bei der Herausbildung der neuzeitlichen Geschichtsphilosophie zugesprochen:

> „Joachim hat als erster der Zukunftsgespanntheit christlichen Glaubens ein *geschichtliches* Ziel gegeben, an dessen Verwirklichung sich die revolutionären Energien kommender Generationen versuchen konnten, er hat die Säkularisation der eschatologischen Hoffnung zum ‚epochalen Bewusstsein' der Renaissance und der Neuzeit eingeleitet." (Kamlah 1935, S. 117)

Fragen und Anregungen

- Diskutieren Sie Gemeinsamkeiten und Unterschiede der geschichtsphilosophischen Aspekte von römischer Kultur und Christentum
- Diskutieren Sie die Unterschiede der antiken, der mittelalterlichen und der heutigen christlichen Auffassung der Geschichte.

Lektüreempfehlungen

Quellen

- **Aurelius Augustinus: Vom Gottesstaat** (De civitate Dei) [413–426 n. Chr.], München 2007.

- **Joachim von Fiore: Das Reich des heiligen Geistes** [um 1180 n. Chr.], München 1955 (Auswahl).
- **Vergil: Aeneis** [29–19 v. Chr.], Stuttgart 1989.

Forschung

- **Karl Heinrich Krüger: Die Universalchroniken**, Turnhout 1976. *Kurzer Überblick der wichtigsten Chroniken.*
- **Walter Rehm: Der Untergang Roms im abendländischen Denken. Ein Beitrag zur Geschichte des Dekadenzproblems**, Leipzig 1930. *Klassische ideengeschichtliche Untersuchung.*
- **Friedrich Vittinghoff: Zum geschichtlichen Selbstverständnis der Spätantike**, in: Historische Zeitschrift, 198, Bd. 198, 1964, S. 529–574. *Überblick der Begegnung zwischen christlicher und römischer Kultur.*

5 Renaissance und Reformation

Abbildung 7: Blockbuch, Sammlung J. Rosenwald, Library of Congress, Washington.

Das Bild zeigt einen kleinwüchsigen Menschen auf der Schulter eines deutlich älteren und deutlich kräftigeren großwüchsigen Menschen. Beide blicken in die gleiche Richtung, doch scheint der Jüngere aufgrund seiner höheren Stellung besser und weiter zu sehen. Das hier bildlich umgesetzte Gleichnis geht zurück auf Bernhard von Chartres (ca. 1100–64), dem die Formulierung zugeschrieben wird, dass wir wie Zwerge auf den Schultern von Riesen sitzen, um mehr und weiter als diese sehen zu können – nicht aufgrund eigener scharfer Sehkraft oder Körpergröße, sondern weil die Größe der Riesen uns emporhebt (vgl. Spörl 1935, S. 86f.). Die Deutung dieses Gleichnisses ist umstritten. Die meisten nehmen an, es sei Ausdruck des Gefühls einer starken Abhängigkeit der Gegenwart von einer überlegenen Vergangenheit: Man sehe heute weiter nur deshalb, weil man aufgrund der fortgeschrittenen Zeit einen besseren Überblick habe. Andere sehen im Gleichnis dagegen ein bestimmtes Modell des Fortschritts angelegt: Zwar seien die Leistungen der Vergangenheit großartig, aber dennoch sei man in der Gegenwart weiter, da sich Fortschritte immer in kleinen Schritten entwickeln (vgl. Klibansky 1936; Jeauneau 1957). Bernhard selbst soll das Bild verwendet haben, weil er sich den Alten gegenüber als Epigone fühlte.

Für die Autoren der Renaissance stellte sich die Frage, ob die antiqui oder die moderni überlegen seien, ganz neu: Modern zu sein bedeutete jetzt, sich an der Antike zu orientieren. Diese Perspektive wurde möglich, indem man zwischen die Epoche der antiqui und der Gegenwart der moderni eine neue Epoche einschob, die später als Mittelalter bezeichnet wurde. Petrarca, Machiavelli und andere deuteten die Jahrhunderte seit dem Ende Roms als Zeiten eines Niedergangs, der nun zu Ende ist, weil man die Antike wiederentdeckte. Doch die Wiederentdeckung der Antike war nicht der einzige Rückbezug: auch die Reformation wollte an etwas Vergangenes – nämlich an einen ursprünglichen christlichen Glauben – anknüpfen. Beiden wird eine entscheidende Bedeutung für die Herausbildung der Moderne, bzw. der Neuzeit zuerkannt.

5.1 Epochenschwelle zur Moderne

Wann und mit welchen geistigen und kulturellen Bewegungen beginnt die Neuzeit bzw. die Moderne? In der Regel werden zwei Namen genannt: Renaissance und Reformation. Das ist zunächst erstaunlich: Etwas Neues soll beginnen mit zwei Bewegungen, deren Namen sinngemäß *Wiedergeburt* (so die wörtliche Übersetzung von französisch: *renaissance* bzw. italienisch: *rinascimento*) oder *Wiederherstellung* (so der ursprüngliche Wortsinn von Reformation) bedeuten.

Bedeutung von Renaissance und Reformation für die Moderne

Wenn hier die Moderne beginnt, stellt sich als erstes die Frage, welche Grundannahmen unseres modernen Denkens aus der Renaissance und der Reformation stammen? In der Regel werden für beide genannt:

- Ein neues Verhältnis von Staat und Kirche. Aufgrund des Schismas von Kaisertum und Papsttum nach dem Investiturstreit (1076–1122) musste das Verhältnis neu bestimmt werden zugunsten einer stärkeren Affirmation der weltlichen Macht des Staates.
- Die Entdeckung des Individuums und der Möglichkeit der Selbstformung des Menschen.
- Der Bezug auf Vergangenes, das es zu wiederherzustellen bzw. an das es wiederanzuknüpfen gilt.
- Die Entstehung der Philologie als Wissenschaft, d. h. der Beginn einer kritischen Rekonstruktion überlieferter Texte, sowohl der Bibel als auch der antiken Klassiker.

Bedeutung der Renaissance für die Moderne

Ausschließlich für die Renaissance werden genannt:

- Der Bruch mit der Vorstellung der Geschichte als einer auf ein Ende gerichteten Heilsgeschichte. Die meisten Autoren der Renaissance tendierten zu zyklischen Erklärungsmodellen. Diejenigen, die sich an der Idee der *Roma aeterna* orientierten (→ KAPITEL 4.2), verabschiedeten sich von der Vier-Reiche-Lehre und der Idee der *translatio imperii*. So bereiteten sie die Entstehung einer an den Fakten orientierten wissenschaftlichen Geschichtsschreibung vor.
- Der Bezug auf Vergangenes war in der Renaissance ein Bezug auf die Antike, der auch zu einem neuen Verhältnis zur Natur führte, das Bedingung ist für die Entstehung der modernen Naturwissenschaft.

Verhältnis Renaissance – Reformation

Dass die letzten beiden Punkte nur für die Renaissance und nicht für die Reformation genannt werden, führt zu der Frage, in welchem Verhältnis Renaissance und Reformation zueinander stehen. Handelt es sich trotz aller Differenzen um ähnliche geistige Bewegungen, oder ist die Reformation eher eine Gegenbewegung auch zur Renaissance, insofern die Renaissance keine genuin religiöse Bewegung war? Formal gesehen könnte man argumentieren: Beide eint der Rückbezug auf Vergangenes. Mit Bezug auf die Inhalte ist dann zu diskutieren, ob sich zwischen Renaissance und Reformation nicht die gleiche Spannung wiederholt hat, die ursprünglich zwischen der römisch-griechischen Antike auf der einen und dem Christentum auf der anderen Seite bestand, dann aber in der Kultur des Mittelalters tendenziell aufgehoben wurde.

Entstehungsbedingungen der neuen Ideen

Der Frage, welche Grundannahmen aus Renaissance und Reformation die Moderne prägten, schließt sich die Frage an, wie sich diese neuen Ideen entwickeln konnten. Warum hat man in Renaissance und Reformation die Dinge auf eine neue Weise gesehen? Was sind die Gründe und Bedingungen für eine neue Sicht auf den Menschen, den Kosmos und die Geschichte? Am häufigsten werden hier folgende Faktoren bzw. Ereignisse genannt:

- Missstände in der Kirche.
- Die Lösung bzw. Lockerung der Verbindung von Kirche und Staat.
- Die Gründung der ersten Universitäten in Bologna (1088), Oxford (1170), Paris (1200) und vielen anderen Städten.
- Die Erfindung technischer Hilfsmittel, z. B. von Fernrohren, die bestimmte astronomische Entdeckungen ermöglichten.
- Die griechische Emigration nach Süditalien, die das Studium der griechischen Sprache erleichterte.

Jeder Versuch die Entstehung einer historischen Entwicklung zu erklären, steht vor dem Problem: Warum kam es ausgerechnet jetzt zu dieser Neuerung? Häufig wird die Ablösung des Alten durch die Attraktivität des Neuen erklärt. Diese Antwort kann aber nicht erhellen, warum und wie das Neue entstehen konnte. Plausibler erscheint daher die These, dass das Alte zunächst in eine Krise geraten und ohne unmittelbare Konkurrenz anderer Ideen unattraktiver geworden war. Diese Annahme erscheint auch deshalb interessant, weil sich mit ihrer Hilfe auch das Problem der noch nicht durchsetzungsfähigen Vorläufer von Ideen, Theorien etc. erklären lässt: Neue Ideen können sich erst durchsetzen, wenn alte in eine Krise geraten sind (vgl. Kuhn 1969).

Bruch oder Kontinuität?

Nach den Gründen und Bedingungen grundlegender Veränderungen an der Epochenschwelle zur Neuzeit zu fragen setzt voraus, dass Renaissance und Reformation einen Bruch mit dem Mittelalter markieren. Einige Ideenhistoriker bestreiten das. Sie verweisen darauf, dass zentrale Gedanken der Moderne irgendwie schon immer für das Abendland bestimmend waren, z. B. die Idee der *humanitas*, der Menschenwürde. Die Ideenhistoriker, die sich an der Idee der *Roma aeterna* orientieren und im steten Bezug auf das römische Reich bzw. die römische Kultur das grundlegende Fundament Europas sehen, halten den Einschnitt der Epoche Renaissance für überbewertet und verweisen darauf, dass es immer wieder Renaissancen der Antike gegeben habe (z. B. Curtius 1949). Das neben bzw. parallel zur Vorstellung der *translatio imperii* bestehende Modell der *resurrectio* (lateinisch für: Auferstehung, Wiederherstellung; vgl. Stierle 2001) machte eine echte *rinascita* (italienisch für: Wiedergeburt) überflüssig: Wenn eine Wiederherstellung noch möglich ist, bedarf es keiner Wiedergeburt.

Eine Antwort auf die Frage, ob der Bruch mit dem Mittelalter eher eine echte Neuerung oder eine bloß durch kontingente Epocheneinteilung erzeugte Scheinzäsur ist, hängt natürlich auch davon ab, auf welche Bereiche man sich konzentriert. Geht es um das Verständnis der Geschichte, um Kunst, um Religion oder um die Auffassung der Natur? Das an sich schon schwierige Problem wird noch komplexer, wenn man fragt, inwiefern die Auffassungen von Geschichte, Kunst, Religion und Natur zusammengehören, d. h. fragt, ob bzw. inwiefern eine bestimmte Auffassung der Natur zu einer neuen Sicht auf die Religion führt oder umgekehrt. Eine Zeittafel gibt einen ersten Überblick über die wichtigsten Denker und Neuerer der Zeit.

Francesco Petrarca	1304–1374
Giovanni Boccaccio	1313–1375
Niccolò Machiavelli	1429–1500
Leonardo da Vinci	1452–1519
Pico della Mirandola	1463–1494
Nikolaus Kopernikus	1473–1543
Martin Luther	1483–1546
Giorgio Vasari	1511–1574
Jean Bodin	1530–1596
Giordano Bruno	1548–1600
Galileo Galilei	1564–1642
Johannes Kepler	1571–1630

Abbildung 8: Zeittafel: Renaissance – Reformation – frühe Neuzeit

5.2 Renaissance

Herkunft des Begriffs

Die heute übliche Epochenbezeichnung Renaissance ist relativ jungen Datums. Sie geht zurück auf den französischen Historiker Jules Michelet, der dem siebenten Teil seiner *Histoire de France* (1833) den Untertitel *Renaissance* gab. Jacob Burckhardt nahm den Begriff auf und verband ihn in seinem im wahrsten Sinne des Wortes epochemachenden Buch *Die Cultur der Renaissance in Italien* (1860) mit einer Deutung, deren Wirkung bis heute reicht, wenngleich sie nicht unumstritten ist. Für Burckhardt markiert die Renaissance, die in einem „engen Bündnis" mit dem italienischen Volksgeist die abendländische Welt bezwungen habe, einen radikalen Bruch. Obgleich sich Burckhardt stets gegen geschichtsphilosophische Spekulationen ausgesprochen hatte, bezeichnete er die Renaissance als eine „hohe weltgeschichtliche Nothwendigkeit" (Burckhardt 1860, S. 171), so als gäbe es in der Menschheit eine Anlage in eine bestimmte Richtung, die sich nun endlich verwirklicht habe:

Bedeutung des Begriffs bei Burckhardt

> „Im Mittelalter lagen die beiden Seiten des Bewußtseins – nach der Welt hin und nach dem Innern des Menschen selbst – wie unter einem Schleier träumend oder halbwach. Der Schleier war gewoben aus Glauben, Kindesbefangenheit und Wahn; durch ihn hindurchgesehen erschienen Welt und Geschichte wundersam gefärbt, der Mensch aber erkannte sich nur als Race, Volk, Partei, Corporation, Familie oder sonst in irgendeiner Form des Allgemeinen. In Italien zuerst verwehte dieser Schleier in die Lüfte; es erwacht eine objective Betrachtung und Behandlung des Staates und der sämmtlichen Dinge dieser Welt überhaupt; daneben aber erhebt sich mit voller Macht das *Subjective*; der Mensch wird geistiges *Individuum* und erkennt sich als solches." (Burckhardt 1860, S. 131)

Umstritten ist diese Deutung vor allem deshalb, weil sie, so ihre Kritiker, zu einseitig auf politische und ästhetische Faktoren abhebe, einen zu starken Bruch mit Christentum und Mittelalter behaupte und die Entwicklung der Idee der Individualität einseitig der Renaissance zuschlage. Kritisiert wurde häufig weniger Burckhardts These selbst als vielmehr eine bestimmte Wirkung, für die man ihn und Friedrich Nietzsche verantwortlich machte: Die Verherrlichung des Renaissancemenschen: „hoch beliebt bei den Feuilletonisten: die freie, geniale Persönlichkeit, frech frevelnd in verwegener Sündhaftigkeit" (Burdach 1926, S. 90).

Frühe Konzepte von Wiederherstellung und Wiedergeburt

Bevor sich der Begriff Renaissance als Epochenbegriff durchsetzte, hatte man schon lange von der Epoche der „Wiederherstellung der Künste, Wissenschaften" etc. gesprochen. Auch die wörtliche Rede von einer Wiedergeburt ist nicht weit hergeholt: Sie entspringt dem Selbstverständnis vieler Autoren. Matteo Palmieri (1406–75) sprach vom „rinascere l'arti perdute", dem Wiedergeborenwerden der verlorenen Künste. Giorgio Vasari (1511–74), der mit seinen Künstlerbiografien die erste Geschichte der italienischen Kunst verfasste (*Le vite de' più eccellenti pittori, scultori e architettori*, 1550), verwendete den Ausdruck *rinascita* eigentlich schon als Epochenbegriff, als er die Geschichte der italienischen Kunst von ihrer Wiedergeburt bis in das Jahrhundert, in dem er lebte, erzählen wollte („*della rinascita di queste arti sino al secolo che noi viviamo*", zit. n. Burdach 1926, S. 4).

Begriffsgeschichtliche Befunde

Zu einer Wiederentdeckung kann es nur kommen, wenn etwas verloren gegangen ist. Zwar blieb Manches aus der Antike im Mittelalter erhalten und wurde auch rezipiert (z. B. einige Arbeiten von Aristoteles), aber verglichen mit der Fülle antiker Bibliotheken waren mittelalterliche Klöster ausgesprochen spärlich ausgestattet. Die Ursachen für die sogenannten Bücherverluste in der Spätantike sind umstritten. Es gilt aber als unwahrscheinlich, dass die in der Regel auf Papyrusrollen geschriebenen antiken Texte nicht haltbar gewesen seien und deshalb verrottet wären.

Woran sich die Hinwendung zur Antike entzündete, ist schwer zu sagen. Eine bedeutende Rolle haben sicher die überall sichtbaren Zeichen dieser vergangenen Epoche gespielt: Die Antikensehnsucht findet ihren Stoff an den Ruinen, vor allem an den Ruinen Roms. Man hat von einer regelrechten Ruinensentimentalität gesprochen, die sich noch lange, vielleicht bis heute am Leben gehalten hat.

Ruinenromantik

Francesco Petrarca

Am Beginn der als Renaissance bezeichneten Epoche steht Francesco Pertrarca. Leonardo Bruni beginnt seine Biografie Petrarcas mit dem Hinweis, dieser sei der erste gewesen, der die antike Kunst des Stils erkannt, sie aus der Vergessenheit und Dämmerung hervorgeholt und wieder zu neuem Leben erweckt habe (Bruni ed. Baron 1928, S. 65). Petrarca war ein Kind der Krise. In Italien (Arezzo) geboren, wuchs er nach der Verbannung seines Vaters aus Florenz in Avignon auf, das seit 1305 Sitz des Papstes war. Obwohl er sich in keiner Weise vom christlichen Glauben abwendete, distanzierte er sich von der dominanten christlichen Rahmenerzählung seiner Zeit. Petrarca war ein großer Verehrer Roms. Er reiste in die ewige Stadt und war beeindruckt und zugleich bestürzt angesichts der Ruinen, diesen Zeichen des römischen Niedergangs. Sein großer Wunsch wurde die Wiederherstellung der Größe Roms.

De *Viris illustribus*

Petrarcas wichtigstes Geschichtswerk sind seine unvollendeten Lebensbeschreibungen *De Viris illustribus* (um 1338 begonnen), eine Sammlung von Lebensläufen berühmter Männer, von Adam bis Hercules, vornehmlich der römischen Geschichte. Mit Titel und Thema griff Petrarca ein antikes Genre auf: Diogenes Laertios, Sueton, Cornelius Nepos und Hieronymus hatten früher Sammlungen unter dem gleichen Namen verfasst. Petrarcas Ziel war nun, den Anschluß an die römische Vergangenheit wiederherzustellen durch die Vergegenwärtigung der großen, berühmten Männer der Geschichte:

> „Mich bewegt nichts so sehr wie die Beispiele berühmter Männer. Denn es freut und nützt, sich zu erheben, es freut und nützt zu erfahren, ob die eigene Seele Festigkeit besitzt, Großherzigkeit und Unbezwingbarkeit im Angesicht von Glück und Unglück – oder ob sie sich über sich selbst getäuscht hat. Dies aber kann, außer durch die Erfahrung, die die sicherste Lehrmeisterin der Dinge ist, durch nichts besser geschehen, als wenn man sie jenen, denen sie am meisten ähneln will, annähert." (Petrarca zit. n. Buck 1957, S. 14)

Nur weil die Menschen selbst für ihr Schicksal verantwortlich sind, kann der Einzelne zum Maßstab, zum Vorbild werden. Schon bei Petrarca findet sich die *virtù*, die Tüchtigkeit, die auch bei vielen seiner Nachfolger eine entscheidende Rolle spielen wird. Kaum weniger entscheidend für die neue Perspektive auf die Geschichte ist der Bruch mit dem Translationsgedanken, den Petrarca vollzog. Weil er sich ausschließlich auf die Geschichte Roms in der Zeit der Größe des römischen Imperium konzentrierte, geriet er unter den Rechtfertigungsdruck keine großen Männer der Gegenwart angeführt zu haben. In einem Brief erläuterte er, dies habe seinen Grund darin, dass er seine Feder nicht durch die Zeit der Finsternis führen wolle. Durch diese Metapher, die am Anfang der ebenso verbreiteten wie gescholtenen Rede vom ‚finsteren' Mittelalter steht, hat Petrarca als erster die Geschichte in drei Phasen unterteilt – so deutet es der Historiker Theodor E. Mommsen (vgl. Mommsen 1969). In den *Epistolae* schrieb Petrarca: „Es gab ein glücklicheres Zeitalter, und vielleicht wird es noch eines geben; in der Mitte, in unserer Zeit, sieht man nur ein Gemisch von Gemeinheit und Schuftigkeit" (zit. n. Mommsen 1969, S. 177). Bald darauf wurde die Gegenwart von Marsilio Ficino und Giovanni Boccaccio zum neuen goldenen Zeitalter erklärt. Giorgio Vasari unterschied knapp 200 Jahre später in seiner Kunstgeschichte *maniera antica*, *maniera vecchia* und *maniera moderna* (vgl. Vasari, 1550). Auf breiter Ebene durchsetzen sollte sich die neue Periodisierung aber erst viel später.

Petrarcas Bruch mit der alten Periodisierung

Zeitalter der Finsternis

Ein neues goldenes Zeitalter

Periodisierung in drei Stadien

Eine Periodisierung in drei Stadien ergibt sich wie von selbst, wenn man eine Phase des Niedergangs, der Dunkelheit annimmt, die die Antike beendet und die es ihrerseits zu überwinden gilt. Plausibel kann die neue Periodisierung aber nur werden, wenn die bis dato gültige Vorstellung der vier sich ablösenden Weltreiche (→ KAPITEL 2) aufgegeben wird. Petrarca war der erste, der diesen Schritt vollzog, er ist der „Denker der Illegitimität der translatio" (Stierle 2003, S. 17): Er hielt die Übertragung des römischen Reiches auf die Byzantiner, auf die Franken und auf die Deutschen für nicht gerechtfertigt, denn das römische Reich sei unter den Händen der Barbaren geschwächt und fast vernichtet worden (vgl. Mommsen 1969, S. 169).

Freiheit und Autonomie des Menschen

Die Thesen Petrarcas haben bei der Ablösung des mittelalterlichen und der Herausbildung eines neuen Bildes der Geschichte eine wichtige Rolle gespielt. Kaum weniger bedeutend waren aber die indirekten Folgen für ein neues Selbstverständnis des Menschen, die von vielen anderen Ideen ausgingen, die in der Renaissance entwickelt wurden. Vor allem eine neue Überzeugung von der schöpferischen Kraft des Individuums wurde mit einem Selbstbewusstsein ausgedrückt, das eine neue Qualität hatte. Pico della Mirandola (1463–94) hat das Wesen des Menschen in seiner Schrift *De hominis dignitate* (*Über die Würde des Menschen*, 1486) in einer Weise beschrieben, die bereits die grundlegenden Ansichten über die Bestimmung des Menschen anklingen lässt, welche dann später in der Aufklärung das Denken eines großen Teils der Menschheit bestimmen sollten:

> „Wir haben dich weder als einen Himmlischen noch als einen Irdischen, weder als einen Sterblichen noch als einen Unsterblichen geschaffen, damit du als dein eigener, vollkommen frei und ehrenhalber schaltender Bildhauer und Dichter dir selbst die Form bestimmst, in der du zu leben wünschst. Es steht dir frei, in die Unterwelt des Viehes zu entarten. Es steht dir ebenso frei, in die höhere Welt des Göttlichen dich durch den Entschluß deines eigenen Geistes zu erheben." (Pico 1988, § 5, 22)

Humanismus

Weil sich die Orientierung an der Antike auf das Besondere der menschlichen Natur richtete, hat man das mit Petrarca beginnende Denken auch als Humanismus bezeichnet. Als Epochenbegriff bezeichnet er anders als der Begriff der Renaissance eine gesamteuropäische Bewegung, die nur von Italien ihren Ausgang genommen hat (→ ASB KELLER).

Entstehung der Textkritik

Zurecht hat man der Renaissance eine allgemeine Tendenz zur Rationalisierung und Verwissenschaftlichung nachgesagt, die sich in ganz verschiedenen Bereichen realisierte. Nachdem die Suche antiker Texte zu zahlreichen Funden geführt hatte, stellte sich quasi von selbst das Problem der Textkritik: Welche Fassung ist die ursprüngliche, welche von fremder Hand bearbeitet? Leon Battista Alberti (1404–72) etablierte die Zentralperspektive und die Portraitmalerei zeigte das neue Verständnis der Individualität (→ ASB BRUHN).

Naturwissenschaften und Naturphilosophie

In der Auffassung der Natur gab es ebenfalls eine Rückkehr zu antiken Ideen: Die geschlossene Welt des Mittelalters wurde abgelöst von der Idee eines unendlichen Universums (vgl. Koyre 1969). Bei Giordano Bruno (1548–1600) aus Nola sind Astronomie und Kosmologie eingebettet in eine pantheistische Metaphysik, die aber noch nichts mit der modernen Idee von Ursache und Wirkung zu tun hat. Erst bei Galileo Galilei (1564–1642) wird diese Idee zur Grundlage einer am Experiment orientierten Naturwissenschaft. Die Spannung, die sich daraus zum Denken der Philologen ergibt, hat Galilei klar erkannt. An Johannes Kepler schrieb er, dass die Hermeneutik der Natur eine ganz andere sei als diejenige der Philologen, die sich um die Auslegung der klassischen Autoren bemühen. Diese Leute glauben, „die Philosophie sei ein Buch wie die Aeneis oder die Odysse, und die Wahrheit sei nicht im Universum zu finden oder in der Natur, sondern (und dies sind ihre eigenen Worte) im Textvergleich" (Galilei, zit. n. Cassirer 1927, S. 216). Oft ist behauptet worden, das klassische heilsgeschichtliche Geschichtsdenken des Mittelalters sei durch den Erfahrungsdruck der Naturwissenschaften überwunden worden. Diese These wäre diskutabel, wenn die Umwandlung erst im 16. oder 17. Jahrhundert begonnen hätte. Tatsächlich begann sie aber viel früher, wie das Denken von Petrarca, Machiavelli und vielen anderen belegt. Erst viel später wird es zu Versuchen kommen, die Geschichte eng an das Wissenschaftsideal der Naturwissenschaften anzulehnen (→ KAPITEL 11).

5.3 Niccolò Machiavelli

Niccolò Machiavelli war Politiker im diplomatischen Dienst in einer Phase der politischen und ökonomischen Krise der Republik Florenz nach dem Sturz der Medici 1494. Er gehörte durchaus zur Bewegung der Renaissance. Auch er bezog sich positiv auf die Antike, aber dennoch unterscheidet er sich in wichtigen Ansichten von den Nachfolgern Petrarcas. Ihm fehlte das Schwärmerische und der pädagogische

Pessimistische Anthropologie

Optimismus. Grundlegend für sein Denken ist eine pessimistische Anthropologie, deren Grundannahmen lauten: Der Mensch ist schlecht, oder, um es genau zu sagen, „undankbar, wankelmütig, verlogen, heuchlerisch, ängstlich und raffgierig" und stets bereit, seinen bösen Neigungen zu folgen (Machiavelli 1990, S. 83.). Und: die menschlichen Leidenschaften zeigen keine Veränderung in der Geschichte, die menschliche Natur bleibt immer die gleiche. Diese zweite Annahme führt ihn zu einer bestimmten Perspektive auf die Geschichte: Wenn die menschliche Natur immer die gleiche ist, dann kann ein Studium der Geschichte lehrreich sein, weil man aus den Fehlern und Irrtümern, aber auch aus den Erfolgen und Leistungen der Vergangenheit lernen kann. Machiavellis Geschäft war die Politik. In einer Phase der Krise und steten Bedrohung stellte er die Frage, wie die Stabilität eines Staates bzw. seiner Institutionen gewährleistet und erhalten werden kann. Alle Probleme ordnete er dem Primat der Politik unter.

Rückkehr zur Idee der *historia magistra vitae*

Machiavelli kam wie Petrarca auf Ciceros Idee der *historia magistra vitae* zurück (→ KAPITEL 1.4). Die Beschäftigung mit der Geschichte soll zeigen, wie ein Staat organisiert sein sollte. Dienten die *exempla* in der Bibel dazu, das ethisch Richtige, das Gute darzustellen und als attraktiv zu erweisen, so dienen die *exempla* bei Machiavelli der Erkenntnis des politisch Richtigen. Zwar spielte die Idee der *historia magistra vitae* auch im Mittelalter durchaus eine Rolle für die Erklärung historischer Zusammenhänge, z. B. bei Otto von Freising, allerdings war dies stets eine eher untergeordnete Rolle. Zuspitzend könnte man sagen, im Mittelalter galt: Man lernt nicht aus der Geschichte, sondern man erkennt in ihr die Wege des göttlichen Heilsplanes. Bei Machiavelli und vielen anderen Denkern seiner Zeit ändert sich das. Machiavellis Vorbild sind die antiken Staaten, allen voran das römische Reich. Sein Rückgriff auf die Antike ist ein besonderer. Für sentimentale Ruinenromantik hat er nichts übrig. Er wollte stattdessen, wie er im Vorwort der *Discorsi* schrieb, eine Kenntnis der Geschichte, die nicht in dem „Vergnügen daran, die bunte Mannigfaltigkeit der Ereignisse an sich vorüberziehen zu lassen" (Machiavelli 2000, S. 14) besteht.

Machiavellis zyklisches Geschichtsbild: Der Kreislauf der Verfassungen

Machiavellis Bild der Geschichte ist zyklisch, allerdings nicht in einem kosmologischen Sinn. Die Geschichte wiederholt sich, weil die Menschen keinen Zustand konservieren können:

> „Die Länder pflegen zumeist bei ihren Veränderungen von der Ordnung zur Unordnung zu kommen und dann von neuem zur Unordnung zur Ordnung überzugehen. Es ist von der Natur den menschlichen Dingen nicht gestattet, stille zu stehen. Wie sie daher ihre höchste Vollkommenheit erreicht haben und nicht mehr steigen können, müssen sie sinken. Ebenso, wenn sie gesunken sind,

> durch die Unordnungen zur tiefsten Niedrigkeit herabgekommen, und also nicht mehr sinken können, müssen sie notwendig steigen. So sinkt man stets vom Guten zum Übel und steigt vom Übel zum Guten. Denn die Tapferkeit gebiert Ruhe, die Ruhe Müßiggang, der Müßiggang Unordnung, die Unrodung Verfall. Ebenso entsteht aus dem Verfall Ordnung, aus der Ordnung Tapferkeit, hieraus Ruhm und Glück." (Machiavelli 1986, S. 14)

Necessità, virtù, fortuna

Machiavellis Philosophie der Geschichte kreist um die Begriffe *necessità*, *virtù* und *fortuna*. Die Welt ist immer in einem mehr oder weniger gleichen Zustand. Gut und Böse halten sich am Ende immer die Waage. Die Abläufe der Geschichte folgen den immer gleichen Prinzipien, die in der menschlichen Natur angelegt sind – das ist die *necessità*, die Gesetzmäßigkeit der Geschichte. Machiavelli kennt keinen echten Fortschritt, d. h. einen Fortschritt hinter dem man nicht wieder zurückfallen könnte. Diese Einsicht führt ihn aber nicht zu einem geschichtlichen Fatalismus – im Gegenteil: im Hier und Jetzt kann und muss der Mensch sein Schicksal selbst in die Hand nehmen. Folglich bedarf es der Tugend der Tüchtigkeit, der *virtù*. Die Tüchtigkeit der großen Männer der Vergangenheit zeigt, was dem Einzelnen möglich ist. In der Vorbemerkung des *Principe* notiert Machiavelli, er hätte nichts unter seinem Besitz gefunden, was ihm lieber wäre oder was er höher schätzte „als die Kenntnis der Handlungen großer Männer", die er durch „lange Erfahrung der Gegenwart wie durch emsiges Leben der Alten erworben habe" (Machiavelli 1990, S. 17). Ihre Grenzen hat die Tüchtigkeit an der *fortuna*, am Schicksal, das sich niemals völlig kontrollieren lässt.

Machiavellis Einfluss auf die Geschichtsschreibung

Mit Machiavelli kommt ein neuer Zug in die Geschichtsschreibung. Sein Thema war die Erklärung des Niedergangs des römischen Reiches. Auf der Suche nach den Gründen für den Verfall brach Machiavelli aber nicht einfach mit der Danielprophetie, sondern bot eine alternative Erklärung für den Niedergang: Die Überbevölkerungsverhältnisse jenseits von Rhein und Donau hätten von außen Druck auf das römische Reich erzeugt. So bahnte Machiavelli eine neue Art der Geschichtsschreibung an und vollzog einen Bruch mit der bisherigen Geschichte, den man als eine erste Säkularisierung charakterisiert hat. Das ist treffend, wenn Säkularisierung den Bruch mit allen religiösen und geschichtstheologischen Deutungen meint. Keinesfalls aber gibt es bei Machiavellis Säkularisierung eine Transformation von Religiösem in Weltliches. Sein Geschichtsdenken ist ein echter Gegenentwurf, der seine Wurzeln in der Antike und nicht im Christentum hat (vgl. Münkler 1982) (→ KAPITEL 14.2).

5.4 Reformation

Begriff der Reformation

Reformation meint wie Renaissance ein produktives Zurückgehen auf etwas, das schon einmal da war, aber durch eine unglückliche Entwicklung verloren gegangen ist. Zielte die als Renaissance bezeichnete Bewegung auf eine Erneuerung der Klassischen Antike, so die Reformation auf eine Erneuerung des ursprünglichen christlichen Glaubens.

Schon vor Martin Luther gab es zahlreiche Versuche zu einer Reformation der Kirche, aber erst Luthers Aufbegehren führte zu einer vereinten Organisation der Kräfte, die letztlich eine Spaltung der Kirche in Katholiken und Protestanten bedingte. Luthers Unzufriedenheit mit der Politik des Ablasses war nur ein äußerlicher Anlass. Luther, Philipp Melanchthon und die anderen Reformatoren wollten zu einem ursprünglichen Christentum zurück. Einzige Autorität war ihnen der Text der Bibel. Ihr Leitspruch lautete *ad fontes*: zurück zu den Quellen. Der Bezug zu Gott ist nicht mehr angewiesen auf die Priester. Alle Menschen stehen durch ihren persönlichen Glauben in einem unmittelbaren Verhältnis zu Gott. Diese Lehre der *iusticatio sola fide,* der Rechtfertigung allein aus dem Glauben, führte zu einer erlebten Subjektivierung des Fühlens und Denkens nicht nur in religiösen Dingen und wird – so lautet das Urteil vieler Historiker – zu einer Bedingung der Demokratisierung der modernen Welt.

Ad fontes

Iustificatio sola fide

Luthers Reise nach Rom

1511 reiste der junge Augustinermönch Martin Luther im Auftrag seines Ordens nach Rom (vgl. Schneider 2011). Noch war Luther ein bußfertiger Mönch, der schockiert war von den Ausschweifungen und dem Prunk des frühen Barock. Luthers Periodisierung der Geschichte ist noch durch und durch mittelalterlich. Bestimmend sind die Lehre von sechs aetates und die Vier-Reiche Lehre (vgl. Luther zit. n. van der Pot 1991, S. 172). Die Vier-Reiche-Lehre aus dem Buch Daniel und das in der Johannesoffenbarung angekündigte Erscheinen des Antichrists sind die beiden Orientierungspunkte seines Geschichtsdenkens.

Periodisierung bei Luther

Forcierung des Endes der Geschichte

Luther rang mit dem Teufel und erwartete den jüngsten Tag. Um 1520 wuchs seine Wut auf das römische Papsttum. Luther erkannte nun im Papst den Antichrist, dessen Erscheinen das nahende Weltende einleitet. Auch umgekehrt soll der Papst daraufhin in Luther den Antichrist vermutet haben: Der teuflisch Luther hat gemacht/Das ich in aller Welt veracht/Mich ausgerüsst für Antichrist/Der er doch gewißlich selber ist (Preuß 1906, S. 123). Die eigentliche katholische Lehre ist jedoch eine andere: Der Antichrist lässt noch auf sich warten. Im Mittelalter war die Geschichte eine abgeschlossene Angelegenheit, deren Ende bald, aber noch nicht unmittelbar bevorstand. Luther hat dieses Ende beschleunigt, indem er erklärte, der Antichrist sei bereits gekommen und die Schrift lehre, dass „nach dieser zeit, so der Bapst offenbahrt nichts, nichts zu hoffen noch zu erwarten ist, denn der Welt ende und aufferstehung der Todten" (Luther zit. n. Seifert 1990, S. 8). – Das Ende kam aber nicht.

Calvin

Eine Generation nach Luther hat dann der Schweizer Reformator Johannes Calvin (1509–64) die Prophezeiungen Daniels mit dem Erscheinen Christi für erfüllt erklärt und so den „Rückzug der biblischen Prophetie von der neueren Geschichte" eingeleitet (Seifert 1990).

5.5 Neue Periodisierung

In der Regel werden die Gemeinsamkeiten von Renaissance und Mittelalter betont. Als die für die Herausbildung des modernen Geistes bedeutendste Gemeinsamkeiten gelten die neue Stellung des Individuums und eine neue Form der Subjektivität, die zum Aufbegehren gegen die autoritäre Kultur des Mittelalters führte. Allerdings gibt es auch viele Stimmen, die die Unterschiede betonen. Dass Renaissance und Reformation zusammengehören, nannte Nietzsche ein „Idioten-Urtheil in historicis" (Nietzsche KSA 6, S. 359). Die Deutschen hätten Europa um die Ernte der Renaissance gebracht. Die Katholiken sollten Luther dankbar sein, denn der habe das Christentum wiederhergestellt. Sein Urteil begründet Nietzsche so:

Gehören Reformation und Renaissance zusammen?

> „*Renaissance und Reformation.* – Die italiänische Renaissance barg in sich alle die positiven Gewalten, welchen man die moderne Cultur verdankt: also Befreiung des Gedankens, Missachtung der Autoritäten, Sieg der Bildung über den Dünkel der Abkunft, Begeisterung für die Wissenschaft und die wissenschaftliche Vergangenheit der Menschen, Entfesselung des Individuums, eine Glut der Wahrhaftigkeit und Abneigung gegen Schein und bloßen Effect [...]; ja die Renaissance hatte positive Kräfte, welche in unserer *bisherigen* modernen Cultur noch nicht wieder so mächtig geworden sind. Es war das goldene Zeitalter dieses Jahrtausends, trotz aller Flecken und Laster. Dagegen hebt sich nun die deutsche Reformation ab als ein energischer Protest zurückgebliebener Geister, welche die Weltanschauung des Mittelalters noch keineswegs satt hatten und die Zeichen seiner Auflösung, die außerordentliche Verflachung und Veräusserlichung des religiösen Le-

bens, anstatt mit Frohlocken, wie sich gebührt, mit tiefem Unmute empfanden." (Nietzsche KSA 2, S. 199)

Man ist geneigt, dieses Urteil Nietzsches seiner einseitigen Parteinahme für eine pagane Renaissance zuzuschreiben. Aber auch andere, z. B. Ernst Troeltsch betonen die Nähe, die zwischen den Reformatoren und dem Katholizismus aus heutiger Perspektive bestehen würde. Troeltsch sieht sogar eine gegen die katholische Verweltlichung gerichtete Tendenz der ursprünglichen reformatorischen Bewegung, die bestimmte Kernideen des Christentums wiederbelebt bzw. gesteigert hätte: „Der Sündenpessimismus, die christliche Jenseitigkeit und der Teufelsglaube sind in der Reformation gesteigert" und haben das Christentum „gegenüber der mittelalterlich-katholischen Verweltlichung erneuert" (Troeltsch 1913, S. 277).

Reformation und Katholizismus

Während die Auffassung der Geschichte in der Renaissance modern erscheint, so erscheint diejenige der Reformation noch wie im Mittelalter. Dennoch kann es sein, dass der Beitrag der Reformation zur Herausbildung des modernen historischen Denkens – sei es der historischen Forschung, sei es der geschichtsphilosophischen Spekulation – stärker von der Reformation vorangetrieben wurde. Am Ende konvergieren beide in der neuen Einteilung Antike – Mittelalter – Neuzeit. Die Etablierung des Schemas vollzog sich langsam. Bezüglich der Frage, welche Autoren letztlich für die Durchsetzung verantwortlich waren, herrscht keine Einigkeit. Schon bei Flavio Biondo (1392–1463) sehen einige den Vollzug der neuen Periodisierung angelegt. Für gewöhnlich wird er jedoch deutlich später vermutet: 1688 veröffentlichte der klassische Philologe Christoph Cellarius seine *Historia universalis* [...] *in antiquam, et medii aevi ac novam divisa*. Hier werden zum ersten Mal die drei Epochenbegriffe explizit zusammen genannt. Noch wenig ideengeschichtliche Untersuchungen behandeln die Frage, ob bzw. wann und inwiefern die von Joachim von Fiore herrührende Dreier-Periodisierung (→ KAPITEL 4.5) einen Einfluss auf die Durchsetzung des Dreier-Schemas hatte.

Geschichtsdenken in Renaissance und Reformation

Etablierung der neuen Periodisierung

Das Werk des Cellarius war jedoch nur der Auftakt vom Ende der sogenannten Monarchienfabel, wie man die Vier-Reiche-Lehre bald nennen wird. Der Wandel vollzog sich langsam. Noch weit bis in die Zeit der Aufklärung wurde mit der Vier-Reiche-Lehre argumentiert. Bei Johann Christoph Gatterer notiert noch 1767: „der Plan nach den 4 Monarchien ist jetzt Gott Lob! So ziemlich altmodische geworden" (Gatterer 1767, zit. n. Seifert 1990, S. 136)

Das Ende der Monarchienfabel

Wie immer man die Einteilung Antike – Mittelalter – Neuzeit genau zieht, wie immer man ihre Bedeutung einschätzt: Der Übergang

Wandel der Periodisierung als Epochenwandel

vom Mittelalter zur Neuzeit lässt sich *auch* beschreiben, indem man dem Wandel in der Art der Periodisierung beschreibt. Das Bedürfnis nach einer neuen Periodisierung trat auf, um historische Ereignisse der Vergangenheit zu verstehen und in Beziehung zur Gegenwart zu setzen. Der gefühlte Zusammenhang mit der Vergangenheit war verloren gegangen. Die Vergangenheit, die es nun neu zu verstehen galt, musste in ein Verhältnis zur Gegenwart gesetzt werden. Dies war nur durch eine neue Periodisierung möglich.

Fragen und Anregungen

- Diskutieren Sie Unterschiede und Gemeinsamkeiten von Renaissance und Reformation.
- Überlegen Sie, inwiefern Renaissance und Reformation einen echten Bruch mit dem mittelalterlichen Geschichtsbild bedeuten bzw. inwiefern sie an dieses anknüpfen.
- Diskutieren Sie, in welchem Verhältnis die neuen Naturwissenschaften zu Renaissance und Reformation und insbesondere zu deren Bild der Geschichte stehen.

Lektüreempfehlungen

Quellen

- **Niccoló Macchiavelli: Discorsi. Staat und Politik** [1531], Frankfurt a. M. 2000.

Forschung

- **Jacob Burckhardt: Die Cultur der Renaissance in Italien. Ein Versuch**, Basel 1860. *Klassische, aber nicht unumstrittene ideengeschichtliche Darstellung.*
- **Herfried Münkler: Machiavelli. Die Begründung des Denkens der Neuzeit aus der Krise der Republik Florenz**, Frankfurt a. M. 1982. *Deutet Machiavelli, indem er ihn historisch kontextualisiert und diskutiert seine Rolle in der Geschichte nicht nur des politischen Denkens.*
- **Ernst Troeltsch: Die Bedeutung des Protestantismus für die Entstehung der modernen Welt**, München/Berlin 1911. *Unterscheidet zwischen Altprotestantismus und Neuprotestantismus. Erst letzterer zeigt eine Nähe zur modernen Kultur.*

6 Naturrecht und Verzeitlichung

COMMENCEMENT, FIN & DURÉE *de l'existence de la* NATURE ORGANISÉE *dans chaque* PLANÈTE.

	COMMENCEMENT.	FIN.	DURÉE absolue.	DURÉE à dater de ce jour.
	de la format. des Plan.	de la format. des Plan.	ans.	ans.
V.Satel. de Sat.	5161	47558	42389...	0 ...
LA LUNE.	7890 ...	72514 ...	64624...	0 ...
MARS. . .	13685 ...	60326 ...	56641...	0 ...
IV.Satel. de Sat.	18399 ...	76525 ...	58126...	1693 ...
IV.Satel. de Jup.	23730 ...	98696 ...	74966...	23864 ...
MERCURE...	26053 ...	187765 ...	161712...	112933 ...
LA TERRE.	35983 ...	168123 ...	132140...	93291 ...
III.Satel. de Sat.	37672 ...	156658 ...	118986...	81826 ...
II.Satel. de Sat.	40373 ...	167928 ...	127655..	93096 ...
I.Satel. de Sat.	42021 ...	174784 ...	132763...	99952 ...
VÉNUS. . .	44067 ...	228540 ...	184473...	153708 ...
An. de Sat....	56396 ...	177568 ...	121172...	102736 ...
III.Satel. de Jup.	59483 ...	247401 ...	187918..	172569 ...
SATURNE. . .	62906 ...	262020 ...	199114...	187188 ..
II.Satel. de Jup.	64496 ...	271098 ...	206602...	196266 ...
I.Satel. de Jup.	74724 ...	311973 ...	237249...	237141 ...
JUPITER....	115623 ...	483121 ...	367498...	

Abbildung 9: Georges-Louis Leclerc de Buffon: *Age et habitabilité des planètes et de leurs satellites* (Alter und Bewohnbarkeit der Planeten und ihrer Satelliten) (1776)

Die Tabelle aus Georges-Louis Leclerc de Buffons (1707–88) „Histoire naturelle des minéraux“ (1783–88) zeigt Beginn, Dauer und Ende der Existenz der verschiedenen Planeten. Seine Berechnungen stellte Buffon an, indem er von der Größe der Planeten und deren Temperatur ausgehend die Dauer der Abkühlung bestimmte. Das Alter der Erde datierte er auf 74 832 Jahre. In „Les Époques de la nature“ (1778, deutsch als „Epochen der Natur“) beschrieb und erklärte er seine Berechnung: Der Planet Erde hat sich in 3 000 Jahren gebildet, dann brauchte er 35 000 Jahre um abzukühlen und seitdem hält sich die Temperatur relativ stabil.

Verglichen mit der bis dahin dominanten Anschauung, die sich auf die Angaben der Bibel bezog, ergab Buffons Berechnung des Alters der Erde einen geradezu unglaublichen Unterschied. Alle bisherigen Versuche der Berechnung waren auf mehr oder weniger 6 000 Jahre gekommen. Der irische Bischof James Ussher (1581–1656) hatte durch genaues Zählen der Stämme Israels sogar ein exaktes Datum für die Schöpfung der Erde angegeben: den 23. Oktober 4004 v. Chr., und noch Ende des 18. Jahrhunderts haben sich Historiker wie Johann Christoph Gatterer und August Ludwig von Schlözer an den Vorgaben der Bibel orientiert. Buffon sprach von einem ‚dunklen Abgrund der Zeit‘. In nicht veröffentlichten Notizen hatte er das Alter der Welt bereits auf 500 000 Jahre (vgl. Rogers 1962) geschätzt. Manche Folgen der von ihm forcierten Temporalisierung konnte er noch nicht sehen. In seiner berühmten *Naturgeschichte* versuchte er, alle Pflanzen und Tiere zu klassifizieren und in eine möglichst geschlossene Ordnung zu bringen. Auch die Zwischenformen mancher Arten waren für ihn noch nicht Anlass, an der Konstanz der Arten zu zweifeln. Viele Erkenntnisse der Naturwissenschaften, viele Theorien der Geisteswissenschaften sind erst möglich geworden durch die Ausdehnung der Zeit, die man als *Die Entdeckung der Tiefenzeit* beschrieben hat (Gould 1990). Der Bruch mit dem vorneuzeitlichen Geschichtsbild vollzog sich auf vielen Ebenen. Während in den historischen Wissenschaften und den Naturwissenschaften die historischen Zeiträume immer größer wurden, versuchten Descartes und Hobbes ihre Theorien ohne Bezug zur Geschichte allein durch die Vernunft zu begründen.

6.1 Bruch mit dem mittelalterlichen Geschichtsbild

Welches Bild von Geschichte löst das mittelalterliche Bild von Geschichte ab?

Die Auf- bzw. Ablösung des mittelalterlichen Bildes von Geschichte ist ein komplexer Vorgang. Die bisherige Auffassung von Geschichte, deren zentrales Charakteristikum das Ineinander von geoffenbarter Geschichte und Profangeschichte war, wurde nicht von einer einzigen neuen Auffassung von Geschichte abgelöst, wie es manche Theorien der Säkularisierung unterstellen. In deren Perspektive transformierte sich die alte Heilsgeschichte, die Geschichte als auf ein Ende hin ausgerichtet verstanden hat, in eine neue, nicht mehr auf Prophezeiung gestützte Geschichte, die Geschichte als Fortschritt denkt (→ KAPITEL 14.2).

Wie auch immer man die Frage der Kontinuität bzw. der inneren Zusammengehörigkeit der alten *historia sacra* und der neuen Geschichtsphilosophie, die am idealtypischsten von Hegel verkörpert wird, beurteilt: Bevor sich die neue Geschichtsphilosophie formieren konnte, wurde das mittelalterliche Bild der Geschichte unplausibel. Sowohl der streng umrissene kurze Zeitraum des Bestehens der Erde von mehr oder weniger 6000 Jahren als auch die aus der Orientierung an Daniel gewonnene Idee der *translatio* (→ KAPITEL 2.1, 4.2) wurden in einer Zeitspanne von ca. 200 Jahren im 16. und 17. Jahrhundert überwunden.

Zwei neue Vorstellungen der Geschichte:

In diesen beiden Jahrhunderten entwickelten sich zunächst zwei ganz unterschiedliche Perspektiven auf die Geschichte, die beide den Weg frei machten – einerseits für die neuzeitliche Geschichtsphilosophie, andererseits für die moderne Geschichtswissenschaft, die häufig auf Distanz geht zu theologischen und philosophischen Erklärungsmustern und sich ihrem Selbstverständnis nach tendenziell auf die Positivität der Fakten zu beschränken vorgibt. Auf der einen Seite gab es eine Rückkehr bzw. Wiederentdeckung zyklischer Modelle: In der italienischen Renaissance, aber auch in Frankreich, dort vor allem bei Jean Bodin (vgl. Menke-Glückert 1912), dessen Kritik der Vier-Reiche-Lehre großen Einfluss hatte (vgl. Schlobach 1978). Auf der anderen Seite entwickelte sich in der philosophischen Bewegung, die später als Rationalismus bezeichnet wird, ein ahistorisches bzw. antihistorisches Verhältnis zur Wirklichkeit. Die wirkungsmächtigsten Autoren dieser Geschichtsvorstellung sind René Descartes und Thomas Hobbes. Ihre wichtigsten Werke entstanden zwischen 1629 und 1651, also während bzw. unmittelbar nach Beendigung des ersten großen europäischen Krieges, des Dreißigjährigen Krieges, der von 1618 bis 1648 dauerte.

Zyklisches Denken …

… und ahistorischer Rationalismus

Der Bruch mit der mittelalterlichen Auffassung von Geschichte wurde begleitet von grundlegenden Veränderungen in verschiedenen Wissenschaften. Die modernen Naturwissenschaften entstanden, deren Grundprinzip lautete: Es sind keine supranaturalen Annahmen (profan ausgedrückt: keine Wunder) nötig, um die Natur zu erklären; alles folgt dem Prinzip der Kausalität, und was wie worauf wirkt, lässt sich empirisch, d. h. durch Experimente feststellen (vgl. Mittelstrass 1970).

Die neuen Wissenschaften

Gemeinhin wird die sogenannte *Kopernikanische Wende* von 1543 als das einschneidende Ereignis genannt, das den Menschen verändert habe, weil er sich und die Erde nach den kosmologischen Berechnungen von Nikolaus Kopernikus nicht mehr als Mittelpunkt sehen konnte. Kaum weniger bedeutend ist aber die mit der neuen Kosmologie verbundene Ausdehnung des Raumes, weil nun mit bislang undenkbar weiten Entfernungen gerechnet wird. Der Raum wird als unendlich erfahren, und dieser Unendlichkeit korrespondiert eine Ausdehnung der Zeit. Für die Herausbildung eines neuen Bildes der Geschichte ist diese Ausdehnung der Zeit sicher die bedeutendste neue Erfahrung, und sie bedeutet ebenso wie Ausdehnung des Raumes zweierlei: Zunächst entstand die Überzeugung, dass die von der Bibel angenommenen 6000 Jahre zwischen Schöpfung und Jüngstem Gericht insgesamt zu kurz bemessen sind, und in der Folge kam es zu einem Bruch mit der Vorstellung der Zeit als Frist, mit anderen Worten: es kam zur Öffnung des zeitlichen Raumes, zu einem Begriff der Ewigkeit innerhalb der erfahrenen Zeit. Ewigkeit meint nun die Unbegrenztheit des Zeitstrahls in beide Richtungen, in der Richtung der Vergangenheit ebenso wie in der Richtung der Zukunft. Sowohl die neuen zyklischen Vorstellungen der Geschichte als auch der ahistorische Rationalismus bei Descartes und Hobbes ermöglichen die Ausdehnung der Zeit. Für beide ist der Rahmen der 6000 Jahre nicht mehr maßgeblich. Die Überwindung der begrenzten Zeitvorstellung ermöglicht dann die moderne Geschichtsphilosophie, die längere Zeiträume braucht, um die Vergangenheit zu ordnen, vor allem aber um Platz für zukünftige Entwicklungen zu haben. Bevor sich die neuzeitliche Geschichtsphilosophie etablieren konnte, musste sich das Denken von dem engen Zeitrahmen befreien, den die biblische Geschichte vorgab.

Die Ausdehnung der Zeit

Begriff der Ewigkeit

In politischer Perspektive beginnt die Neuzeit mit den Religionskriegen. Die Phase zwischen dem Dreißigjährigen Krieg und der Französischen Revolution gilt als Inkubationszeit aller wesentlichen Veränderungen, die am Ende das Wesen der Neuzeit ausmachen werden (→ ASB BRENDLE). Am Ende der Religionskriege etablierten

Die Entstehung der Nationalstaaten

sich die modernen Staaten. Die Rolle des Bürgers war nun eine andere als die des Untertanen im mittelalterlichen *sacrum imperium*: Individualisierung und Subjektivierung im Erleben forderten, dass jeder Einzelne aus seiner autonomen Vernunft heraus die Maßstäbe für Gut und Böse entwickelte (vgl. Koselleck 1959, S. 8).

Das Zeitalter der Entdeckungen

1492 entdeckte Kolumbus Amerika. In unzähligen Expeditionen wurden in den darauf folgenden Jahrhunderten weite Teile der Welt und deren ganz andere Bewohner entdeckt. Die Begegnung mit den Ureinwohnern, den „Primitiven", den „Wilden", kurz gesagt: mit dem Fremden führte zu zahlreichen geschichtsphilosophischen Spekulationen. Vor allem im 17. Jahrhundert verband sich die Erfahrung mit dem „Edlen Wilden" mit der Suche nach einem natürlichen Urzustand des Menschen (vgl. Fink-Eitel 1994), der z. B. bei Jean-Jacques Rousseau zum normativen Leitbild wurde (→ KAPITEL 7.3).

Bis ins 16. Jahrhundert war der christliche Glaube stets supranaturalistisch gewesen, war er stets ein Glaube an die Tatsächlichkeit und Möglichkeit göttlichen Eingreifens in die Geschichte, das vor allem den Prophezeiungen entspreche, über deren schon stattgefundene oder erst noch zu erwartende Erfüllung die Meinungen allerdings auseinander gingen. Im Laufe des 17. Jahrhunderts wurde an den Universitäten aus der Theologie, die eine Lehre vom Glauben war, immer mehr eine Wissenschaft von der Religion (vgl. Dilthey 1894b). In England bildete sich eine theologische Position heraus, die man bald als Deismus bezeichnete. Ihre Grundannahme lautet: Gott hat die Welt so geschaffen, wie sie ist, greift aber in der Geschichte nicht mehr in die Schöpfung ein. Alle Offenbarung, alle Prophezeiungen spielen für den gläubigen Christen, der sich der freidenkerischen Bewegung der Deisten anschließt, keine Rolle mehr. So wurde der Weg frei zu einer historisch-kritischen Perspektive auf die Entstehung der Bibel. Die Bibel wurde nun in neuer Perspektive gelesen als eine Geschichtsquelle unter anderen, so zuerst bei Hobbes, Spinoza und dem französischen Theologen Richard Simon. Wenn die Bibel aber keine Offenbarungen enthält, die sich erst in der Zukunft erfüllen, dann gibt es auch keinen Grund, an der Vier-Reiche-Lehre festzuhalten. Der Gott der Deisten ist ein sehr abstrakter Gott. Wenn es einen Plan gibt, der sich in der Geschichte verwirklicht, dann muss durch die Vernunft nachvollziehbar sein, welches Prinzip sich qua Gottes Schöpferkraft in der Welt verwirklicht. Die Philosophie Vicos und Hegels entstehen im Klima des Deismus. Der Deismus gehörte zu den Strömungen, die die moderne Geschichtsphilosophie vorbereiteten, indem sie sie möglich machten.

Entstehung der Theologie als Wissenschaft

Deismus

Historische Bibelkritik

Wie hängen die Ergebnisse der verschiedenen Wissenschaften zusammen?

Die Entstehung der Moderne, der Neuzeit – oder wie auch immer man die neue Epoche genannt hat, die bis in unsere Gegenwart reicht (alle Versuche, eine Epoche zu denken, die diese ablöst, sind bisher gescheitert) – ist nicht denkbar ohne die skizzierten neuen Entwicklungen. Welchc Ereignisse welche Entwicklung hervorgerufen haben, ist eine Frage von vielleicht unaufhebbarer Komplexität. Auch hier gilt der Satz, den Ernst Troeltsch bezüglich der Entstehung des Protestantismus geschrieben hat: „Der Zufall, d. h. die Verbindung mehrerer voneinander unabhängiger Kausalreihen darf in solchen Dingen nie unterschätzt werden." (Troeltsch 1913, S. 45.)

6.2 Rationalismus: René Descartes

Descartes und die Geschichtsphilosophie

René Descartes hat keine Geschichtsphilosophie vorgelegt und sich auch nicht mit den geschichtsphilosophischen Entwürfen der Tradition auseinandergesetzt. Dennoch ist sein Beitrag zur Entwicklung der Auffassung von Geschichte am Beginn der Neuzeit enorm. Die Bedeutung seines Denkens hat zwei Aspekte: Zum einen bricht Descartes mit der Überlieferung der Tradition, zum anderen hatten seine Ideen, obgleich sie nicht im Rahmen einer Geschichtsphilosophie entwickelt wurden, eine eminente Wirkung: In der Geschichte der Idee der Subjektivität hat Descartes seinen festen Platz (vgl. Taylor 1994).

Descartes' Rolle in der Geschichte der Philosophie

Mit Descartes, so Hegel in seinen *Vorlesungen über die Geschichte der Philosophie* (1817) beginnt die Philosophie der neuen Welt:

> „Mit ihm treten wir eigentlich in eine selbständige Philosophie ein, welche weiß, daß sie selbständig aus der Vernunft kommt und daß das Selbstbewußtsein wesentliches Moment des Wahren ist. Hier, können wir sagen, sind wir zu Hause und können wie der Schiffer nach langer Umherfahrt auf der ungestümen See ‚Land' rufen; Cartesius ist einer von den Menschen, die wieder mit allem von vorn angefangen haben; und mit ihm hebt die Bildung, das Denken der neueren Zeit an." (Hegel 1817, S. 120)

Descartes' Neuanfang

Das Urteil Hegels entspricht dem Selbstverständnis Descartes', der nichts mehr erneuern will. Descartes bricht mit der Tradition, indem er grundsätzlich alles infrage stellt: die Existenz Gottes, der Welt, des eigenen Bewusstseins. Ziel dieses universalen Zweifels ist es, zu einem festen Punkt zu gelangen, von dem aus durch rationale Argumente Schritt für Schritt sicheres Wissen erreicht werden kann. Descartes erklärte, man könne sich von den Irrtümern der Vergangenheit nur befreien, indem man noch einmal von vorne beginnt. Daher habe er, wie er im *Discours de la méthode* (1637) bekennt, seine wissenschaftlichen Studien ganz aufgegeben, als es ihm das Alter erlaubte, sich der Abhängigkeit von seinen Lehrern zu entziehen. und dann beschlossen, „kein anderes Wissen zu suchen, als was ich in mir selbst oder im großen Buche der Welt würde finden können“ (Descartes 1637, S. 8). Beinahe alle seiner Schriften beginnen mit einer Abrechnung mit den „Alten“. In *Les passions del'ame* (*Die Leidenschaften der Seele,* 1649) heißt es:

Kritik der Tradition

> „Es gibt nichts, an dem besser offenbar wird, wie sehr die Wissenschaften, die wir von den ‚Alten‘ erhalten haben, fehlerhaft sind, als an dem, was sie über Leidenschaften geschrieben haben. Denn obgleich das eine Materie ist, um deren Erkenntnis man sich immer intensiv bemüht hat und die nicht zu den schwierigsten gehören scheint auf Grund dessen, daß man nicht nötig hat, von anderswo irgendwelche Beobachtungen zu entlehnen, um ihre Natur zu entdecken, da ein jeder sie in sich selbst findet, ist dennoch das, was die Alten gelehrt haben, so geringfügig, und zum größten Teil so wenig glaubhaft, daß ich nur irgendwelche Hoffnung haben kann, der Wahrheit näher zu kommen, wenn ich mich von den Wegen fernhalte, denen sie gefolgt sind.“ (Descartes 1649, S. 3ff.)

Hier wird exemplarisch deutlich, wie wichtig Descartes die Einsicht in die Notwendigkeit und Möglichkeit eines Neuanfangs war. Die Alten haben sich in allem geirrt, deshalb gibt es keinen Grund sie studieren. Noch wichtiger aber ist das zweite Argument, das sich mit der Diagnose verbindet. Selbst wenn sich die Alten nicht geirrt hätten: eigentlich braucht man keine fremde Hilfe, da ein jeder in sich selbst das vorfindet, was es zu erklären gilt.

Universaler Zweifel

Wenn alles, was die Alten behauptet haben, fragwürdig ist, muss man noch einmal von vorne anfangen, d. h. alles in Zweifel ziehen, was an überliefertem Wissen gelehrt wurde. Der universale Zweifel führt Descartes zurück auf das *cogito*, das „ich denke“, das sich selbst nicht mehr in Zweifel ziehen kann: *cogito ergo sum*: *ich denke, also bin ich* (Descartes 1637, S. 27). Ich kann bezweifeln, dass es Körper gibt, die mich umgeben, ich kann bezweifeln, dass ich selbst einen Körper habe, aber ich kann nicht mehr bezweifeln, dass ich es bin, der denkt und zweifelt. Der Rückzug auf die Sicherheit des *cogito* wird ermöglicht durch die Unterscheidung von Geist und Körper, die selbst nicht noch einmal ausgewiesen werden kann. Sie ist die unaufhebbare Basis, von der aus Descartes argumentiert. In Descartes' Ontologie gibt es nur *res cogitans* und *res extensa*: *denkende Substanz*, die keinen Ort hat, und *ausgedehnte Substanz*, d. h. Körper. Indem er annimmt, dass

Rückzug auf das cogito

nur Menschen zu cogitationes in der Lage sind und alles nichtmenschliche Leben als bloße *res extensa* zu verstehen ist, macht er den Weg frei für die Naturwissenschaften, die zu einem immer stärker werdenden Materialismus führen. Obwohl Descartes alles andere als ein Materialist war, förderte er den modernen Materialismus. Das Wesen dieses Materialismus ist: Es gibt nichts in der Welt außer Körpern. Die Welt lässt sich erklären, indem man den Wirkungen nachgeht, die Körper auf Körper haben. Geistiges bzw. Empfindungen sind nur Epiphänomene der physikalischen Welt.

Materialismus

Naturbeherrschung

Wenn die Natur nicht mehr lebendig ist, dann hat sie auch keinen Wert an sich und kann zum bloßen Objekt für menschliche Nutzenkalküle werden. Im berühmten sechsten Abschnitt seines *Discours de la méthode* zog Descartes die praktischen Konsequenzen aus dieser Entseelung der Natur: Die spekulative Philosophie der Vergangenheit will er in eine praktische überführen, deren Ziel es ist, das „allgemein Beste aller Menschen zu fördern". Dieses Ziel lässt sich erreichen, indem die Menschen alle Gesetze der Natur verstehen und damit „Herren und Eigentümer der Natur" werden *(maîtres et possesseurs de la nature,* Descartes 1637, S. 50).

Descartes' Wirkung

Die Philosophiegeschichtsschreibung hat Descartes und seinen Nachfolgern das Etikett Rationalismus gegeben. Die eine Vernunft, die in allen Menschen die gleiche ist, kann, wenn sie sich selbst schult, alles aus sich selbst heraus entwickeln: auch in der Sphäre des Moralischen und des Politischen. Weil Descartes am wirkungsmächtigsten die Macht der Vernunft behauptet hat, wurde er zum ‚Vater der Philosophie der Neuzeit'. Mit dem Beginn der Neuzeit setzte sich eine normative Vorstellung durch, die das Verhältnis zu allem geschichtlich Überlieferten, insbesondere zur historischen Überlieferung, problematisch macht: Es ist die Vorstellung der Autonomie des Einzelnen. Für Descartes war die Idee der Autonomie noch kein zentraler Aspekt, wenngleich sie bei ihm bereits angelegt ist. Zu ihrer Entfaltung kam sie erst bei Immanuel Kant (→ KAPITEL 8.3). Sie beruht auf der Voraussetzung, dass prinzipiell alles mit den Mitteln der einen gleichen Vernunft, die allen Menschen gemeinsam ist, verstanden werden kann. Das bedeutet Distanz und Opposition zu jeder geschichtlichen Autorität.

Folgen

Descartes war fest davon überzeugt, dass es nicht nur notwendig ist, das Denken von vorne beginnen zu lassen, sondern auch dass es möglich ist. Mit einem gewissen Recht könnte er von sich behaupten, dass er das Neue tatsächlich gedacht und realisiert hat. Er kann dies sagen, weil ihn die Nachwelt so verstanden hat. Descartes ist für seine Leser das Beispiel, das zeigt, was die menschliche Vernunft, die bei jedem Menschen die gleiche ist, zu leisten vermag. Die Folgen des cartesianischen Rückzugs auf das *ego* sind für das Denken und Fühlen der Menschen den Folgen ähnlich, die die protestantische Lehre auf die individuelle Glaubensbeziehung zu Gott hatte. Der Einzelne braucht die Anderen nicht mehr, um zu erkennen, was richtig ist, er muss nur seine Vernunft in die richtigen Bahnen lenken.

Zahlreiche Interpreten haben nachgewiesen, dass Descartes' neuer Anfang insofern Legende ist, als er gar nicht so voraussetzungslos war, wie Descartes selbst vorgab. So hat z. B. Dilthey gezeigt, dass Descartes' Selbstverständnis, alles aus sich selbst heraus zu entwickeln, beinahe wörtliche Entsprechungen bei Cicero hat (vgl. Dilthey 1893, S. 295; Kamlah 1969).

Descartes' Neuanfang als Legende?

6.3 Naturrecht: Thomas Hobbes

Verhältnis von Machiavelli und Hobbes zur Tradition

Die Ideenhistoriker der politischen Philosophie sind sich relativ einig: Die politische Philosophie der Neuzeit beginnt mit Niccolò Machiavelli (1469–1527) (→ KAPITEL 5.3) und Thomas Hobbes (1588–1679). Die antiken politischen Philosophen, allen voran Platon und Aristoteles, hatten sich vor allem an der Idee der Gerechtigkeit orientiert. Machiavelli und Hobbes stellten sich gegen diese Tradition, für sie ist die Selbsterhaltung das Prinzip, aus dem die Normativität einer politischen Theorie gewonnen wird: Gut ist, was der Selbsterhaltung dient (vgl. Ottmann 2006).

Das Verhältnis zur Geschichte bei Machiavelli …

Allerdings gibt es wichtige Unterschiede: Machiavellis Methode hat der italienische Historiker Francesco de Sanctis treffend als „historische Physik" bezeichnet (de Sanctis 1943, S. 143), d. h. Machiavelli braucht die Geschichte, um an den Beispielen der Vergangenheit das politisch Richtige zu bestimmen. Größe und Dekadenz Roms zeigen je auf ihre Weise, wie ein Gemeinwesen politisch organisiert sein sollte. Bei Thomas Hobbes dagegen spielt die Geschichte, die sich tatsächlich ereignet hat, nur noch eine untergeordnete Rolle. Zwar finden sich unter seinen Arbeiten auch historische Abhandlungen, aber er beruft sich nicht mehr auf die Geschichte, wenn es gilt zu begründen, warum diese oder jene Annahme richtig ist. Die sich wiederholende Erfahrung ist keine sichere Quelle des Wissens. Auch wenn einer gesehen habe, dass Tag und Nacht immer aufeinander folgen, so könne er doch nicht daraus schließen, dass sie es auch in Zukunft tun werden: „Erfahrung bringt keine allgemeinen Schlußfolgerungen hervor" (Hobbes 1926, S. 16).

… und Hobbes

1642 brach in England der Bürgerkrieg aus. Der Krieg brachte auf die Insel, was auf dem europäischen Kontinent schon lange und immer noch im Gange war: einen konfessionell motivierten Bürgerkrieg, der in England auch ein Krieg zwischen Parlament und Krone war. Erst 1649, ein Jahr nachdem der Dreißigjährige Krieg 1648 mit dem Westfälischen Frieden zu Ende gegangen war, fand der englische Krieg ebenfalls sein Ende. Hobbes' oberstes Ziel war es, den Bürgerkrieg zu verhindern: nicht durch eine direkte Anleitung zum richtigen politischen Handeln, sondern durch rationale Argumentation.

Hobbes' Frontstellung zu Antike und Mittelalter

Der Bruch mit Antike und Mittelalter lässt sich an verschiedenen zentralen Annahmen seines Denkens aufweisen. Die antike Philosophie hatte ein teleologisches Bild vom Menschen: Der Mensch hat zahlreiche Anlagen und Talente in sich, individuelle wie gattungsspezifische, die es (um es mit einem modernen Begriff zu sagen) zu verwirklichen gilt. *Werde, der Du bist*, heißt es bei Pindar. Bei Hobbes geht es nur noch um Selbsterhaltung, um das pure Überleben. Für die Antike war der Mensch ein *zoon politikon*, ein politisches Tier; politisch meinte zugleich auch sozial, der Mensch wurde als ein immer schon im Verband mit anderen lebendes Wesen verstanden. Hobbes' Anthropologie ist dagegen radikal individualistisch. Die Greuel des englischen Bürgerkriegszeigen zeigen die menschliche Natur, so wie sie ist: *homo homini lupus – der Mensch ist dem Menschen ein Wolf*. Es gibt keine ursprüngliche Bindung der Menschen aneinander, sondern nur Neid, Missgunst etc.

Der Naturzustand

Leviathan

Begegnungen mit außereuropäischen Völkern hatten die Frage aufgeworfen, ob diese Völker nicht in einem ursprünglichen kulturellen Naturzustand lebten: ohne staatenähnliche Organisation und Gesetze. Auch Hobbes hatte zunächst einen historischen Naturzustand angenommen, in dem der permanente Krieg herrschte, weil jeder jederzeit nach dem Leben des Anderen trachten könnte. Im *Leviathan* (1651) ist er von dieser Ansicht abgekommen, die tatsächliche Geschichte spielt jetzt keine Rolle mehr. Hobbes will mit einer am Ideal der Mathematik orientierten (*more geometrico*) Argumentation eine rein auf Vernunftschlüssen aufgebaute Theorie entwerfen. Daher beschreibt er den Urzustand als Fiktion, die immer dann Realität wird, wenn es keine vertragliche Bindung zwischen den Individuen gibt. In diesem Zustand „herrscht, was das Schlimmste von allem ist, beständige Furcht und Gefahr eines gewaltsamen Todes – das menschliche Leben ist einsam, armselig, ekelhaft, tierisch und kurz" (Hobbes 1653, S. 96).

Vom Naturzustand zum Vertrag

Im Naturzustand herrscht ein Krieg aller gegen alle, ein *bellum omnium contra omnes*. Nicht tatsächliche Kampfhandlungen machen diesen Krieg zu einem Krieg, sondern die Möglichkeit, dass es jederzeit zu Gewalt kommen könnte, weil keine souveräne Autorität in der Lage ist, die Situation zu kontrollieren. Die Frage lautet nun: Was macht ein Wesen, das nach seiner Selbsterhaltung strebt, wenn es in diesem Zustand des möglichen *bellum omnium contra omnes* lebt: Die Antwort lautet: Es schließt sich mit anderen zusammen, schließt einen Vertrag: Alle sichern sich wechselseitig zu, das Leben des Anderen zu schützen. Dies ist möglich, indem ein Leviathan, d. i. der Staat, diese Aufgabe übernimmt. Durch vollständige Unterwerfung aller Individuen unter einen obersten Herrscher, den Leviathan, kann das Leben aller gesichert werden. Der Einzelne unterwirft sich freiwillig und wird damit belohnt, dass der Staat sein Leben zu sichern versucht. Oberstes normatives Ziel ist immer die Selbsterhaltung. Welches politische System man wählt, ist zweitrangig: Wichtig ist nur: *Auctoritas, non veritas facit legem – Der Herrschende macht die Gesetze, nicht die Wahrheit*. Es geht nicht darum, dass die Wahrheit obsiegt, sondern darum Gesetze zu haben, die auch eingehalten werden. Die Macht und Souveränität des Herrschenden muss von allen Staatsbürgern anerkannt werden. Das ist aus Vernunftgründen einzusehen. Die Moral von Hobbes kennt kein Gut und Böse, keine Gefühle der Teilnahme oder der Sympathie. Hobbes kennt auch kein Ziel der Geschichte, sondern nur die Selbsterhaltung im Hier und Jetzt.

Hobbes als Begründer des modernen Naturrechts

Hobbes' politische Philosophie begründete die Tradition des modernen Naturrechts. Das von Natur aus Rechte wird nun nicht mehr offenbarungstheologisch oder metaphysisch ausgewiesen, sondern ist durch rationale Argumentation einsichtig. Verglichen mit dem alten Naturrecht ist das moderne ungleich variabler, weil es nur formal ist (vgl. Strauss 1953).

Gemeinsamkeiten von Hobbes und Descartes

Zwischen Hobbes und Descartes gibt es zahlreiche Gemeinsamkeiten: Beide versuchen durch ein strenges Schlussverfahren zu begründen, das bei bloßem Gebrauch der Vernunft nachvollziehbar ist. Bei beiden spielt die Geschichte keine bzw. allenfalls eine untergeordnete Rolle. Die Entzeitlichung, die mit dem rationalen Denken von Descartes und Hobbes verbunden ist, öffnet dem geschichtsphilosophischen Denken den Raum. Bevor sich die neuzeitliche Geschichtsphilosophie etablieren konnte, musste sich das Denken von dem engen Zeitrahmen befreien, den die biblische Geschichte vorgab.

6.4 Verzeitlichung

Antihistorisches im Christentum: Die kurze Zeitdauer

Der Zeitraum der biblischen Geschichte ist – vom Standpunkt der heutigen Naturwissenschaften, die das Alter der Erde auf über 4 Milliarden Jahre schätzen – unglaublich kurz. Man kann im Christentum diejenige Kraft sehen, die das historische Denken erst hervorgebracht hat. Man kann im Christentum aber umgekehrt auch eine Kraft sehen, die zu einer radikalen Enthistorisierung geführt hat. Die sehr kurze Zeitspanne von 6000 Jahren zwischen Schöpfung und Jüngstem Gericht lässt kaum Entwicklungen zu, wie man an zahlreichen Beispielen demonstrieren könnte. Die biblische Geschichte von der babylonischen Sprachverwirrung ist eines dieser Beispiele. Um sich die Entwicklung der Vielfalt an menschlichen Sprachen vorzustellen, sind 6000 Jahre einfach zu wenig. Viele vorchristliche Hochkulturen hatten deutlich längere Zeiträume angenommen. Erst das Christentum hat die Zeitspanne zwischen Schöpfung und Ende so gering angesetzt. Auch hier hatte Augustinus (→ KAPITEL 4.3) den Weg vorgegeben: Es sei Geschwätz, wenn einige behaupten, es seien mehr als hunderttausend Jahre vergangen, seit man in Ägypten wissenschaftliche Sternenkunde betreibe:

> „Seit Adam, dem ersten Menschen, sind ja noch nicht ganz sechstausend Jahre vergangen, und so muß man Leute, die in bezug auf die Zeitenlänge so weit Abweichendes und der ausgemachten Wahrheit Widersprechendes zu verfechten wagen, mehr verlachen als widerlegen." (Augustinus XVIII, 40, S. 482)

Bis wann hielt sich die Vorstellung der 6000 Jahre?

Erstaunlich ist, dass sich diese Vorstellung so lange halten konnte. Noch gegenüber Darwin argumentierten nicht nur Theologen, dass es undenkbar sei, dass sich in so kurzer Zeit so atemberaubend grundlegende Entwicklungen hätten vollziehen können. Buffon und viele andere hatten Mitte des 18. Jahrhunderts schon mehrere 10000 Jahre für die Geschichte der Erde angenommen. Argumente für eine Verlängerung der irdischen Zeitspanne kamen aber nicht nur aus den Naturwissenschaften. Die Altertumswissenschaften brachten alte ägyptische Zeitrechnungen in die Diskussionen ein, und die Begegnungen mit chinesischen Gelehrten sorgten angesichts der deutlich längeren Zeitspannen, die chinesische Astronomen wie Historiker behaupteten, für große Verunsicherung (vgl. Hazard 1939). Aber noch für Aufklärungshistoriker wie August Ludwig Schlözer war die so kurz bemessene christliche Zeitspanne zu lang:

> „Die Welt stehet etwa 6000 Jahre: ein langer, unüberdenklich langer Zeitraum! Alle Hauptveränderungen der Welt soll die Ge-

schichte erzählen: eine dem ersten Anschein nach unermeßliche Arbeit! Gesetzt, man hebe auch mit der geizigsten Auswahl aus der ganzen Masse nur diejenigen Facta heraus, deren solche nach obigem Begriff nicht entbehren kann: so wird ihre Summe gleichwol ungeheuer groß.“ (Schlözer 1772, S. 59)

Wiederholt ist darauf hingewiesen worden, dass die Sprengung des engen christlichen Zeitrahmens – die Entdeckung der Tiefenzeit, wie man das neue Zeitverständnis genannt hat (Gould 1990; Rossi 1979) – einen tiefen Einschnitt in der Geschichte des Denkens markiert. Erst nachdem die kurze Zeitspanne der 6000 Jahre unplausibel geworden war und die Geschichte der Menschheit mehrere 10000 Jahre dauern sollte, war jener Zeitraum gewonnen, der für die verschiedenen Entwicklungen benötigt wird, welche die großen geschichtsphilosophischen Entwürfe der Neuzeit dem Menschen unterstellen. Nur so lässt sich die Vielfalt der menschlichen Kulturen erklären.

Die Bedeutung der Entdeckung der Tiefenzeit

Wie sich der Konflikt zwischen einem am Wortlaut der Bibel orientierten Denken und den Erfahrungen, die mit den Völkern der neuen Welt gemacht wurden, im 17. Jahrhundert entfaltet, zeigt exemplarisch die berühmte Praeadamiten-Hypothese des französischen reformierten Theologen Isaac La Peyrere (1594–1676), nach der es bereits Menschen vor Adam, sogenannte Praeadamiten gab. Die klassische christliche Position findet sich z. B. bei Augustinus: „Alle Menschen und Völker, wenn auch noch so ungeschlacht und mißgestaltet, stammen von Adam ab“ (Augustinus XVI, 8, S. 293). Die Entdeckungen zahlreicher neuer Menschenrassen ließ Peyrere an der Annahme zweifeln, dass alle Völker von Adam abstammen. Diese Zweifel führten ihn aber nicht dazu, an der Wahrheit der biblischen Offenbarung zu rütteln. Stattdessen versuchte er, die Heilige Schrift neu auszulegen: Auf Adam und Eva gehe nur das Volk des alten Bundes zurück, die vielen Heidenvölker hingegen würden von älteren Urvätern abstammen – eine These, die Peyrere aus Genesis 1. Mose 1 gewinnen möchte. Erst der zweite Schöpfungsbericht 1. Mose 2 berichte von der Erschaffung der hebräisch-jüdischen Menschheit. Diese These wurde von seinen Zeitgenossen heftig bestritten. Dass die Reaktionen so heftig ausfielen, zeigt, dass Peyrere einen wunden Punkt getroffen hatte (vgl. Zöckler 1878). In der modernen Evolutionsbiologie hätte Peyrere keinen Verbündeten finden können. Zwar gehen die Evolutionsbiologen nicht davon aus, dass die Menschheit von einem Paar abstammt, aber sie sind tief davon überzeugt, dass die Entstehung der Menschheit aus dem Tier-Mensch-Übergangsfeld nur einmal stattgefunden hat: d. h. alle Menschen dieser Erde sind miteinander verwandt.

Präadamiten-Hypothese

Fragen und Anregungen

- Wie erklären Sie sich die Ablösung des mittelalterlichen Bildes der Geschichte?
- Welche Rolle spielen die Naturwissenschaften für die Herausbildung eines neuen Bildes der Geschichte am Beginn der Neuzeit?
- Worin sehen sie Gemeinsamkeiten, worin Unterschiede der verschiedenen Quellen der moderner Subjektivität (Renaissance, Protestantismus, Descartes)?
- Skizzieren Sie die Gemeinsamkeiten im Denken von Descartes und Hobbes.

Lektüreempfehlungen

Quellen

- **René Descartes: Von der Methode des richtigen Vernunftgebrauchs und der wissenschaftlichen Forschung** [1637], übersetzt von Lüder Gäbe, Stuttgart 1965.
- **Thomas Hobbes: Leviathan oder Stoff, Form und Gewalt eines bürgerlichen und kirchlichen Staates** [1655], hrsg. und eingeleitet von Iring Fetscher, Neuwied/Berlin 1966.

Forschung

- **Stephen Jay Gould: Die Entdeckung der Tiefenzeit. Zeitpfeil oder Zeitzyklus in der Geschichte unserer Erde,** München 1990 (amerikanisches Original 1987). *Diskussion von linearen und zyklischen Zeitvorstellungen in den Naturwissenschaften am Beginn der Neuzeit.*
- **Wilhelm Kamlah: Utopie, Eschatologie, Geschichtstheologie. Kritische Untersuchungen zum Ursprung und zum futurischen Denken der Neuzeit,** Mannheim 1969. *Knappe ideengeschichtliche Zusammenfassung derjenigen Veränderungen, die den Beginn der Neuzeit markieren.*
- **Pietro Rossi: The Dark Abyss of Time. History of the Earth and the History of Nations from Hooke to Vico,** Chicago 1987 (italienisches Original 1979). *Klassische wissenschaftsgeschichtliche Arbeit, die den Impulsen nachgeht, die Archäologie, Geologie und Astronomie bei der Herausbildung eines neuen Zeitverständnisses zu Beginn der Neuzeit hatten.*

7 Von der *Querelle* zur modernen Geschichtsphilosophie

Abbildung 10: Giovanni Battista Piranesi: *Veduta di Campo Vaccino* (Ansicht des Campo Vaccino); Blatt 42 des Radierzyklus *Vedute di Roma* (Ansichten von Rom) (1747–78).

Die Radierung ist Teil der in Einzelblättern herausgegebenen Folge „Vedute di Roma", die Giovanni Battista Piranesi (1720–78) zwischen 1747 und 1778 anfertigte. Die „Vedute di Roma" waren vor allem zum Verkauf an Reisende bestimmt. Das Bild zeigt die verschütteten und verfallenen Reste des antiken Rom. Zu Piranesis Zeit nannte man die Gegend Campo Vaccino (Kuhweide). Noch Mitte des 19. Jahrhunderts weideten hier Kühe auf dem Feld. Vorne links ist der Konstantinsbogen zu sehen, der noch bis zur Hälfte von Schutt bedeckt ist.

Die Darstellung von Ruinen wurde in der Renaissance zu einem beliebten künstlerischen Genre. Die Ästhetisierung und romantische Verklärung der Ruine ist Ausdruck einer ganz bestimmten historischen Perspektive. Ruinen zeigen die Gegenwärtigeit des Verfalls und die Größe der Vergangenheit. Noch zu Piranesis Lebzeiten wurden die Trümmer und Reste, die sich auf dem Campo Vaccino fanden, zum Aufbau anderer Gebäude verwendet, unter anderem auch zum Bau des Petersdoms. 1803 begannen große Ausgrabungen und man entdeckte unter dem Kuhfeld das Forum Romanum, das Zentrum des antiken Rom.

An der Frage, ob die Gegenwart eine vergangene Epoche wie die Antike übertreffen könne, entzündete sich gegen Ende des 17. Jahrhunderts ein Streit, in dessen Folge sich neue Vorstellungen von Geschichte formierten. In der Renaissance war trotz erster gegenteiliger Ansätze noch die Ansicht verbreitet, dass die Gegenwart allenfalls an das Niveau der Antike herankommen könnte. Auch in der französischen *Querelle des Anciens et des Modernes*, dem *Streit zwischen den Alten und den Modernen*, orientierte man sich an zyklischen Modellen der Geschichte, die im Verlauf der Diskussionen aber Schritt für Schritt aufgebrochen wurden. Die moderne Idee eines prinzipiell unbegrenzten Fortschritts hat hier eine ihrer wichtigsten Quellen.

7.1 Zwischen Alten und Modernen

Für den Berliner Altphilologen Ulrich von Wilamowitz-Moellendorff war es das freigelegte Forum Romanum, das die Welt daran erinnert, dass Fortschritt und Größe vergänglich sind:

> „Es bedarf gar keiner Spekulation: die Welt hat die Erfahrung gemacht, daß es nicht immer aufwärts geht, daß auch, was als unverlierbarer Gewinn der Menschenarbeit geborgen scheint, verloren gehen kann. Die Kultur kann sterben, denn sie ist mindestens einmal gestorben. Der Schakal heult in Ephesos, wo Heraklit und Paulus gepredigt hatten; in den Marmorhallen von hundert kleinasiatischen Städten wuchern die Dornen und kauern nur vereinzelt Barbaren; Wüstensand wirbelt über dem Göttergarten Kyrenes. Doch wozu Bilder aus der Ferne? [...]. Wer einmal mit Nachdenken über das Forum Roms gewandert ist, muß inne geworden sein, daß der Glaube an den ewigen kontinuierlichen Fortschritt ein Wahn ist." (von Wilamowitz-Moellendorff 1913, S. 122f.)

Schönheit des Verfalls

Der französische Dichter Henri Beyle-de Stendhal bemerkte 1828 in seiner Reisebeschreibung *Wanderungen durch Rom*: „Heute, wo es in Trümmer fällt, ist das Kolosseum vielleicht schöner als in den Tagen seines höchsten Glanzes; damals war es nur ein Theater, jetzt hingegen ist es das schönste Wahrzeichen des römischen Glanzes" (Stendhal 1922, S. 9). Ein seltsames Urteil. Stendhal bewundert die Leistungen der Antike, aber ihre größte Schönheit öffnet sich ihm erst im Augenblick des Verfalls. Ist es die Anerkennung der Unüberbietbarkeit der Antike, welche der Gegenwart im besten Fall nur die Möglichkeit der Wiederaneignung lässt, die Stendhal zu seinem Urteil führt? Sind die Kunstwerke der Antike noch im Prozess des Verfallens größer als die Kunstwerke der Gegenwart?

Epigonengefühl

Für viele Autoren der Renaissance war die Wiederentdeckung der Antike mit einem Epigonengefühl verbunden, also mit einem Gefühl, dass die Größe des Vergangenen nicht zu übertreffen sei. Charakteristisch ist die Äußerung Coluccio Salutatis (1331–1406): „Glaube mir, wir ersinnen nichts Neues, sondern wie Flickschneider flicken wir aus den überreichen Bruchstücken des Altertums wieder Kleider zusammen, die wir als neu ausgeben" (zit. n. Buck 1957, S. 17). Die Ruinenromantik von Franzosen, Deutschen und Engländern fand in Italien ein besonderes Objekt der Begierde. Im Angesicht der Ruinen wurde man sentimental und erlebte das „heroische Gefühl auf historischem Boden zu stehen, das ästhetische Gefühl der Freude am

Pittoresken, das ethische Gefühl an der Hinfälligkeit alles Irdischen" (Waetzold 1927, S. 100). Zunächst waren es vor allem französische und holländische Maler, die versuchten, diese Stimmung in ihren Bildern darzustellen: Paul Brill (1554–1624), Claude Lorrain (1600–82) und viele andere inszenierten die Romantik des Niedergangs. Später kamen dann die Italiener dazu. Piranesi spielte ironisch mit der Ästhetik des Verfalls, indem er zeigte, was die Rombesucher sehen und mit nach Hause nehmen wollen. Giovanni Paolo Pannini (1691–1765) präsentierte in großformatigen Ölgemälden die einzelnen Kunstdenkmäler als Bilder im Bild für den imaginären Rombesucher wie in einem Leporello. Aus dem romantischen Gefühl des Vergänglichen wurde Kitsch für den Bourgeois, für den Kleinbürger – also für den neuen sozialen Stand, der die Neuzeit erst zur Neuzeit machen wird.

Vergleich der antiqui und moderni

Die Wiederentdeckung der Antike führte implizit die Fragestellung nach dem Verhältnis von antiqui und moderni, von Alten und Modernen mit sich. Das Ergebnis des Vergleichs zwischen den Leistungen der Gegenwart und denen der Antike fiel lange Zeit relativ eindeutig aus. Die Leistungen der Antike hatten die Messlatte gesetzt. Für Viele galt: Das Niveau der Antike kann bestenfalls durch Nachahmung wiederhergestellt werden. Für denjenigen, der diese Überlegenheit anerkennt, aber an ihr leidet, schien es keine Lösung zu geben. Doch es gab auch immer wieder Versuche, die absolute Überlegenheit der Antike infrage zu stellen. Der Architekt und Schriftsteller Leon Batista Alberti und der Hofmaler der Medici, Giorgio Vasari, der als der erste Kunsthistoriker überhaupt gilt, empfanden ihre Zeit auf künstlerischer Ebene als mindestens ebenbürtig. Das berühmte Gleichnis von den Zwergen auf den Schultern von Riesen (→ KAPITEL 5, ABBILDUNG 7) ist häufig in diese Richtung interpretiert worden. Der Fortschritt, den die Zwerge der Gegenwart erreichen, ist freilich ein kleiner (Buck 1957).

Descartes' Bedeutung für die Querelle

Vielleicht ist Descartes' radikaler Bruch aus dieser Problemlage heraus zu verstehen. Wenn Descartes im *Discours de la méthode* (1637) so heftig gegen die Beschäftigung mit der Vergangenheit polemisiert (→ KAPITEL 6.2), dann aus dieser Überzeugung heraus: Es sei gut, die Sitten anderer Völker zu kennen, aber verwende man zu viel Zeit aufs Reisen, so „wird man schließlich im eigenen Land fremd, und interessiert man sich zu sehr für Dinge, die in den vergangenen Jahrhunderten geschehen sind, so bleibt man für gewöhnlich sehr unwissend in der Gegenwart" (Descartes 1637, S. 5). Nur weil Descartes glaubt, alles Wissen aus sich selbst heraus entwickeln zu können, kann er so radikal mit der Vergangenheit brechen und in der Beschäftigung mit ihr nichts anderes sehen als ein beliebiges Sammeln von Ansichten, deren Verschiedenheit ihm schon Beleg für ihre Falschheit ist. Trotz des eminenten Erfolges seiner Philosophie hat sich dieser Versuch eines radikalen Bruchs mit der Vergangenheit nicht durchsetzen können. Schon bald kam es zur berühmten *Querelles des Anciens et des Modernes,* dem Streit darüber, ob die Gegenwart der Antike überlegen sei. Viele von Descartes' Lehre überzeugte Autoren finden sich auf der Seite der *Modernes.* Ihre Vorstellung von einer möglichen Perfektibilität der Vernunft binden sie jedoch an die Geschichte zurück (vgl. Rigault 1856).

Thomas Hobbes	1588–1679
René Descartes	1596–1650
Jacques Bénigne Bossuet	1627–1704
Charles Perrault	1628–1703
Fontenelle	1657–1757
Giambattista Vico	1668–1744
Voltaire	1694–1778
Adam Smith	1723–1790
Adam Ferguson	1723–1816
Immanuel Kant	1724–1804
Condorcet	1743–1794
Georg Wilhelm Friedrich Hegel	1770–1831

Abbildung 11: Zeittafel: Vom Rationalismus bis zur Aufklärung

7.2 Querelle des Anciens et des Modernes

Der Streit, der der Debatte den Namen gab

Am 27. Januar 1687 trug der Schriftsteller und hohe Beamte am französischen Hof Charles Perrault anlässlich der Genesung Ludwig des XIV. in der Académie française sein Gedicht *Le siècle de Louis le Grand* vor. In diesem Gedicht pries er das Zeitalter Ludwigs XIV. als Ideal und stellte zugleich die Vorbildfunktion der Antike infrage:

Das Zeitalter Ludwigs XIV.

> „La belle Antiquité fut toujours vénérable; Mais je ne crus jamais qu'elle fût adorable. Je voy les Anciens sans plier les genoux, Ils sont grands, il est vray, mais hommes comme nous; Et l'on peut comparer sans craindre d'estre injuste, Le Siecle de LOUIS au beau Siecle d'Auguste." (Perrault 1688, S. 165)
> [Stets verdiente die schöne Antike Verehrung. Aber nie, glaubte ich, Anbetung. Ich sehe die Menschen der Antike, ohne die Knie zu beugen, Sie sind groß, das ist wahr, doch sie sind Menschen wie wir; Man kann den Vergleich anstellen, ohne ungerecht zu

sein zwischen dem Zeitalter von LOUIS und dem schönen des Augustus.]

Der Vortrag löste eine heftige Diskussion aus. Für viele seiner Zeitgenossen war die Behauptung, das Zeitalter Ludwigs übertreffe selbst die Blütezeiten, schlichtweg skandalös. Wenn die Gegenwart die Antike übertrifft, dann verliert das Prinzip der Nachahmung seine Plausibilität. Das Schaffen von etwas Neuem und Größerem muss ja dann notwendigerweise mehr sein als bloße Nachahmung. An der Debatte, in der es zunächst um ästhetische Fragen ging, beteiligten sich zahlreiche Dichter: Nicolas Boileau, Jean Racine, Jean de La Fontaine und Jean de La Bruyère u. a. auf der Seite der Alten, Bernard Le Bovier de Fontenelle und Jean Desmarets de Saint-Sorlin u. a. auf der Seite der Modernen.

Charles Perrault: ***Paralléle des Anciens et des Modernes***

Zwischen 1688 und 1698 veröffentlichte Charles Perrault seinen großangelegten Vergleich zwischen den Leistungen der Antike und denen der Gegenwart (*Parallèle des anciens et des modernes*) und lieferte damit den Bezugspunkt der Diskussion. Er wollte zeigen, dass in den drei bildenden Künsten – der Beredsamkeit, der Dichtung und in den Wissenschaften – von der Antike bis in die Gegenwart ein Fortschritt stattgefunden habe (vgl. Jauß 1964b). Perrault räumt ein, dass es nach dem Ende des Römischen Reiches einen Niedergang gegeben habe. Er richtet sich nicht gegen das zyklische Geschichtsmodell der Antikenverehrer, sondern modifiziert die Theorie nur in einem entscheidenden Punkt: Der Höhepunkt des letzten Zyklus überragt den vorangegangenen. Die Geschichte hat die Verlaufsstruktur einer Wellenlinie, die Dekadenz folgt notwendig auf den Höhepunkt, und einen Fortschritt, der über das im Zeitalter Ludwigs des XIV. Erreichte hinausgeht, kann er sich nicht vorstellen (vgl. Schlobach 1980, S. 133).

Fontenelle: ***Exkurs über die Alten und die Modernen***

Im gleichen Jahr, in dem Perrault den ersten Band seiner *Paralléle* veröffentlichte, trat auch Bernard Le Bovier de Fontenelle mit einer kurzen, aber einflussreichen Parteinahme für die *Modernes* in Erscheinung, nämlich mit seiner Schrift *Digression sur les anciens et les modernes* (*Exkurs über die Alten und die Modernen*, 1688). Fontenelles Argument für die Überlegenheit der Gegenwart gründet in der Annahme einer durchgehend gleichen Natur des Menschen. Der Gedanke wird zunächst durch eine Analogie eingeführt. Richtig bedacht, so Fontenelle, handle es sich bei der Frage nach dem Vorrang zwischen den Alten und den Modernen um die Frage, ob die Bäume früher größer gewesen sind als heute. Hätten die Alten mehr Geist gehabt, so müssten ihre Gehirne besser eingerichtet gewesen sein als die der Menschen der Gegenwart. Für Fontenelle ist klar, dass die menschliche Natur immer die gleiche ist. Daher haben es die Alten in gewisser Hinsicht leichter gehabt: sie haben alles erfunden, schlicht weil sie vor uns da waren. Im Übrigen sind wir den Alten zu Dank verpflichtet, denn wir können aus ihren Fehlern lernen. Es ist nur natürlich, „daß wir sie übertreffen. Wenn wir ihnen nur gleichkämen, müßten wir eine Natur haben, die der ihren weit unterlegen wäre, beinahe müßten wir dann nicht im gleichen Maße Menschen wie sie sein“ (Fontenelle 1688, S. 248). Das Verhältnis zu den Alten erläutert Fontenelle, indem er die Geschichte der Menschheit mit dem Leben eines Menschen vergleicht:

Menschheitsgeschichte und Lebenszyklus

> „Ein gebildeter Geist ist gewissermaßen aus allen Geistern der vorhergehenden Jahrhunderte zusammengesetzt, es ist nur ein und derselbe Geist, der sich während dieser Zeit gebildet hat. So hatte denn dieser Mann, der vom Beginn der Welt bis heute gelebt hat, seine Kindheit, in der er nur mit den vordringlichsten Lebensbedürfnissen beschäftigt war, seine Jugend, in der er recht großen Erfolg bei den Dingen der schöpferischen Phantasie, wie etwa Poesie und Redekunst, errungen und sogar begonnen hat, vernünftig zu überlegen, was jedoch mit weniger Gründlichkeit als vielmehr glühendem Eifer geschah. Jetzt ist er im Mannesalter, in dem er entschiedener überlegt und mehr Kenntnisse als je zuvor besitzt, doch hätte er weitaus mehr Fortschritte gemacht, wenn die Kriegsleidenschaft ihn nicht lange Zeit beansprucht und ihm Geringschätzung für die Wissenschaften eingeflößt hätte, denen er sich nun endlich wieder zugewandt hat.“ (Fontenelle 1688, S. 254f.)

Der Vergleich ist typisch für ein zyklisches Verständnis der Geschichte. Normalerweise folgt auf Jugend und Reife das Greisenalter. An diesem Punkt modifiziert Fontenelle jedoch die Metapher: Es sei bedauerlich, dass man den Vergleich nicht bis zu Ende treiben könne, denn jener Mann werde kein Greisenalter haben, er werde immer zu den Dingen in der Lage sein, die er auch schon in seiner Jugend beherrscht habe, und in Zukunft werden sich die Ansichten der gelehrten Geister gegenseitig ergänzen. Fontenelle geht zwar noch von einer zyklischen Vorstellung der Geschichte aus, aber er erschüttert diese Vorstellung zugleich, da er ihre Konsequenzen nicht mehr tragen will (vgl. Schlobach 1980). Der Fortschritt (progrès) wird noch als ein Prozess der Vervollkommnung (perfection) gesehen und wie in Renaissance und Humanismus als ein dem organischen Wachstum analoger Vorgang verstanden (vgl. Jauß 1964b, S. 16).

Fortschritt und Vervollkommnung

Saint-Evremond

Die Konsequenz aus den zyklischen und anthropologischen Grundannahmen auch der Modernes zieht Charles de Saint-Evremond (1613–1703): Die Natur des Menschen prägt sich in den unterschiedlichen Epochen verschieden aus, daher gibt es keine Entscheidung im Streit, wer wem überlegen sei – ein Gedanke, der sich dann bei Herder und Ranke wiederfindet (→ KAPITEL 9.2, 9.3) und der die Kritik an der modernen Geschichtsphilosophie, die an einen kontinuierlichen Fortschritt glaubt, vorwegnimmt.

Mit Hippolyte Rigaults bedeutender ideengeschichtlicher Arbeit *Histoire de la Querelle des Anciens et des Modernes* (1856) hat sich für den skizzierten Streit der Name *Querelle* eingebürgert, allerdings in zweifacher Verwendung. Er bezeichnet zum einen den Streit zwischen den Alten und Modernen, wie er in Frankreich im ausgehenden 17. Jahrhundert geführt und der dann auch nach Italien, England und Deutschland exportiert wurde. Er bezeichnet zum anderen auch allgemeiner die immer wieder geführte Diskussion zwischen Verteidigern der Vergangenheit und Anhängern einer Idee des Fortschritts, die in der Gegenwart eine prinzipielle Überlegenheit gegenüber den Leistungen der Vergangenheit zu erkennen meinen.

Die *Querelle* als ein ‚ewiger Streit'

Vor allem der Romanist Ernst Robert Curtius (1886–1956) hat dafür plädiert, in dem Streit zwischen antiqui und moderni „ein konstantes Phänomen der Literaturgeschichte und Literatursoziologie" zu sehen (Curtius 1949, S. 255), das nicht erst mit der französischen *Querelle* losgeht und das bis in die Gegenwart andauert (vgl. dagegen Jauß 1964b). Mit Curtius könnte man argumentieren: In der Debatte zwischen antiqui und moderni im Mittelalter und in der Renaissance, in der Querelle des Anciens et des Modernes, in der Romantik und im Historismus geht es immer um das Verhältnis zwischen Vergangenheit und Gegenwart sowie um die Frage, in welcher Weise die Gegenwart einen Fortschritt darstellt bzw. inwiefern die Gegenwart von der Vergangenheit abhängig ist. Die Argumente für und wider die eine oder andere Position ähneln sich. Dennoch kann man mit einer gewissen Berechtigung einen Sonderstatus der Querelle des 17. und 18. Jahrhunderts behaupten: Denn hier beginnt die Entwicklung der neuzeitlichen Idee eines unbegrenzten Fortschritts, der mit dem Gedanken einer prinzipiellen Überlegenheit über die Vergangenheit verbunden ist (→ ASB D'APRILE / SIEBERS; ASB MEYER).

Die Bedeutung der *Querelle* für die Entstehung der Moderne

Über die Bedeutung der *Querelle des Anciens et des Modernes* für die Herausbildung und Entwicklung der modernen Idee des Fortschritts wird seit Jahrzehnten kontrovers debattiert. Auf der einen Seite stehen diejenigen, die den entscheidenden Schritt von der mittelalterlichen Kultur zur Neuzeit in einer Säkularisierung (im Sinne von Verweltlichung) ursprünglich christlicher Gedanken sehen. Karl Löwith hat die These einer schrittweisen Umwandlung der christlichen Idee des Heils zur modernen Idee des Fortschritts behauptet. Mit dieser Umwandlung hat Löwith die Herausbildung der für die Neuzeit konstitutiven modernen Geschichtsphilosophie verbunden. Viele Ideenhistoriker (so auch John Bury in seiner Arbeit *The Idea of Progress* (1924), auf die sich Löwith bezieht) haben darauf hingewiesen, dass die Menschen, solange sie sich nicht von einer Vorsehung unabhängig fühlten, auch keine Fortschrittstheorie aufstellen konnten (vgl. Löwith 1953, S. 62).

Schwierigkeiten der Säkularisierungstheorie mit der Einordnung der *Querelle*

Mit Blick auf die *Querelle* gerät die von Löwith und vielen anderen vertretene Säkularisierungstheorie jedoch in Schwierigkeiten. Die Romanisten Hans-Robert Jauß und Jochen Schlobach wiesen in den 1960er- und 1970er-Jahren darauf hin, dass der Fortschrittsgedanke aus einer Modifikation der Zyklentheorie entstanden ist, die in Renaissance und Humanismus das christliche Geschichtsbild längst abgelöst hatte; damit wenden sie sich zugleich gegen den Alleinerklärungsanspruch der Säkularisierungstheorie (vgl. Jauß 1964a; Schlobach 1978, 1980). Ihrer Auffassung nach wurde in Renaissance und Humanismus zuerst die Idee einer heiligen geoffenbarten Geschichte durch die Zyklentheorie abgelöst, und aus Diskussionen, die sich danach auf dem Boden zyklischer Vorstellungen von Geschichte ergeben, entwickelte sich dann Schritt für Schritt die moderne Idee des Fortschritts.

Pfeil und Kreis

An der *Querelle* zeigt sich einmal mehr, dass das zyklische Denken nicht einfach eine primitivere Form des historischen Denkens ist, die im Verlauf der Geschichte immer mehr zurückgedrängt wurde. In der Philosophiegeschichtsschreibung ist dieses Urteil immer noch verbreitet. Auch in der Alltagssprache zeigt sich, dass es zwei Bilder sind, die die unterschiedlichen Vorstellungen wiedergeben, die man sich von der Zeit und dem Ablauf der Geschichte macht: *Der Lauf der Geschichte ist nicht aufzuhalten* und *Das Rad der Geschichte läßt sich nicht zurückdrehen* (vgl. Schlobach 1980). Der Redeweise vom Lauf und vom Rad der Geschichte entspricht die Vorstellung von Pfeil und Kreis (→ KAPITEL 1.1). Die Rede vom Rad der Geschichte zeigt, dass Kreisvorstellungen nicht zwingend in Opposition zur Vorstellung des Fortschritts stehen. Es gibt einen teleologischen und einen zyklischen Fortschrittsbegriff. Beide lassen sich nur auseinanderhalten, wenn man auch zyklische Vorstellungen von Geschichte ernst nimmt.

7.3 Frankreich: Bodin, Bossuet, Condorcet

Frankreich und die moderne Geschichtsphilosophie

Einen großen Anteil an den Veränderungen in der Auffassung der Geschichte haben die Diskussionen, die sich im Frankreich des 16., 17. und 18. Jahrhunderts abgespielt haben. Aus heutiger Perspektive erscheint Frankreich wie ein Laboratorium, in dem sich alle wichtigen Weichenstellungen vollzogen und alle zukünftigen Möglichkeiten durchgespielt wurden.

Jean Bodin

Einer der wichtigsten Wegbereiter war Jean Bodin (1530–96). Er ist nach Petrarca und Machiavelli der bedeutendste Kritiker der Vier-Reiche-Lehre (→ KAPITEL 2.1), die er, nach eigenem Selbstverständnis, als erster infrage stellte. Sein *Methodus ad facilem historiarum cognitionem* (1566) führte wie schon die italienische Kritik zu einer starken Verbreitung zyklischer Vorstellungen von Geschichte. Bodin schätzt die Errungenschaften der Antike, aber sie sind für ihn nicht der allein gültige Maßstab (vgl. Klempt 1960, S. 65).

Jacques-Bénigne Bossuet

Von Reformation und Gegenreformation getragen, erhielten und entwickelten sich auf ihre Weise auch christliche Interpretationen der Geschichte. Am berühmtesten ist der *Discours sur l'histoire universelle* (1681) des Katholiken Jacques-Bénigne Bossuets. Dieses Werk gilt als der letzte große und einflussreiche Versuch einer Universalgeschichte, in der heilige und profane Geschichte (*histoire sainte* und *histoire profane*) eng verknüpft werden. Der Erfolg und Einfluss dieses Buches zeigt, wie ältere Anschauungen teilweise noch lange Zeit parallel zu den sie später endgültig ablösenden neuen Vorstellungen bestehen können. Bei Bossuet ist nicht der Mensch Autor des geschichtlichen Wandels, und Bossuets Gott ist auch kein deistischer, der nicht mehr in die Welt eingreift:

> Man solle nie vergessen, dass „die lange Verkettung, wodurch Reiche entstehen und wieder vergehen, von den geheimen Fügungen der göttlichen Vorsehung abhängig ist. Oben im Himmel hält Gott die Zügel sämmtlicher Königreiche in seiner Hand; Er hat alle Herzen in seiner Gewalt; bald hält Er die Leidenschaften zurück, bald läßt Er ihnen den Zaum schießen, und bringt dadurch die ganze Menschheit in Bewegung" (Bossuet 1827, S. 504).

Bossuets wichtigster Gegner ist nicht der Humanismus, sondern der Protestantismus. In ihm sieht er schon deswegen eine Gefahr, weil die große Zahl an unterschiedlichen protestantischen Sekten nur Zeichen der Falschheit seiner Lehren sein kann: Es kann nur eine Wahrheit geben. Bossuets *Discours sur l'histoire universelle* ist aber nicht nur deshalb so wichtig, weil er eine so große Verbreitung erlangte, sondern auch, weil er für viele Autoren die Referenz war, an der die Kritik ansetzte.

Fortschrittsgedanke

Im Anschluss an die *Querelle* entwickelten sich zahlreiche geschichtsphilosophische Theorien, die einen Fortschritt in der Geschichte annehmen und diesen Fortschritt als einen von den Menschen gemachten Fortschritt in der einen menschlichen Geschichte, die den ganzen Erdball umfasst, ansehen (etwa Turgot, Bayle, Voltaire und viele andere).

Jean-Jacques Rousseau

Jean-Jacques Rousseau ist einer der Ersten, der die Gefahren der Suche nach einer sich in der Geschichte steigernden Vollkommenheit (*perfectibilité*) benennt. In seinem *Diskurs über den Ursprung und die Gründe der Ungleichheit unter den Menschen* (*Discours sur l'origine et les fondements de l'inegalité parmi les hommes* 1755) dreht er die Perspektive, die für die moderne Geschichtsphilosophie bestimmend geworden ist, um. Die christliche Geschichte begann mit Adam und Eva, die neuzeitliche mit dem kriegerischen und unzivilisierten Naturmenschen – eine Annahme, die man empirisch mit der Entdeckung vieler neuer Völker außerhalb Europas in Verbindung brachte: so als ob sich bei diesen Völkern das rohe Kindheitsstadium der Menschheit erhalten hätte. Zahlreiche Reisebeschreibungen der Zeit vermittelten allerdings andere Eindrücke, beschrieben das Zusammenleben der sogenannten Naturvölker als friedfertiger und entwarfen das Bild des *bon sauvage*, des *Edlen Wilden* (vgl. Kohl 1981). Rousseau war tief beeindruckt von dieser Literatur und hielt seinen fortschrittsgläubigen Zeitgenossen das Ideal eines ursprünglichen menschlichen Zusammenlebens, einer Art goldenen Zeitalters am Beginn der Geschichte entgegen. Das Problem des Menschen liegt in seiner Natur begründet, in seiner Anlage zur Vollkommenheit, das Problem ist also, „daß jenes unbestimmte und beinahe unbegrenzte Vermögen die Quelle allen Unglücks für den Menschen ist, daß sie es ist, die ihn, nachdem sie seine Kenntnisse und Irrtümer, seine Laster und Tugenden zum Erblühen gebracht hatte, auf die Dauer zum Tyrannen seiner selbst sowie der Natur machte“ (Rousseau 1984, S. 236f.). Schon bei Rousseau zeigt sich eine neue normative Idee: die Gleichheit aller Menschen, die es anzuerkennen gilt. Auch für Condorcet, dessen Denken vielleicht am typischsten für die neue Perspektive auf die Geschichte ist, wird sie zu einer wichtigen Leitidee.

Der Edle Wilde

Gleichheit

Condorcet

Marie Jean Antoine Nicolas Caritat Marquis de Condorcets *Esquisse d'un tableau historique des progrès de l'esprit humain* (*Entwurf einer historischen Darstellung der Fortschritte des menschlichen Geistes*, 1795), kurz nach der Französischen Revolution 1789 verfasst, zeigt, wie die Idee des Fortschritts beinahe vollständig aus dem Rahmen zyklischer Zeitvorstellungen gelöst wurde. Condorcet bringt in einer knappen, aber breit angelegten Gesamtschau die großen Veränderungen der letzten 300 Jahre zusammen und entwickelt an dem Material, das er ausbreitet, die Idee eines Fortschritts, der prinzipiell unendlich ist.

Fortschritt prinzipiell unendlich

> Ziel seines Werkes ist, „durch Vernunftschlüsse und den historischen Fakten gemäß darzutun, daß die Fähigkeit des Menschen zur Vervollkommnung tatsächlich unabsehbar ist, daß die Fortschritte dieser Fähigkeit zur Vervollkommnung, die inskünftig von keiner Macht, die sie aufhalten wollte, mehr abhängig sind, ihre Grenze allein im zeitlichen Bestand des Planeten haben, auf den die Natur uns hat angewiesen sein lassen" (Condorcet 1795, S. 29).

Phasen der Geschichte

Die Geschichte teilt Condorcet in verschiedene Phasen: Am Beginn vereinigen sich die wilden Menschen zu Stämmen, dann entwickeln sich die Hirtenvölker zu Ackerbauervölkern, die Schrift wird erfunden. Darauf folgt die Entstehung und Einteilung der Wissenschaften im alten Griechenland, es folgt ein Niedergang, dem nur wenig Raum gewährt wird, um Platz zu haben für „den ersten Fortschritt der Wissenschaften nach ihrer Wiederherstellung". Condorcet ist einer der ersten, der die indirekte Bedeutung technischer Erfindungen betont, wenn er die Bedeutung des Buchdrucks für die Verbreitung des Wissens hervorhebt. Der Fortschritt scheint sich wie ein Naturgesetz durchzusetzen. Mitunter ist es das Genie einzelner großer Männer wie Bacon, Galilei und Descartes, das für die entscheidenden Impulse sorgt. In der Gegenwart diagnostiziert Condorcet die neuen sozialen Ideen, die er affirmiert und als Ziel der Geschichte auszeichnet: Die Menschen teilen sich nicht mehr in zwei Klassen (diejenigen, die regieren, und diejenigen, die gehorchen), sondern es gibt natürliche Rechte des Menschen, die allen Menschen zukommen, und ein Gefühl der Menschlichkeit, ein tätiges Mitleiden stiftet das Band zwischen den Menschen.

Die neuen sozialen Ideen

Fortschritte der Zukunft

Condorcet begnügt sich nicht mit der Darstellung der bisher erreichten Fortschritte. Für die Zukunft misst er drei Zielen maßgebliche Bedeutung zu: der Beseitigung der Ungleichheit unter den Nationen, der Herstellung der Gleichheit unter den Menschen und der Vervollkommnung des Menschen. Was die Realisierung dieser Ziele angeht, ist er sehr zuversichtlich:

> „Sie wird also kommen, die Zeit, da die Sonne hienieden nur noch auf freie Menschen scheint, Menschen, die nichts über sich

> anerkennen als ihre Vernunft; da es Tyrannen und Sklaven, Priester und ihre stumpfsinnigen oder heuchlerischen Werkzeuge nur noch in den Geschichtsbüchern und auf dem Theater geben wird, da man sich mit ihnen nur noch befassen wird, um ihre Opfer zu beklagen und die, die sie zum Narren machten." (Condorcet 1795, S. 198)

Unmittelbar nach der Französischen Revolution war die Mehrzahl der Philosophen davon überzeugt, dass die großen neuen Ideen, die sich die Revolutionäre auf die Fahne geschrieben hatten – Freiheit, Gleichheit und Brüderlichkeit –, sich auf breiter Front durchsetzen würden. Schon bald sollten sich jedoch zahlreiche Gegenbewegungen entwickeln: Konservatismus, Romantik und bestimmte Spielarten des Historismus.

Die Französische Revolution als Bruch mit der Geschichte

Alexis de Tocqueville (1805–59) hat in seinem Buch *L'Ancien Régime et la Révolution* (*Der alte Staat und die Revolution*, 1856) auf die epochale Bedeutung hingewiesen, die die Französische Revolution gehabt hat, weil sie einen Bruch mit der Vergangenheit erreichen sollte:

> „Die Franzosen haben im Jahre 1789 die größte Anstrengung gemacht, der ein Volk sich jemals unterzogen hat, um ihre Geschichte sozusagen in zwei Teile zu spalten und durch eine tiefe Kluft das, was sie bis dahin waren, von dem zu scheiden, was sie fortan sein wollten. Zu diesem Ende ergriffen sie alle möglichen Vorsichtsmaßregeln, um nichts aus der Vergangenheit in ihren neuen Zustand hinüber zu nehmen; sie taten sich allen möglichen Zwang an, um anders auszusehen als ihre Väter; kurz, sie vergaßen nichts, um sich unkenntlich zu machen. Ich war stets der Ansicht, daß ihnen dieses sonderbare Unternehmen weit weniger gelungen sei, als man im Ausland geglaubt und als sie es anfangs selbst geglaubt haben. Ich war überzeugt, dass sie, ohne es zu wissen, großenteils die Gesinnungen, Gewohnheiten, ja sogar die Ideen des alten Staates beibehalten hätten, mit deren Hilfe sie die Revolution, die ihn vernichtete, bewerkstelligten, und dass sie, ohne es zu wollen, sich seiner Trümmer bedient hätten, um das Gebäude der neuen Gesellschaft aufzuführen, das gegenwärtige Frankreich einen Augenblick vergessen und das ehemalige Frankreich in seinem Grabe befragen müsse." (Tocqueville 1978, S. 9)

7.4 Giambattista Vico: *Scienza nuova*

Der Neapolitaner Giovanni Battista (oder auch: Giambattista) Vico (1668–1744) ist eine der außergewöhnlichsten Gestalten der europäischen Geistesgeschichte. Abseits der großen intellektuellen Zentren führte er eine einsame Auseinandersetzung mit den neuen Entwürfen von Descartes und Hobbes (→ KAPITEL 6). Er entwickelte einen neuen Blick auf die Geschichte, der richtungsweisend sein wird. Aber er wird zunächst kaum wahrgenommen. Erst im 19. Jahrhundert entdeckte ihn der französische Historiker Jules Michelet neu.

Neuer Blick auf die Geschichte

An Vicos Geschichtsdenken lassen sich zwei Aspekte unterscheiden. Da ist zum einen die inhaltliche Konzeption der Universalgeschichte und zum anderen die erkenntnistheoretische Frage, wie ein Wissen der Geschichte überhaupt möglich ist. Vico ist wohl der Erste, der dieses Problem in aller Klarheit sah.

Universalgeschichte und Erkenntnistheorie

Vico war auch einer der Ersten, der die Universalgeschichte aus einer streng an der Bibel orientierten Perspektive entließ. Seine Geschichte ist eine Offenbarungsgeschichte, aber sie kennt keine Orientierung an einem apokalyptischen Ende der Geschichte mehr. Sie ist, in Vicos eigenen Worten, eine „rationale Theologie der göttlichen Vorsehung“, geschaffen allein von den Menschen:

Eine „rationale Theologie der göttlichen Vorsehung“

> „hervorgegangen aus einem Geist, der von den besonderen Zielen der Menschen oft verschieden, manchmal ihnen entgegengesetzt, und immer ihnen überlegen ist; jene beschränkten Ziele hat er seinen höheren dienstbar gemacht und sie stets verwandt, um das menschliche Geschlecht auf dieser Erde zu halten“ (Vico 1744, S. 424).

Die neue Wissenschaft: *Scienza nuova*

In der *Scienza nuova* (1744), der ‚Neuen Wissenschaft‘, entwickelt Vico die Idee einer idealen Geschichte: „Entstehen gleichförmige Ideen bei ganzen Völkern, die miteinander nicht bekannt sind, so müssen sie einen gemeinsamen wahren Hintergrund haben.“ Nach dieser ewigen idealen Geschichte läuft die Geschichte der einzelnen Völker ab „in ihrem Entstehen, ihrem Fortschritt, Höhepunkt, Niedergang und Ende“ (Vico 1744, S. 93, S. 153). Vico denkt zyklisch, auf den *corso* folgt der *ricorso*. Auch Vico unterscheidet drei Stadien: Die Zeit der Götter, die Zeit der Heroen und die Zeit der Menschen. „Ideal“ nennt er die Geschichte, weil jedes Volk diese drei Stadien durchläuft (corso), bevor es von einem anderen abgelöst wird (ricorso).

Vicos ständiger imaginärer Gesprächspartner ist Descartes. Wie dieser möchte er eine erkenntnistheoretische Grundlegung leisten: Er will wissen, was wie erkannt werden kann. Hatte Descartes aber bei seiner Frage die Geschichte beiseite gelassen, so spielt diese Frage für Vico eine entscheidende Rolle. Seine Antwort auf die allgemeine Frage, wie Wissen möglich ist, ist eine ganz andere als die von Descartes: *Verum et factum convertuntur*:

Verum et factum convertuntur

> „Für die Lateiner sind die Begriffe des ‚Wahren' und des ‚Geschaffenen' miteinander vertauschbar, oder wie man sich gemeinhin im Sprachgebrauch der Schulen ausdrückt, konvertibel, und für sie sind auch ‚einsehen', ‚vollständig zusammenlesen' und ‚deutlich erkennen' miteinander identisch." (Vico 1710, S. 35)

Vico fragt, wie Wissen möglich ist, und beantwortet diese Frage: Ein Wesen kann nur das wissen, was es selbst geschaffen hat. Ein Wissen der physischen Natur kann nur Gott haben, da er die Welt geschaffen hat. Das ist gegen Descartes gerichtet, der gerade bei der Physik an ein sicheres Wissen glaubte. Nach Vico bleiben für den Menschen nur die Geometrie und die Geschichte.

> „Jene Wissenschaften sind die gewissesten, die den Mangel ihres Ursprungs [die Unzulänglichkeit des Verstandes, die geschaffenen Dinge zu erfassen, Anm. d. Verf.] auslöschen und im tätigen Hervorbringen der göttlichen Wissenschaft ähnlich werden, wie es in jenen Wissenschaften der Fall ist, in denen das Wahre und das Geschaffene konvertibel sind." (Vico 1710, S. 45)

Die Menschen machen die Geschichte und daher können sie die Geschichte erkennen. Die Weise, wie die Welt der Völker von den Menschen gemacht worden ist, muss innerhalb der „Modifikationen unseres eigenen menschlichen Geistes gefunden werden" (Vico 1744, S. 154f.).

Fragen und Anregungen

- Worin ähnelt sich, worin unterscheidet sich das Verhältnis von Alten und Neuen in der *Querelle des Anciens et des Modernes* und in der Renaissance?
- Was spricht für die Annahme eines stetigen Fortschritts?
- Was spricht gegen die Annahme eines stetigen Fortschritts?
- Welchen Anteil hatten zyklische Vorstellungen von der Geschichte an der Herausbildung der modernen Idee des Fortschritts?

Lektüreempfehlungen

Quellen

- **Parallèle des Anciens et des Modernes en ce qui regarde les Arts et les Sciences. Par M. Perrault de L'academie Francaise** [1688–96] Mit einer Einleitung von H. R. Jauss und kunstgeschichtlichen Exkursen von Max Imdahl, München 1964.
- **Giambattista Vico: Die Prinzipien einer neuen Wissenschaft von der gemeinschaftlichen Natur der Völker** [1744], übersetzt von Vittorio Hösle und Christoph Jermann, Hamburg 1990. *Erste vollständige deutsche Übersetzung der sogenannten „Scienza nuova seconda", 1744.*
- **Jean Bodin: Methodus ad facilem historiarum cognitionem.** [Die Methode zum leichten Begreifen der Geschichte], Paris 1566. Englische Ausgabe: Method for the easy comprehension of History, ed. by. Beatrice Reynolds, New York 1945.
- **Bernard Le Bovier de Fontenelle: Exkurs über die Alten und die Modernen** [Digression sur les anciens et les modernes, 1688], in: ders., Philosophische Neuigkeiten für Leute von Welt und für Gelehrte. Ausgewählte Schriften, hrsg. von Helga Bergmann, übersetzt von Ulrich Kunzmann, Leipzig 1989.

Forschung

- **Hans-Robert Jauß: Ursprung und Bedeutung der Fortschrittsidee in der „Querelle des Anciens et des Modernes"**, in: Helmuth Kuhn / Franz Wiedmann: Die Philosophie und die Frage nach dem Fortschritt, München 1964, S. 51–72. *Arbeitet den Beitrag der „Querelle" für die Entstehung des modernen Fortschrittsdenkens heraus und betont die Herkunft beider Lager aus dem zyklischen Denken, das Renaissance und Humanismus etabliert hatten.*
- **Andreas Urs Sommer: Sinnstiftung durch Geschichte. Zur Entstehung spekulativ-universalistischer Geschichtsphilosophie zwischen Bayle und Kant**, Basel 2006. *Breit angelegtes Panorama der wichtigsten geschichtsphilosophischen Entwürfe vor 1800 und der in diesen Entwürfen verhandelten unterschiedlichen Fragestellungen.*

8 Abstrakte und konkrete Vernunft

Abbildung 12: Postkarte nach einem Motiv von Horace Vernet: *Bataille de Iéna, le 14 octobre 1806* (Schlacht bei Jena, 14. Oktober 1806) (1835/36). Musée de Versailles, Frankreich.

Die Abbildung zeigt eine Postkarte mit einem Ausschnitt aus einem Gemälde von Horace Vernet, der in 26 großformatigen Ölgemälden die Höhepunkte der Geschichte Frankreichs von der Schlacht von Tolbiac (496) bis zu Napoleons letztem großen Sieg bei Wagram (1809) darstellte. Neben Napoleon sind vorne links in prachtigem Kostüm Charles Maurat und Louis-Alexandre Berthier zu sehen. Das Bild zeigt eine berühmte Anekdote. Vorne rechts hebt ein Soldat der Garde seine Mütze. Er soll Napoleon zugerufen haben „En Avant" (‚Vorwärts'). Napoleon soll ihm daraufhin geantwortet haben: „Was soll das? Das kann nur ein Grünschnabel sein, der zu urteilen wagt, was meine Aufgabe ist; er soll warten, bis er dreißig Schlachten von Rang geführt hat, bevor er beansprucht, mir Ratschläge zu erteilen" (zit. n. Gaethgens 1984, S. 236ff.).

Am 14. Oktober 1806 schlugen die französischen Truppen die preußischen Armeen in zwei vernichtenden Schlachten bei Jena und Auerstedt. Einen Tag zuvor hatte Georg Wilhelm Friedrich Hegel an seinen Freund Friedrich Immanuel Niethammer geschrieben:

> „Den Kaiser – diese Weltseele – sah ich zum Rekognoszieren hinausreiten; es ist in der Tat eine wunderbare Empfindung, ein solches Individuum zu sehen, das hier auf einen Punkt konzentriert, auf einem Pferde sitzend, über die Welt übergreift und sie beherrscht." (Hegel 1952, S. 120)

Als Hegel diese Zeilen schrieb, hatte er große Sorgen, ob ein soeben fertiggestelltes Manuskript unbeschadet den Verleger erreicht. Das Manuskript kam wohlbehalten an. *Die Phänomenologie des Geistes* erschien 1807. Ihr Thema ist das Verhältnis von Geschichte und Geist. Hegels Anspruch ist zu zeigen, wie sich der Geist in der Geschichte verwirklicht. Hegels Philosophie der Geschichte ist eine Philosophie der konkreten Vernunft, die in der Geschichte zu sich selber kommt. Sie hebt sich ab von der tendenziell abstrakten Vernunft der Aufklärung, wie sie am typischsten von Immanuel Kant verkörpert wird. Abstrakt ist diese Vernunft, weil sie gerade nicht auf eine geschichtliche Verwirklichung angewiesen ist.

8.1 Der Geist der Aufklärung

Das Zeitalter der Aufklärung

Man hat die Phase, in der sich das neuzeitliche Denken endgültig gegenüber dem mittelalterlich-christlichen durchsetzte, als Aufklärung bezeichnet (→ ASB D'APRILE / SIEBERS; ASB MEYER). Die Ablösung aller Vorstellungen, die man als mittelalterlich bezeichnet, war – anders als es Epochenbegriffe nahelegen – ein Vorgang, der sich über mehrere Jahrhunderte hinzog. Die Ansichten über die Geschichte sind dabei nur ein Beispiel. In vielen Fällen koexistierten alte und neue Ansichten lange Zeit nebeneinander. Parallel zur *Querelle* hatte Bossuet einen großen Erfolg und eine breite Leserschaft (→ KAPITEL 7). In Deutschland wurde Johann Sleidans streng an der Vier-Reiche-Lehre orientierte Geschichte noch 1687 neu aufgelegt. Die Diskussionslage verändert sich im 18. Jahrhundert: Das „konsequente Fortschrittskonzept fängt da an, wo das seit der frühen Neuzeit dauernde Schwanken zwischen linearem und zyklischem Geschichtsbild aufhört" (Kondylis 1981, S. 467).

Ein geschichtliches Novum der Aufklärung ist, dass diese Epochenbezeichnung von ihren Protagonisten selbst stammte. Aufklärung lautete die Parole, mit der sowohl in Frankreich als auch in Deutschland viele Autoren ihr Denken ausgezeichnet hatten. Immanuel Kant hat das Programm in seiner berühmten Antwort auf die Frage *Was ist Aufklärung?* präzise umrissen:

Was ist Aufklärung?

> „Aufklärung ist der Ausgang des Menschen aus seiner selbstverschuldeten Unmündigkeit. Unmündigkeit ist das Unvermögen, sich seines Verstandes ohne Leitung eines anderen zu bedienen. Selbstverschuldet ist diese Unmündigkeit, wenn die Ursache derselben nicht am Mangel des Verstandes, sondern der Entschließung und des Mutes liegt, sich seiner ohne Leitung eines andern zu bedienen. *Sapere aude*! Habe Mut, dich deines eigenen Verstandes zu bedienen! ist also der Wahlspruch der Aufklärung." (Kant 1784, S. 481)

Der Grundzug der Aufklärung in allen Sphären des Wissens ist ein erkenntnistheoretischer Optimismus. Man will die Dinge nicht nur erkennen, sondern man glaubt, dass es prinzipiell auch möglich ist, alles zu erkennen, wenn Vernunft und Erkenntnisapparat gut zusammenarbeiten. Aufklärung ist eine Lichtmetapher. Schon Descartes hatte stets von der klaren Erkenntnis gesprochen. Aufklärung ist möglich, weil der Mensch sich aus der Dunkelheit befreit hat. Dunkel, so empfanden die Aufklärer, war das Mittelalter, weil der Mensch so viele Dinge nicht selbst erkennen konnte. Jetzt soll jeder

Aufklärung als Lichtmetapher

Mensch einsehen, dass er selbst kraft seiner eigenen Vernunft erkennen kann. Ernst Troeltsch hat betont, wie schwierig es sei, den mannigfachen Sinn des Begriffs Aufklärung auf eine Formel zu bringen:

> „Ihr Wesen ist demnach der Widerspruch gegen den bisherigen Zwiespalt von Vernunft und Offenbarung und gegen die praktische Herrschaft der supranaturalen Offenbarung über das Leben. Eine immanente Erklärung der Welt aus überall giltigen Erkenntnismitteln und eine rationale Ordnung des Lebens im Dienste allgemeingiltiger praktischer Zwecke ist ihre Tendenz. Da sie beides unter dem Einfluß ihrer Gesamtlage auf dem Wege rein verstandesmäßigen Räsonnements zu erreichen suchte, so ist in beiden Richtungen ihr Hauptcharakter eine nüchterne zergliedernde Verständigkeit und ein reformlustiger Utilitarismus." (Troeltsch 1897, S. 225)

Der neue Zusammenhang von Natur und Geschichte

Entscheidend war das auf der eigenen Erfahrung basierende neue Verhältnis, das der Mensch zu Welt und Natur entwickelte. Nur so konnten die neuen Theorien von der Entstehung des Universums, der Entstehung der Erde und dem Auftreten des Menschen neben den verschiedenen Tiergattungen mit dem Verlauf der Geschichte durch die Idee der Entwicklung verknüpft werden (vgl. Dilthey 1927, S. 209).

Die Wege, die zur Aufklärung geführt haben, sind vielfältig. Man kann mit Ernst Troeltsch und Wilhelm Dilthey versuchen, das Zusammengehen und die Verknüpfung der vielen neuen wissenschaftlichen Erfahrungen und Anschauungen zu beschreiben. Daneben sind aber auch noch andere Perspektiven möglich: eine politische und eine soziologische.

Entstehung des modernen Nationalstaats

Die übergreifende Idee des mittelalterlichen *Heiligen Römischen Reiches* wurde überwunden, weil sich die eine katholische Kultur in mehrere selbstständige und miteinander rivalisierende Nationalitäten aufspaltete. Bestimmend war nicht mehr die Spannung zwischen Kaiser- und Papsttum, sondern der Gegensatz von Franzosen, Deutschen, Engländern, Italienern etc. Diese Entwicklung wurde begleitet von einer Auflösung bzw. Transformation der mittelalterlichen Ständegesellschaft.

Modernes Naturrecht

Die Dynamik der sozialen, politischen, kulturellen und ökonomischen Entwicklungen sowie die Ausdifferenzierung der neuen sozialen Schichten mussten von einem neuen Bild des Menschen aufgefangen werden. Wenn das Grundverhältnis, das das Denken und Fühlen der Menschen prägt, nicht mehr zwingend ein Verhältnis zu Gott ist, sondern sich der Mensch als Mensch unter anderen Menschen in einem Staat vorfindet, dann entsteht ein Bedürfnis nach einer Theorie, die dieses Verhältnis beschreiben kann. Diese Idee ist das moderne Naturrecht und, mit ihm verbunden, die aus diesem Naturrecht heraus entwickelte Idee der Menschen- und Bürgerrechte, die in den beiden großen Revolutionen des 18. Jahrhunderts formuliert wurde: aus der amerikanischen Revolution von 1763–76 ging die *Virginia Bill of Rights* von 1776 hervor, aus der Französischen Revolution von 1789 die *Déclaration des Droits de l'Homme et du Citoyen* (Erklärung der Menschen- und Bürgerrechte), ebenfalls von 1789. Die Menschen werden demnach frei und gleich an Rechten geboren und sind frei in der Wahl ihrer Religion (vgl. Gauchet 1991; Joas 2011). Der Gedanke der Gleichheit verbindet sich mit dem starken Streben nach innerweltlichem Glück, das vor allem in der schottischen Aufklärung eine entscheidende Rolle spielte: „that action is best, which procures the greatest happines fort he greatest numbers" (Hutchison 1725, S. 125) – ein Gedanke der sich bald ausbreiten wird, in Italien bei Cesare Beccaria (*la maggiore felicita possibile*, vgl. Rother 2005) und zum Grundstein des Utilitarismus wird, also von der Lehre, die alles im Hinblick auf den Nutzen, vor allem auf das menschliche Glück beurteilt.

Die Erklärung der Menschen- und Bürgerrechte

Das größte Glück der größten Zahl

Man hat den Geist der Aufklärung unhistorisch genannt. Ein Urteil, über das sich viele empört haben mit dem Hinweis, dass es doch die Aufklärungshistorie gewesen sei, die am Beginn der modernen Geschichtswissenschaft steht, die den Raum für die außereuropäische Geschichte geöffnet und noch vieles andere geleistet habe (vgl. Dilthey 1927; Cassirer 1932). Das Urteil zielte aber auf eine für fast alle Denker der Aufklärung typische anthropologische Grundhaltung: Die menschliche Vernunft ist immer die gleiche. Sie ändert sich nicht in der Geschichte. Die Begründung der Menschenrechte basiert auf dem rationalen Naturrecht, das von jedem vernünftigen Wesen aus Vernunftgründen anzuerkennen ist und überhistorische Geltung beansprucht. Romantik und Historismus haben bestritten, dass es solche überhistorische Geltung gibt und – von ihrem Standpunkt aus gesehen folgerichtig – die Aufklärung als unhistorisch bezeichnet.

Ist die Aufklärung unhistorisch?

In anderer Hinsicht ist dieses Urteil allerdings unverständlich. Voltaire öffnete den historischen Raum hin zu einer Universalgeschichte, die diesen Namen auch verdient. Alle christliche Geschichtsschreibung behandelte nur den europäischen Raum einschließlich der im Mittelmeerraum angrenzenden Länder. Voltaire bezog in seinem *Essai sur les mœurs et l'esprit des Nations* (1756, deutsch als: *Versuch einer Schilderung des Geistes und der Sitten der Nationen*) auch die außereuropäische, vor allem die chinesische Geschichte mit ein.

Voltaire und die moderne Universalgeschichtsschreibung

An der (damals kleinen) Universität Göttingen lehrten in der zweiten Hälfte des 18. Jahrhunderts zwei Schüler Voltaires, die der Geschichtswissenschaft wichtige Impulse geben sollten: die Historiker August von Schlözer und Johann Christoph Gatterer. Schlözer hat klar ausgesprochen, dass Geschichtsschreibung auf die Geschichte der ganzen Welt zielt, dass sie alle Völker der Welt umfasst und sich der Historiker ohne Nationalstolz allen Gegenden dieser Welt widmen sollte. Für die Universalgeschichte hat Schlözer drei Hauptpunkte herausgestellt:

Das neue Programm: Universalgeschichte

> „Jeder Welttheil ist ihr gleich. Nicht vier Monarchien, aus etwa dreißig andern ärmlich herausgeschiedenen, nicht Volk Gottes, nicht Griechen und Römer, beschäftigen sie mit Prädilection. Sie weidet ihre Neugier so gut am Hoangho und Nil, als an der Tyber und Weichsel: Jlidschuzai ist ihr werther als Mäcen; und Alexander, Cäsar, und Gustav Adolf sind ihr nicht wichtigere Menschen als Attila, die Inkas, und Timur. Als Weltgeschichte umfasset sie II. alle Zeiten. Sie fängt an, wo verzeichnete Begebenheiten anfangen; und fähret so lange fort, als sie Begebenheiten findet, die sie universalhistorisch behandeln kann. Warum solle eine Geschichte bis auf Christi Geburt, oder bis auf die Völkerwanderungen, warum soll eine Geschichte bloß der neuern und zwar bloß Europäischer Staaten, noch länger unetymologisch Universalhistorie heissen? Endlich als Weltgeschichte umfasset sie III. alle Arten von Merkwürdigkeiten. Sie ist weder Staats-, noch Religions-, noch Handels-, noch Kunst-, noch Gelehrtengeschichte; sondern aus allen zusammen borget sie, ihrer Bestimmung (§ 1) getreu, Begebenheiten, die den Grund erheblicher Revolutionen des menschlichen Geschlechts enthalten." (Schlözer 1772/73, S. 28f.)

Alles hängt mit allem zusammen

Gatterer hat die philosophische, ja metaphysische Dimension dieser Perspektive hervorgehoben. Am Ende geht es um den „allgemeinen Zusammenhang der Dinge der Welt (Nexum rerum universalis)". Keine Begebenheit in der Welt sei insularisch: „Alles hängt aneinander, veranlaßt einander, wird veranlaßt, wird gezeugt, und veranlaßt und zeugt wieder." (Gatterer 1767, S. 22)

8.2 Säkularisierung

Häufig wurde und wird behauptet, nur in der christlich-abendländischen Kultur habe sich die Vorstellung der einen Universalgeschichte der einen Menschheit herausgebildet, also der Urtyp von

Geschichtsphilosophie, die Geschichte als Fortschritt denkt. Erst durch das Christentum, erst durch die spezifisch christliche Idee der Heilserwartung und der Annahme der Einheit des Menschengeschlechts sei der Gedanke einer Weltgeschichte möglich geworden. Die moderne Geschichtsphilosophie seit Vico sei säkularisierte christliche Heilsgeschichte: Karl Löwith und mit ihm viele andere gehen davon aus, „daß die moderne Geschichtsphilosophie dem biblischen Glauben an eine Erfüllung entspringt und daß sie mit der Säkularisierung ihres eschatologischen Vorbildes endet" (Löwith 1953, S. 11f.; → KAPITEL 14.2).

Säkularisierungstheorie bei Löwith

Dieser These, dass nur das jüdisch-christliche Denken eine echte Geschichtsphilosophie ermöglicht hat, liegt zunächst ein eingeschränkter Begriff von Geschichtsphilosophie zugrunde. Denn auch das zyklische Denken, sei es der Griechen, sei es der Renaissance, ist Geschichtsphilosophie vor allem dort, wo es sich mit der Universalgeschichte verbindet. Das ist aber nur einer der Einwände, die gegen Löwith geltend gemacht werden können. Es ist ein rein philosophischer Einwand, der auch dann, wenn es faktisch niemals zyklische Vorstellungen gegeben hätte, vorgebracht werden könnte: Schon Löwiths Begriff von Geschichtsphilosophie ist zu eng. Andere Einwände sind auf dem Feld der ideengeschichtlichen Entwicklungslinien, die Löwith zieht, zu erheben.

Kritik an Löwith

In der Darstellung des Geschichtsdenkens der Renaissance und der *Querelle* (→ KAPITEL 6, 7) hatte sich gezeigt, dass die jeweiligen Vorstellungen von Geschichte, die eine Epoche entwickelt hat, immer wieder neue Versuche waren, die Motive der Vergangenheit aufzunehmen. Dabei hat sich auch herausgestellt, dass die jeweils neuen Versuche nicht einfach als Mischformen von zwei ursprünglich reinen Denkweisen – einer zyklischen und einer teleologischen – angesehen werden können, weil sich, historisch gesehen, keine ursprünglichen Vorstellungen von der Geschichte identifizieren lassen. Der Versuch, in sich konsistente Begriffe von Geschichte zu isolieren, scheitert auch deshalb, weil Römer, Griechen und frühe Christen keine reinen Begriffe von der Geschichte hatten, sondern jeweils selbst schon Motive aus zyklischem und teleologischem Denken zu immer neuen Synkretismen verbanden.

Es gibt keine ursprünglichen Vorstellungen von Geschichte

Die Zurückweisung einer monolinearen Rekonstruktion des Denkens über Geschichte, wie sie Löwith, aber auch viele protestantischer Theologen versucht haben, muss und sollte allerdings nicht auf eine pauschale Zurückweisung des Gedankens hinauslaufen, dass es so etwas wie eine Transformation christlicher in weltliche Ideen ge-

Was von der Säkularisierungstheorie übrig bleibt

geben hat. Denn neben der Linie, die von der Renaissance zur *Querelle* führt, gibt es eine andere Linie, die als Modifikation der christlichen Auffassung von Geschichte beschrieben werden kann und die über Joachim von Fiore zu Vico und Hegel führt, wobei oft nicht eindeutig zu identifizieren ist, wer wen beeinflusst hat.

Deismus und Zurückdrängen des Supranaturalismus

Die Entwicklung dieser Linie wird verständlich vor dem Hintergrund einer neuen Situation. Die zwei großen geistesgeschichtlichen Bewegungen, die auch aus theologischer Perspektive eine neue Auffassung von Geschichte ermöglichen bzw. nötig machen, sind der Deismus und die mit ihm einhergehende Überwindung des Supranaturalismus. Die Grundannahme des Deismus hat sich zuerst in England entwickelt. Die geschichtsphilosophischen Entwürfe von John Locke (1632–1704) bis Adam Smith (1723–90) sind getragen vom Geist des Deismus. Auf der einen Seite wurde kritisiert, dass sich die Menschen Gott zu sehr nach menschlicher Gestalt vorstellen, auf der anderen argumentiert, dass Gott es gar nicht nötig habe, in die Schöpfung einzugreifen. Man nahm an: Gott ist der Schöpfer der Welt, zum Verständnis der Schöpfung sind kein Wunderglaube, keine über die Naturgesetze hinausgehenden oder diese bestreitenden Annahmen, keine supranaturalen Vorkommnisse notwendig. Die Theologie als Wissenschaft vom Christentum ist Wissenschaft, weil man durch die Vernunft den vernünftigen Plan Gottes verstehen kann.

Christliche Geschichtsphilosophie unter den Bedingungen der Aufklärung

Auch im 18. und 19. Jahrhundert hat es noch christliche Geschichtsphilosophien wie die Bossuets gegeben, in denen ein direktes Eingreifen Gottes mit einer Orientierung an der Prophezeiung der Vier-Reiche-Lehre verbunden wurde (→ KAPITEL 7.3). Aber die Stimmung änderte sich zunehmend. Der Supranaturalismus, d. h. die Vorstellung, dass es von Gott unmittelbar bewirkte Wunder gibt, wurde immer weiter zurückgedrängt. Wer vom Standpunkt des christlichen Glaubens Geschichte unter den Bedingungen eines antisupranaturalistischen deistischen Klimas betrachtet, hat zwei Möglichkeiten.

- Die erste Möglichkeit wählt Kant, der die Idee einer Philosophie der Geschichte von der faktischen Geschichte löst und fragt: wie müsste eine vernünftige Geschichte aussehen?
- Die zweite Möglichkeit wählen Vico und Hegel: Für sie zeigt der faktische Geschichtsverlauf trotz aller vernunftwidrig scheinenden Begebenheiten, wie sich die Vernunft Gottes in der Geschichte durchsetzt.

Theodizeeproblem und List der Vernunft

Was theologisch einst als sogenanntes Theodizeeproblem diskutiert wurde, wird nun von der neuen Geschichtsphilosophie als *Heteroge-*

nie der Zwecke bzw. *List der Vernunft* bezeichnet. Galt es früher zu rechtfertigen, wie das Übel in die Welt kommt, so gilt es nun zu zeigen, inwiefern die scheinbar vernunftwidrigen Ereignisse der Weltgeschichte am Ende doch einen Sinn haben. Für Vico und Hegel gilt denn auch, dass die These einer Verweltlichung durchaus plausibel erscheint. Verweltlichung heißt hier aber nicht Profanisierung von etwas, das vormals heilig war. Es bedeutet nur anzunehmen, was sich bei Joachim von Fiore schon angedeutet hat, dass es ein innerweltliches Telos der Geschichte gibt (→ KAPITEL 4.5).

8.3 Immanuel Kant

Die radikale Neuheit der Philosophie Kants ist in der Geschichte der Neuzeit nur mit dem Auftreten Descartes' vergleichbar (→ KAPITEL 6.2). Kant versucht der Philosophie eine Grundlegung zu geben, indem er fragt, wie überhaupt Wissen von etwas möglich ist. Was sind die Bedingungen der Möglichkeit von Erkenntnis? Diese Fragestellung hat Kant an die verschiedenen Gegenstandsbereiche herangetragen (Natur, Gott, Metaphysik) und jeweils zu zeigen versucht, was wir unabhängig von aller zufälligen Erfahrung, d. h. a priori, wissen können. In der gleichen Weise geht Kant auch an das Problem der Geschichte bzw. der Geschichtsphilosophie heran und fragt: Wie sollte die Geschichte idealerweise ablaufen? Wie ist ein Fortschritt der menschlichen Gattung möglich?

Kants Fragestellung

Man darf dieses Anliegen Kants nicht verwechseln mit den ebenfalls erkenntnistheoretischen Fragen: Wie ist eine Erkenntnis der Geschichte möglich? Was machen Historiker, wenn sie Geschichte schreiben? Kants Fragestellung hat wenig zu tun mit dem Versuch einer Grundlegung der empirischen Geschichtsforschung, wie sie später im Historismus geleistet werden wird (→ KAPITEL 9). Kants Fragen lauten vielmehr: Wie müsste eine ideale Geschichte ablaufen, wie müssten sich Vernunftwesen verhalten? In dem kurzen Aufsatz *Idee zu einer allgemeinen Geschichte in weltbürgerlicher Absicht* (1784) nimmt Kant den Ausgang bei der tatsächlichen Geschichte, um festzustellen, dass sich in ihr noch kein Fortschritt zeige:

Idee zu einer allgemeinen Geschichte in weltbürgerlicher Absicht

> „Da die Menschen in ihren Bestrebungen nicht bloß instinctmäßig wie die Thiere und doch auch nicht wie vernünftige Weltbürger nach einem verabredeten Plane im Ganzen verfahren: so scheint auch keine planmäßige Geschichte [...] von ihnen möglich zu sein. Man kann sich eines gewissen Unwillens nicht erwehren, wenn

man ihr Thun und Lassen auf der großen Weltbühne aufgestellt sieht und bei hin und wieder anscheinender Weisheit im Einzelnen doch endlich alles im Großen aus Thorheit, kindischer Eitelkeit, oft auch aus kindischer Bosheit und Zerstörungssucht zusammengewebt findet." (Kant 1784b, S. 17f.)

Der Philosoph kann, wenn er den Blick auf das Ganze der Geschichte richtet, keine Absicht, keinen Plan erkennen, der sich in der bisherigen Geschichte realisiert hat. Dennoch will Kant fragen, ob es nicht gelingen könnte, „einen Leitfaden zu einer solchen Geschichte zu finden" (Kant 1784b, S. 18). Ob dieser sich dann realisiere, sei, so Kant, eine ganz andere Frage. Zunächst aber konkretisiert Kant, worin er das Ziel der Menschheit bzw. einen möglichen Fortschritt sehen würde, ex negativo: „Wir sind im hohen Grad durch Kunst und Wissenschaft *cultiviert*. Wir sind *civilisiert* bis zum Überlästigen zu allerlei gesellschaftlicher Artigkeit und Anständigkeit. Aber uns für schon *moralisiert* zu halten, daran fehlt noch sehr viel." (Kant 1784b, S. 26)

Leitfaden zur Geschichte

Was Kant hier genau meint, wird eigentlich nur verständlich, wenn man seine Ethik in den Blick nimmt. In der *Kritik der praktischen Vernunft* (1790) und anderen Schriften hat er herausgearbeitet, wie sich Vernunftwesen moralisch verhalten. Alles Handeln, so lautet der berühmte Gedanke, muss ein Handeln aus Pflicht sein, das dem Kategorischen Imperativ folgt – „Handle so, daß die Maxime deines Willens jederzeit zugleich als Princip einer allgemeinen Gesetzgebung gelten könne" (Kant 1788, S. 30). Kant operiert also mit folgenden Grundannahmen, die sich in seiner *Idee zu einer allgemeinen Geschichte in weltbürgerlicher Absicht* nicht mehr im Einzelnen ausweisen lassen: Die Naturanlagen eines Geschöpfs sind dazu bestimmt, sich zu entwickeln, d. h. sich zu verwirklichen. Die Naturanlage des Menschen ist es, ein Vernunftwesen zu sein. Daraus ergibt sich der gesuchte Leitfaden a priori: Die Geschichte der Menschengattung ist die Vollziehung eines verborgenen Planes der Natur. Ziel ist eine vollkommene Staatsverfassung, denn nur in diesem Zustand ist gewährleistet, dass die Menschheit all ihre Anlagen entwickeln kann. Keinesfalls wollte sich Kant gegen die empirische Geschichtsschreibung stellen. Der Leitfaden a priori, den er freilegt, bezeichnet einen philosophischen Standpunkt, den man unabhängig von aller faktischen Geschichte einnehmen kann. Er ist daher auch nicht empirisch zu widerlegen. Bestenfalls könnte die tatsächliche Geschichte empirisch bestätigen, was die Vernunft a priori entwickelt hat.

Der Kategorische Imperativ

Muthmaßlicher Anfang der Menschengeschichte

Einen etwas anderen Charakter hat die Arbeit *Muthmaßlicher Anfang der Menschengeschichte* (1786). Hier bindet Kant die faktische Geschichte doch an die ideale Geschichte und will prüfen, ob der „Weg, den Philosophie nach Begriffen nimmt, mit dem welche die Geschichte angibt, zusammentreffe“ (Kant 1786, S. 110). Das führt ihn zu der für die Aufklärung typischen Diagnose, dass der Ausgang des Menschen aus dem Paradies „nicht anders, als der Übergang aus der Rohigkeit eines bloss thierischen Geschöpfes in die Menschheit, aus dem Gängelwagen des Instincts zur Leitung der Vernunft, mit einem Worte, aus der Vormundschaft der Natur in den Stand der Freiheit gewesen“ sei (Kant 1786, S. 115). Hier zeigt sich, warum man die Aufklärung unhistorisch gescholten hat: Kant kann und will nicht sehen, dass die sogenannten Wilden auf ihre Weise vernünftig leben.

Der Streit der Fakultäten

In der späteren Schrift *Der Streit der Fakultäten* (1798) gibt Kant seiner Geschichtsphilosophie aber noch eine interessante Wende. Er stellt sich nun eine Frage, die alle künftige Geschichtsphilosophie besonders interessieren wird; es ist die Frage, ob sich irgendeine Vorhersage abgeben lässt, wie sich der Fortschritt in der Geschichte verwirklichen wird. Das Problem sei, dass wir es mit frei handelnden Wesen zu tun haben, denen sich zwar diktieren lässt, was sie tun sollen, bei denen sich jedoch nicht vorhersagen lässt, was sie machen werden. Irgendeine Erfahrung müsse es aber doch geben, fragt Kant rhetorisch, an der eine „wahrsagende Geschichte des Menschengeschlechts“ anknüpfen könne. Das gesuchte Ereignis findet er in einem *Geschichtszeichen*, in einer hindeutenden Begebenheit, die die „Tendenz des menschlichen Geschlechts im Ganzen“ andeutet (Kant 1798, S. 84).

Geschichtszeichen

Als Geschichtszeichen der Gegenwart identifiziert Kant den Enthusiasmus der Zuschauer der Französischen Revolution. Die eigentliche Revolution findet in den Gemütern der Zuschauer statt. Ein Phänomen von der Art der Französischen Revolution kann man nicht mehr vergessen: Die Botschaft wird sich in allen Völkern der Erde verbreiten. Allerdings denkt Kant die Revolution nicht als eine Revolution von unten: Sie könne nur durch den Staat geleistet werden: Evolution statt Revolution.

8.4 Georg Wilhelm Friedrich Hegel

Kein anderer großer philosophischer Name ist so eng mit den Fragen der Geschichtsphilosophie verknüpft wie derjenige Hegels (1770–1881). In von ihm selbst in Druck gegebenen Arbeiten hat Hegel seinen Versuch, das Werden des Geistes zu begreifen, nur in einem kurzen Abschnitt seiner *Rechtsphilosophie* (1821) auf die Geschichte angewandt. Berühmt wurde Hegel mit seiner Geschichtsphilosophie durch Vorlesungen, die er zwischen 1822 und 1831 in Berlin hielt und die erst nach seinem Tod 1837 erschienen. Seine Philosophie der Geschichte ist eingebettet in eine Philosophie der Vernunft, zu deren Wesen es gehört, dass sie sich in der Geschichte verwirklicht. In diesem Punkt steht Hegel konträr zur Geschichtsphilosophie Kants. Das Wesen der Vernunft kann nur begriffen werden, wenn die Vernunft nicht allein als wirklich gedacht wird, sondern auch wirklich ist, d. h in der Geschichte erfahrbar, weil in der Geschichte verwirklicht. Umgekehrt kann die Geschichte nur verstanden werden, weil es in ihr vernünftig zugegangen ist – ein klassischer hermeneutischer Zirkel. Um diesen Gedankengang auch nur annähernd in seiner Binnenkomplexität zu erläutern, wäre eine Vorstellung großer Teile des Hegelschen Werkes notwendig. Die folgenden Ausführungen können nichts anderes leisten, als eine lediglich oberflächliche Hinführung zu einigen Grundgedanken der Hegelschen Geschichtsphilosophie.

Hermeneutischer Zirkel

Vernunft in der Geschichte

Philosophische Betrachtung der Geschichte, so Hegel in seinen geschichtsphilosophischen Vorlesungen, geht darauf, alles Zufällige abzusondern, um den Blick freizubekommen für das Notwendige, d. h. dafür, dass die Vernunft die Welt beherrscht:

> „Daß in den Begebenheiten der Völker ein letzter Zweck das Herrschende, daß Vernunft in der Weltgeschichte ist, – nicht die Vernunft eines besonderen Subjekts, sondern die göttliche, absolute Vernunft, – ist eine Wahrheit, die wir voraussetzen; ihr Beweis ist die Abhandlung der Weltgeschichte selbst: sie ist das Bild und die Tat der Vernunft." (Hegel 1955, S. 29)

Vernunft

Die philosophische Geschichtsschreibung rekonstruiert, wie der Geist sich in der Geschichte verwirklicht, indem er zu sich selbst kommt. Theologisch gesprochen: Nicht der Zufall, sondern die Vernunft regiert die Welt. Verstanden werden kann dieser Prozess nur, weil er bereits an ein Ende gekommen ist: Die Eule der Minerva beginnt erst in der Dämmerung ihren Flug (vgl. Hegel 1955).

Fortschritt im Bewusstsein der Freiheit

Weltgeschichte ist „Fortschritt im Bewußtsein der Freiheit" (Hegel 1955, S. 63). Die Weltgeschichte zerfällt für Hegel in drei Reiche: das orientalische, das griechisch-römische und das germanische Reich. Die Abfolge dieser drei Reiche erzählt die Geschichte der Freiheit: Im Orient wusste man, dass einer frei ist, in der griechisch-römischen Antike, dass einige frei sind, die Germanen wissen, dass alle Menschen frei sind. Die einzelnen Volksgeister, die die Epochen der

Geschichte ausmachen, sind die Glieder jenes Prozesses, in dem der Geist zu sich selbst kommt. Der Volksgeist blüht auf, erreicht seinen Höhepunkt, verkümmert und stirbt.

Der Fortschritt ist kein kontinuierlicher, sondern ein dialektischer. Aufstieg und Niedergang einer Epoche sind – in den Kategorien des Verstandes – These und Antithese einer Idee, die in der darauffolgenden Epoche aufgehoben, d. h. in höherer Form bewahrt werden. Am Ende des Prozesses erkennt der Mensch, dass er an sich frei ist. Betrachtet man den Prozess der Weltgeschichte von seinem Ende her, ist alle Freiheit nur bedingt, denn die Individuen haben sich dem, was sie vorfinden, einem Volk, einer Kultur, einzuverleiben:

Dialektik

> „Die Individualitäten also verschwinden für uns und gelten uns nur als diejenigen, die das in Wirklichkeit setzen, was der Volksgeist will. In der philosophischen Betrachtung der Geschichte muß man absehen von solchen Ausdrücken wie: ein Staat wäre nicht zu Grunde gegangen, wenn ein Mann dagewesen wäre, der usw. Die Individuen verschwinden vor dem allgemeinen Substanziellen, und dieses bildet sich seine Individuen selbst, die es zu seinem Zweck nötig hat. Aber die Individuen hindern nicht, daß geschieht, was geschehen muß.“ (Hegel 1955, S. 60)

Die Individuen sind die Erfüllungsgehilfen der von Hegel so genannten *List der Vernunft*, wenn sie es denn zu welthistorischem Einfluss bringen: „Dies sind die großen Menschen in der Geschichte, deren eigene partikuläre Zwecke das Substanzielle enthalten, welches Wille des Weltgeistes ist.“ Die Völker, so Hegel, spüren, dass da jemand ist, der das ausführt, was ihr eigener unbewusster Trieb ist, und schließen sich den großen Menschen an. Die großen welthistorischen Individuen verwirklichen das Notwendige, in ihrem Innern offenbart sich, „was an der Zeit ist, was notwendig ist“. (Hegel 1955, S. 90, 97)

List der Vernunft

Im Herbst 1806 war Napoleon auf dem Weg zum Höhepunkt seiner Macht. Auf die militärische Niederlage Preußens folgten Reformen. Napoleon verkörperte die Ideen von 1789, die Ideen der Französischen Revolution: Freiheit, Gleichheit, Brüderlichkeit. Wenige Jahre später schien es, als habe der Weltgeist Napoleon im Stich gelassen: Nachdem das Frankreich Napoleons fast ganz Europa unter Kontrolle hatte, sollte auch Rußland unterjocht werden. Der französische Feldzug wurde aber zum Desaster. Schon stark dezimiert erreichten Napoleons Truppen das leere und verbrannte Moskau am 14. September 1812. Von ursprünglich 600 000 Soldaten überquerten im Dezember 1812 nur noch 40 000 die preußische Grenze. In

Napoleons welthistorische Bedeutung

den Befreiungskriegen 1813/14 gewannen Preußen und Österreich verloren gegangene Macht zurück. 1815 gelang es Napoleon zwar noch einmal, das französische Heer zu mobilisieren, aber die Allianz von England und Preußen war stärker. Nach der Niederlage von Waterloo am 18. Juni 1815 war Napoleon am Ende. Die Ideen der Französischen Revolution waren jedoch keineswegs am Ende (vgl. Kesting 1959). Sie gelten noch heute als das normative Fundament der westlichen Demokratien.

Napoleons Untergang bei Hegel

Im Untergang Napoleons sah Hegel kein Problem. Dieser hatte seine weltgeschichtliche Aufgabe erfüllt, war aber jetzt nicht mehr von Bedeutung. Am 5. Juli 1816 schrieb er an Niethammer:

> „Ich halte mich daran, daß der Weltgeist der Zeit das Kommandowort zu avancieren gegeben. Solchem Kommando wird pariert; dies Wesen schreitet wie eine gepanzerte, festgeschlossene Phalanx unwiderstehlich und mit so unmerklicher Bewegung, als die Sonne schreitet, vorwärts durch dick und dünne. Unzählbare leichte Truppen gegen und für dasselbe flankieren drum herum, die meisten wissen gar von nichts, um was [es] sich handelt, und kriegen nur Stöße durch den Kopf wie von einer unsichtbaren Hand. Alles verweilerische Geflunkere und weisemacherische Luftstreicherei hilft nichts dagegen. Es kann diesem Kolossen etwa bis an die Schuhriemen reichen und ein bisschen Schuhwichse oder Kot daran schmieren, aber vermag dieselbe nicht zu lösen". (Hegel 1953, S. 85f.)

Hegel starb 1831. Seine Geschichtsphilosophie spaltete seine Schüler in zwei Lager: Auf der einen Seite standen die konservativen Rechtshegelianer z. B. Karl Daub (1765–1836) und Philipp Konrad Marheineke (1780–1846), die mit Hegel die Geschichte als vollendet ansahen, auf der anderen Seite die Links- bzw. Junghegelianer Ludwig Feuerbach (1804–72), Bruno Bauer (1809–82) und David Friedrich Strauss (1808–74), die zwar an der Hegelschen Dialektik festhielten, aber dem konservativen Zug von Hegels Theorie opponierten. Aus

Rechtshegelianer

der Perspektive der Rechtshegelianer bestand die Aufgabe der Philosophie vor allem in der Philosophiegeschichtsschreibung: Der Weltgeist war zu sich selbst gekommen, also galt es seine Geschichte zu rekonstruieren (vgl. Lübbe 1962). Hegel selbst hatte dies deutlich ausgesprochen, als er gesagt hatte, dass „das Studium der Geschichte der Philosophie Studium der Philosophie selbst ist" (Hegel 1817b, S. 49). Entkleidet man die Grundbegriffe der verschiedenen Systeme, was ihre historische Gestalt angeht, und bringt sie in die entsprechende Ordnung, so zeigt sich in der historischen Abfolge nichts anderes als die logische Entwicklung, es zeigt sich der eingangs beschriebene hermeneutische Zirkel.

Linkshegelianer

Für die Linkshegelianer hingegen war es in der jüngsten Vergangenheit alles andere als vernünftig zugegangen: Der preußische Staat galt ihnen keineswegs als der Höhe- und Endpunkt der Geschichte und daher musste dem Weltgeist auf die Sprünge geholfen werden (vgl. Löwith 1941, 1962). Spätestens mit Marx wurde die Geschichtsphilosophie Philosophie mit praktischer Absicht. Nun galt es, die Welt zu verändern und die Welt wurde verändert (→ KAPITEL 10).

Fragen und Anregungen

- Diskutieren Sie den Vorwurf, die Aufklärung sei unhistorisch.
- Inwiefern unterscheiden sich die geschichtsphilosophischen Entwürfe von Kant und Hegel?
- Diskutieren Sie, inwiefern man in Kants und Hegels Geschichtsdenken eine Säkularisierung christlicher Vorstellungen von Geschichte sehen kann.

Lektüreempfehlungen

Quellen

- **Georg Friedrich Wilhelm Hegel: Vorlesungen über die Philosophie der Weltgeschichte.** Erste Hälfte, Bd. 1: Die Vernunft in der Geschichte [1822–31], hrsg. von Johannes Hoffmeister, Hamburg 1955.
- **Immanuel Kant: Idee zu einer allgemeinen Geschichte in weltbürgerlicher Absicht** [1784], in: ders., Schriften zur Geschichtsphilosophie, hrsg. von Manfred Riedel, Stuttgart 1985, S. 21–39.

Forschung

- **Klassiker Auslegen: Immanuel Kant: Schriften zur Geschichtsphilosophie**, hrsg. von Ottfried Höffe, Berlin 2011. *Kommentierende Aufsätze zu den wichtigsten geschichtsphilosophischen Abhandlungen Kants. Ausführliche Bibliografie.*
- **Henning Ottmann: Die Weltgeschichte** (§§ 341–360), in: Klassiker Auslegen: G. W. F. Hegel, Grundlinien der Philosophie des Rechts,

hrsg. von Ludwig Siep, Berlin 2005, S. 267–286. *Behandelt vor allem den Zusammenhang von politischer Philosophie und Geschichtsphilosophie, der sich als erster Zugang zu Hegel eignet.*

- **Michael Theunissen: Hegels Lehre vom Geist als theologisch-politischer Traktat**, Berlin 1970. *Komplexe ideengeschichtliche Untersuchung. Arbeitet die These heraus, dass Hegels Philosophie des Geistes gleichermaßen geschichtsphilosophisch und religionsphilosophisch zu verstehen ist.*

9 Klassischer Historismus

Abbildung 13: ‚Hand-in-waistcoat'-Geste: Napoleon, Abbildung aus einem englischen Benimmbuch, Andreas Hofer, Karl Marx, Friedrich Nietzsche, Josef Stalin.

In der Mitte sieht man eine Abbildung aus einem englischen Benimmbuch (François Nivelon: „The Rudiments of Genteel Behavior“, 1737). Links oben findet sich eines der berühmtesten Portraits Napoleon Bonapartes (Jacques-Louis David: „L'Empereur Napoléon dans son cabinet de travail aux Tuileries“, 1812). Rechts oben ist der Südtiroler Freiheitskämpfer Andreas Hofer zu sehen, der 1810 in Mantua auf Befehl Napoleons exekutiert wurde. Unten links zeigt sich Karl Marx, in der Mitte der Konfirmand Friedrich Nietzsche, rechts daneben Josef Stalin.

Häufig wird die Geste, die Hand in der Westentasche oder unter dem Mantel zu verbergen, Napoleon zugeschrieben. Man spricht daher mitunter auch von der Napoleonpose oder Napoleongeste. Es gibt zahlreiche seriöse und weniger seriöse Theorien darüber, warum Napoleon so häufig mit dieser Geste abgebildet wurde: Er habe Magenschwierigkeiten gehabt, eine Hautkrankheit, Brustkrebs etc. Dem kunstgeschichtlich Interessierten muss dies seltsam anmuten, denn Napoleon war keineswegs der erste, von dem ein sogenanntes „Hand-in-waistcoat“-Bild angefertigt wurde. Im England des 17. Jahrhunderts galt es als Frage der guten Erziehung, sich mit der rechten Hand in der linken Westentasche abbilden zu lassen (vgl. Meyer 1995). François Nivelons Benimmbuch ist nur eine der vielen Quellen, die dies belegen, und schon vor dem 18. Jahrhundert gibt es zahlreiche Portraits, auf denen die Abgebildeten sich auf diese Weise zeigen. Neuere kunsthistorische Studien haben nachgewiesen, dass die Geste schon in der Renaissance üblich war, und vermuten antike Quellen als Vorbild. Nichtsdestotrotz ist Napoleon das Vorbild für viele Nachfolger geworden. Marx, Nietzsche und Stalin wussten, mit wem die Geste in Verbindung gebracht wird.

Die Idee des großen Mannes prägte das 19. Jahrhundert, in dem die Geschichte als Wissenschaft eine besondere Rolle spielte. Sie ist aber nur eine unter vielen Ideen, die der sogenannte Historismus entwickelt hat. Bis heute gelten die Versuche einer erkenntnistheoretischen Grundlegung der Geschichtswissenschaft, die Droysen und Dilthey geleistet haben, als Ausgangspunkt jeder theoretischen Reflexion. Im Mittelpunkt steht dabei der schillernde Begriff des Verstehens.

9.1 Die Idee des großen Mannes

Die Idee des großen Mannes

Bis ins 19. Jahrhundert haben Historiker, Philosophen und Theologen den großen Männern, den politischen Genies, den Helden der Geschichte eine Bewunderung zukommen lassen, die es heute nur noch selten gibt. Zwar hatte in der Antike die Hochschätzung des Einzelnen eine größere Bedeutung als im Mittelalter, aber seit der Renaissance ist die Idee des großen Individuums wieder eine der wichtigsten geschichtsphilosophischen Leitideen. Die großen Individuen sind Vorbilder, von ihnen können wir lernen. Sie zeigen die Möglichkeit und Wirklichkeit von Größe. Der Topos der *viri illustres*, der berühmten Männer, zieht sich durch die Geschichte auch des christlichen Mittelalters, ehe er von Petrarca revitalisiert wird. Mit der Formierung der modernen Geschichtsphilosophie, vor allem bei Hegel (>> KAPITEL 8.4), werden die großen Individuen dann zu den Trägern der Ideen, die sich durchsetzen und in der Zukunft wirken.

In keiner Epoche wurde die Idee des großen Individuums so bedeutend wie im 19. Jahrhundert. Die Gedanken Hegels wurden aufgegriffen, aber umgeformt. Der Gang der Geschichte erschien nun ungleich individueller, als Hegel annahm, der nur ein Ziel kannte. Für viele war jetzt die Tatsache individueller Größe ein wichtiges Ziel der Geschichte: An ihr zeigt sich, dass Großes in der Vergangenheit möglich war und daher auch in Zukunft möglich sein wird (>> KAPITEL 11.3).

Alexander der Große hat im Verständnis von Johann Gustav Droysen eine sittliche Idee verkörpert, die sich nur durchsetzen konnte, weil der mazedonische Feldherr ein militärisches Genie war. Die Anerkennung der Bedeutung des Individuellen führt zu der tiefen Überzeugung, dass es einen irrationalen Überschuss in der Geschichte gibt, den eine am Gesetzesbegriff der Naturwissenschaften orientierte Idee von Wissenschaft nicht einholen kann. Heinrich von Treitschkes berühmtes Diktum hat hier sein Motiv: „Dem Historiker ist nicht gestattet, nach Weise der Naturforscher das Spätere aus dem Früheren einfach abzuleiten. Männer machen Geschichte.“ (Treitschke 1879, S. 29)

Individualistische oder kollektivistische Auffassung der Geschichte

Die Diskussionen zwischen „individualistischer und kollektivistischer Geschichtsauffassung“, so die Formulierung Otto Hintzes (1897), um „Struktur und Persönlichkeit in der Geschichte“, so Theodor Schieder (1962), bezeichnet einen der ewigen Streitpunkte der geschichtswissenschaftlichen Theoriebildung. *Individuum est ineffabile*: Das Individuum ist unergründlich, heißt es seit der Antike.

Eine Geschichtsschreibung, die das Wirken des Einzelnen so denkt, dass das, was im Gefolge seiner Handlungen passiert ist, nur deshalb passiert ist, weil es von diesem einen großen Individuum bewirkt wurde, hat nur zwei Möglichkeiten: Entweder sie erkennt eine gewisse Kontingenz, eine gewisse Zufälligkeit des Geschichtsverlaufs an – hätten Luther, Descartes, Napoleon nicht gelebt, dann wäre die Geschichte anders verlaufen –, oder die Individuen werden zu bloßen Erfüllungsgehilfen sich notwendig entfaltender historischer Gesetze. Viele Historiker haben versucht, zwischen beiden Polen zu vermitteln, z. B. Ernst Bernheim, der sagte:

> „Es fällt mir nicht ein, die Persönlichkeiten gewissermassen zu Hampelmännern des Zeitgeistes, des Milieus, der Masse machen zu wollen. Aber das, was sie mit den Anschauungen ihrer Zeit, ihrer Mitwelt gemein haben, soll nicht als etwas rein Persönliches verkannt, sondern in dem Zusammenhang, in dem es steht, erkannt und bewertet werden." (Bernheim 1918, S. 9)

Was ist Historismus?

Die moderne Geschichtsphilosophie, die an einen Fortschritt in der Geschichte glaubt, ist nicht die einzige Auffassung von Geschichte, die die Neuzeit entwickelt hat. Daneben steht ein Denken, das man als Historismus bezeichnet hat. Der Begriff ist vielschichtig und wird unterschiedlich verwendet (>> KAPITEL 12.1). Hier bezeichnet er eine geschichtsphilosophische Position, deren Grundannahme in etwa lautet: Es gibt eine menschliche Natur, die im positiven wie im negativen Sinn sehr viele Möglichkeiten der Entwicklung hat. Undenkbar ist, dass sich alle positiven Anlagen gleichzeitig in vollkommener Weise entwickeln. Die Geschichte zeigt, dass zu unterschiedlichen Zeiten in unterschiedlichen Kulturen die Menschen jeweils unterschiedliche Talente zur Perfektion gebracht haben. Studiert man die Geschichte der ganzen Menschheit, dann sieht man, dass es in verschiedenen Epochen verschiedene Höhepunkte der Entwicklung gegeben hat.

Historismus als Geschichtsphilosophie *sui gerneris*

Der Philosoph Michael Landmann hat zu Recht betont, dass es sich bei dieser geschichtsphilosophischen Position um eine eigene dritte Möglichkeit neben dem mehr oder weniger monolinearen teleologischen und dem zyklischen Denken handelt. Es handle sich nämlich nicht einfach um eine Mischform von zyklischem und teleologischem Denken, sondern um eine anthropologische Geschichtsphilosophie, eine Geschichtsphilosophie *sui generis*, die nicht auf ein fixes Ziel, sondern auf eine offene Teleologie zielt (vgl. Landmann 1965).

Zeitalter der Restauration

Historiker gaben der nachnapoleonischen Epoche den Namen „Zeitalter der Restauration". Es galt, die Wunden zu heilen, die durch die Kriege entstanden waren, die Verunsicherungen zu lindern, die durch geistig-kulturellen Umwälzungen in Gang gesetzt worden waren. In sozialgeschichtlicher Perspektive bedeutete das für die alten Eliten, dass es unter keinen Umständen möglich sein würde, die Politik der Vergangenheit weiterzuführen. Der italienische Schriftsteller Giuseppe Tomasi di Lampedusa (1896–1957) hat in seinem Roman *Il Gattopardo* (*Der Leopard,* posthum 1958) vom Leben in einem sizilianischen Fürstenhaus zwischen 1860 und 1910 erzählt und dem jungen Tancredi Falconeri dabei die Worte in den Mund gelegt: „Se vogliamo che tutto resti com'è bisogna che tutto cambi" („Wenn wir wollen, dass alles so bleibt, wie es ist, dann ist es nötig, dass sich alles verändert." Lampedusa 1958, S. 32). Damit ist die Situation nicht nur Siziliens, sondern Gesamteuropas treffend charakterisiert. In dieser historischen Situation entstand der Konservatismus – jene politische wie geschichtsphilosophische Position, in der versucht wird, das schon nicht mehr Bestehende zu bewahren. Dem Konservatismus ist von Beginn an eine Aporie mitgegeben: Er will bewahren, was längst schon in Bewegung geraten ist.

Die Entstehung des Konservatismus

9.2 Johann Gottfried Herder

Während bei Hegel die Idee der Freiheit im Mittelpunkt steht, ist es bei Herder die Idee der Humanität: „Humanität ist der Zweck der Menschen-Natur, und Gott hat unserem Geschlecht mit diesem Zweck sein eigenes Schicksal in die Hände gegeben." (Herder 1989, S. 630) Diese Formulierung aus den *Ideen zur Philosophie der Geschichte der Menschheit* (1784–91) ist Grundgedanke aller geschichtsphilosophischen Werke des protestantischen Theologen Johann Gottfried Herder (1744–1803). Die Formel hätte tautologischen Charakter, wenn Herder nicht klare Angaben machen würde, worin er das Besondere der menschlichen Natur erblickt. Der frühe Herder teilt mit vielen Aufklärungshistorikern die Vorstellung, dass es eine Analogie von Lebensalter und Geschichte gibt, sowie die Vorstellung einer in der menschlichen Natur vorhandenen Anlage, die sich in der Geschichte verwirklicht. Was Herder hingegen von anderen unterscheidet, ist sein Begriff des Menschen, der ihn seinem eigenen Verständnis nach in Opposition zu den vielen neuen Geschichtsphilosophien seiner Zeit bringt, welche an den *einen* Fortschritt glauben, der in *eine* Richtung geht. Der Mensch ist für Herder nicht nur Vernunftwesen, sondern ein fühlend wollendes Naturwesen. Mensch zu sein heißt für Herder teil-

Humanität als Ziel der Geschichte

zunehmen, mitzufühlen, mitzulieben mit anderen Menschen. Der Mensch ist als soziales Wesen geboren, es bedarf keiner nachträglichen Überlegung der Vernunft, um sich zu Anderen zu verhalten. Kein Mensch fängt von vorne an. Daher braucht Herder auch nicht wie das moderne Naturrecht seit Hobbes die Annahme eines Vertragsschlusses (>> KAPITEL 6.3), damit der Mensch mit seinen Mitmenschen zurechtkommt. Keiner kann sich allein durch den Gebrauch seiner Vernunft in der Welt orientieren. Immer schon ist der Einzelne Teil einer Kultur und abhängig von der Kultur, in der er lebt.

Auch eine Philosophie der Geschichte

In der knapp gehaltenen Streitschrift *Auch eine Philosophie der Geschichte zur Bildung der Menschheit. Beytrag zu vielen Beyträgen des Jahrhunderts* aus dem Jahr 1774 hat sich Herder am deutlichsten gegen alle monolinearen Fortschrittsgeschichten gerichtet. Er sieht, dass jede Kultur, jede Epoche zu Höchstleistungen fähig ist: „jede Nation hat ihren Mittelpunkt der Glückseligkeit in sich, wie jede Kugel ihren Schwerpunkt" (Herder 1990, S. 35). Es ist ein radikales Anerkennen des Anderen als Anderen. Es ist ein Anerkennen des besonderen Wertes der einzelnen Kulturen, der verlorenginge, wenn sich die verschiedenen Kulturen zu einer Weltkultur zusammentäten. Herder verwendet das Bild eines Baumes, um seine Idee der Geschichte verständlich zu machen:

Geschichte im Bild des Baumes

> „Nicht mehr Samenkorn, wenns Sprößling, kein zarter Sprößling mehr, wenns Baum ist. Über dem Stamm ist die Krone; wenn jeder Ast, jeder Zweig derselben Stamm und Wurzel sein wollte – wo bliebe der Baum? Orientalier, Griechen, Römer waren nur einmal in der Welt; sollten die elektrische Kette, die das Schicksal zog, nur in einem Punkte, auf einer Stelle berühren! – Wir also, wenn wir Orientalier, Griechen, Römer auf *einmal* sein wollen, sind wir zuverlässig nichts." (Herder 1990, S. 79)

Der Baum wächst in die Höhe, insofern ist Geschichte teleologisch. Es gibt eine Richtung, aber die verschiedenen Zweige stellen unterschiedliche Entwicklungen der in der menschlichen Natur angelegten Möglichkeiten dar. Herder untermauert sein Argument auch theologisch. Man solle sich den Plan Gottes nicht so vorstellen, als ob man ihn aus einer einzigen historischen Perspektive vollends durchschauen könne, zumal nicht aus der, die auf den „Philosophen oder Thronbesitzer des achtzehnten Jahrhunderts als letzte Endlinie liefe" (Herder 1990, S. 83).

Herder verwendet häufig biologische Analogien. Er macht dies nicht allein deshalb, weil sich so gleichnishaft etwas darstellen lässt, sondern weil der Mensch als Naturwesen ganz wesentlich durch seine Natürlichkeit, durch einen sympathetischen Zusammenhang mit der Natur verbunden ist. Wenn Herder von einem Sich-Einfühlen in den Anderen spricht, dann meint er keine abstrakte Verstandesoperation, sondern Teilnahme, die durch Sympathie, durch gemeinsame Teilhabe an einem größeren Ganzen möglich ist. Herders Geschichte der Menschheit ist eingebettet in eine kosmologische Geschichtsphilosophie.

Kosmologische Geschichtsphilosophie

9.3 Die Geschichtswissenschaft

Man spricht heute von Historismus auch im Sinn eines Epochenbegriffs für eine bestimmte Generation von Historikern und deren gemeinsame Ausrichtung. Der Begriff löste die Rede von einer „Deutschen historischen Schule" bzw. „Preußischen Schule" ab, die sich für eine Reihe von Historikern eingebürgert hatte. Die klassischen Darstellungen von Dilthey und Troeltsch nennen Leopold von Ranke, Wilhelm von Humboldt und Johann Gustav Droysen als wichtige Vertreter der Geschichtswissenschaft und beschränken sich auf das 19. Jahrhundert. Das hat den Vorzug, das ohnehin schon heterogene Feld zu begrenzen. Nach rein inhaltlichen Kriterien muss man aber auch Herder und Dilthey dazuzählen, wie sich im Folgenden zeigen wird. Es ist nicht ganz leicht, die Gemeinsamkeiten so herauszustellen, dass alle Autoren treffend erfasst werden.

Wer gehört zum Historismus?

Der Historiker Friedrich Meinecke hat es versucht und die Bedeutung des Individuellen betont: „Der Kern des Historismus besteht in der Ersetzung einer generalisierenden Betrachtung geschichtlich-menschlicher Kräfte durch eine individualisierende Betrachtung." (Meinecke 1936, I, S. 2) Die Entdeckung der Individualität in der Geschichte ging nach Meinecke einher mit einer Frontstellung gegen das moderne Naturrecht der Aufklärung.

Betonung des Individuellen

Die Abgrenzung gegenüber der Aufklärung hat sowohl erkenntnistheoretische als auch normative Gründe. Häufig hat man vor allem die konservative politische Gesinnung des Historismus betont, ohne zu sehen, dass seiner Kritik an den Freiheitsidealen der Aufklärung ein eigener liberaler Freiheitsbegriff zugrunde liegt, der nicht zwingend auf eine politisch konservative Position hinausläuft, wie die Arbeiten des Ideenhistorikers Isaiah Berlin (1909–97) und des Philosophen Charles Taylor (*1931) zeigen.

Kant hatte niemals in der Fremde gelebt, er hatte seinen Wohn- und Geburtsort Königsberg nicht einmal für Reisen verlassen. Herder und Wilhelm von Humboldt sind in der Welt herumgekommen und haben ganz andere Erfahrungen gemacht. Für denjenigen, der im Fremden nicht nur jemanden sieht, der auf einer niedrigeren Stufe im fortschreitenden Gang der Geschichte ist, sondern in ihm einen anderen, von der eigenen Kultur zu unterscheidenden Entwurf der menschlichen Natur erkennt, für den stellt sich das erkenntnistheoretische Problem: Wie kann der Andere in seinem Anderssein erkannt werden? Wenn alles in der Geschichte unhintergehbar individuell ist, wie kann dann dieses Individuelle erkannt werden?

Wie kann Individuelles, wie kann kulturell Anderes erkannt werden?

Das ist das *eine* starke Motiv, das Theologen, Philosophen und Historiker dazu gebracht hat, sich verstärkt um die Probleme der Hermeneutik, d. h. um eine Lehre des Verstehens zu bemühen (>> ASB JOISTEN). Hinzu kam noch ein anderer Grund. Die sich stark entwickelnden Naturwissenschaften führten zu einem immer stärker werdenden Materialismus, der als philosophische Weltanschauung auftrat und vorgab, die einzige echte Wissenschaft zu sein. Nach dieser galt (und gilt bis heute) als wissenschaftlich nur diejenige Perspektive, die dem naturwissenschaftlichen Begriff der Kausalität entspricht, d. h. der Wirkung, die Körper auf Körper haben.

Erkenntnistheoretische Grundlegung

Herder und Humboldt hatten eine Idee davon, wie das Individuelle, das Andere erfahren werden kann. Droysen, Dilthey und viele andere knüpften an diese Gedanken an (vgl. Wach 1926ff.) und systematisierten ihre Ansichten in dem Versuch einer erkenntnistheoretischen Grundlegung der historischen Wissenschaften, einem Versuch, der seit Droysens gleichnamigem Buch mit dem Namen *Historik* (1868) verbunden ist.

Wilhelm von Humboldt

Wilhelm von Humboldt (1767–1835) hat in seiner Abhandlung *Über die Aufgabe des Geschichtschreibers* (1822) die streng erkenntnistheoretische Frage nach den Bedingungen der Möglichkeit, den Anderen zu verstehen, gestellt. Als Bedingung der Möglichkeit nennt er ein „Analogon des nachher wirklich Begriffenen". Nur wenn es eine „vorhergängige, ursprüngliche Übereinstimmung zwischen dem Subjekt und Objekt" gibt, ist es überhaupt möglich, dass das, was wir verstehen, mit dem zu Verstehenden übereinstimmt (Humboldt 1917, S. 32). Der hermeneutische Zirkel, den Humboldt hier behauptet, gründet in einer Anthropologie. Menschen können sich verstehen, weil sie sich ähnlich sind:

Hermeneutischer Zirkel

> „Wo zwei Wesen durch eine gänzliche Kluft getrennt sind, führt keine Brücke der Verständigung von einem zum andern, und um sich zu verstehen, muß man sich in einem andern Sinn schon verstanden haben." (Humboldt 1917, S. 32)

Es ist möglich, das historisch bzw. kulturell Fremde zu verstehen, da wir als Menschen, als Mitglieder der gleichen Gattung, alle Anlagen der einen menschlichen Natur in uns tragen. Weil das, was uns in der „Sinnenwelt" gegeben ist, weil die Welt der Körper keinen Aufschluss über den Lauf der Geschichte gibt, muss der Historiker wie der Dichter schöpferisch tätig werden. Geschichtsschreibung ist Kunst, und wie die künstlerische ist auch die historische Darstellung „Nachahmung der Natur". Philosophie strebt nach dem Grund der Dinge, die Kunst nach dem Ideal der Schönheit, die Geschichte nach „dem Bilde des Menschenschicksals in treuer Wahrheit" (Humboldt 1917, S. 23). Das Ziel der Geschichte muss „die Verwirklichung der durch die Menschheit darzustellenden Idee sein, nach allen Seiten hin und in allen Gestalten, in welchen sich die endliche Form mit der Idee zu verbinden vermag" (Humboldt 1917, S.41).

Humboldt hat die Erfahrung des Anderen als einen schöpferischen Prozess beschrieben, den er manchmal als Verstehen bezeichnet. In einem ausgezeichneten Sinn wird der Begriff allerdings erst von Johann Gustav Droysen (1808–84) verwendet, der in seiner *Historik* (1868) das Verstehen zum zentralen Begriff macht: „Das Wesen der historischen Methode ist forschend zu verstehen" (Droysen 1977, S. 9). Diese allgemeine Formel ist doppeldeutig, denn Droysen verwendet den Begriff *Verstehen* in zweierlei Sinn. Zum einen bedeutet Verstehen den elementaren Prozess des Auffassens fremden Seelenlebens bzw. seiner Zeugnisse. Wie Humboldt nimmt Droysen etwas Gemeinsames an, das dieses Auffassen überhaupt erst möglich macht: „Die Möglichkeit des Verstehens besteht in der uns kongenialen Art der Äußerungen, die als historisches Material vorliegen." (Droysen 1977, S. 424) Wir können den Anderen verstehen, indem wir das, was der Andere denkt und fühlt, nachbilden:

Johann Gustav Droysen

Verstehen als Prozess des Auffassens

> „Die Möglichkeit des Verstehens ist dadurch bedingt, dass die geistig-sinnliche Natur des Menschen jeden inneren Vorgang zu sinnlicher Wahrnehmbarkeit äussert, in jeder Aeusserung innere Vorgänge spiegelt. Wahrgenommen erregt die Aeusserung, sich in das Innere des Wahrnehmenden projizierend, den gleichen inneren Vorgang. Den Schrei der Angst vernehmend, empfinden wir die Angst des Schreienden u. s. w." (Droysen 1977, S. 423).

Verstehen heißt verstehen, wie etwas geworden ist

Zum anderen meint Verstehen die übergreifende Tätigkeit, das Verstandene in einen Zusammenhang zu bringen, in eine „Kontinuität, in der die ganze Reihe durchlebter Gestaltungen sich zu fortschreitenden Ergebnissen summiert und jede der durchlebten Gestaltungen als ein Moment der werdenden Summe erscheint". Die Kontinuität wird erkennbar, indem wir verstehen: „Es ist keine Frage, daß wir das, was ist, verstehen, wenn wir erkennen, wie es geworden ist“ (Droysen 1977, S. 162). Das Eigentümliche dieses Begriffs von Verstehen wird deutlich, wenn man das Verstehen von einem rein rationalen Begreifen abhebt: Verstehen heißt verstehen, wie etwas geworden ist (vgl. Schnädelbach 1987). Der normative Gehalt einer Idee, so könnte man diesen Gedanken zu erläutern versuchen, wird nicht durch abstrakte Überlegung und Vernunfteinsicht verständlich, sondern wenn wir die Geschichte dieser Idee erzählen und so verstehen. Droysen wendet sich gegen die „Lehre von den angebornen Menschenrechten“, weil diese ihre eigenen Prämissen überspringt: Der Mensch ist nicht das abstrakte Individuum, kein Molekül, das zusammen mit anderen die Menschheit bildet, sondern immer schon eingebettet in Familie, Volk, Staat etc. (vgl. Droysen 1977, S. 28). Weil die Einsicht in sittliche Gehalte nicht Ergebnis abstrakter Vernunfttätigkeit ist, sondern das Verstehen der Geschichte der sittlichen Vorstellungen verlangt, kann Droysen sagen: Die Ethik fordert die Historik, Geschichtsphilosophie ist Ethik.

Leopold von Ranke

Leopold von Ranke (1795–1886) hat sich weniger ausführlich als Humboldt und Droysen mit erkenntnistheoretischen Fragen beschäftigt. Ausgesprochen interessant sind jedoch seine Versuche, das Verhältnis von Philosophie und Geschichtsschreibung zu bestimmen:

> „Es ist oft ein gewisser Widerstreit einer unreifen Philosophie mit der Historie bemerkt worden. Aus apriorischen Gedanken hat man auf das geschlossen, was da sein müsse. Ohne zu bemerken, daß jene Gedanken vielen Zweifeln ausgesetzt seien, ist man daran gegangen, sie in der Historie der Welt wieder zu suchen. Aus der unendlichen Menge der Tatsachen hat man alsdann diejenigen ausgewählt, welche jene zu beglaubigen schienen. Dies hat man wohl auch Philosophie der Geschichte genannt.“ (Ranke 1925, S. 60)

Ranke wendet sich gegen alle philosophischen Versuche, die Idee des Fortschritts von außen an die Geschichte heranzutragen. Seine Argumente sind nicht nur die des Historikers. Die Vorstellung eines festen Zieles der Geschichte sei philosophisch nicht annehmbar, weil es dann keine Freiheit gebe und die Menschen zu willenlosen Werkzeugen herabgewürdigt würden.

Aber auch als Historiker lehnt Ranke diese Vorstellung ab. In jeder Epoche der Menschheit äußern sich bestimmte große Tendenzen, bald gewinnt die eine, bald die andere Oberhand. Fortschritt ist immer nur die Entwicklung einer Tendenz. Einen Maßstab lehnt er ab:

„Ich aber behaupte: jede Epoche ist unmittelbar zu Gott, und ihr Wert beruht gar nicht auf dem, was aus ihr hervorgeht, sondern in ihrer Existenz selbst, in ihrem eigenen Selbst." Allenfalls in Hinsicht auf die materiellen Interessen könne man einen Fortschritt feststellen, „in moralischer Hinsicht läßt sich der Fortschritt nicht verfolgen". Allerdings, so schränkt Ranke ein, können die moralischen Ideen fortschreiten, auch könne man behaupten, dass heutzutage mehr Menschen die großen Werke der Kunst genießen als früher, „aber es wäre lächerlich, ein größerer Epiker sein zu wollen als Homer, oder ein größerer Tragiker als Sophokles" (Ranke 1925, S. 61f.). Für Ranke geht der Streit zwischen den Alten und den Modernen in der Kunst eindeutig zu Gunsten der Alten aus.

Jede Epoche ist gleich nah zu Gott

9.4 Wilhelm Dilthey

Wilhelm Diltheys (1833–1911) Beiträge zur Geschichtsphilosophie sind vielfältig. Auf der einen Seite hat er die von Droysen begonnene Lehre des Verstehens weiterentwickelt und in seinem Versuch einer *Kritik der historischen Vernunft* (so der Titel eines geplanten, aber unvollendeten Werkes) die Unterscheidung von Erklären und Verstehen in einer Weise herausgearbeitet, die bis heute Gegenstand zahlreicher Grundsatzdiskussionen in der Philosophie ist. Auf der anderen Seite hat er die von Herder über Ranke laufende Lehre der sich in der Geschichte verwirklichenden menschlichen Natur weiterentwickelt.

Dilthey profiliert den Begriff des Verstehens, indem er ihn scharf von der Form der Erkenntnis abgrenzt, die in den Naturwissenschaften üblich ist. In den *Ideen über eine beschreibende und zergliedernde Psychologie* (1894) heißt es in diesem Sinn: „Die Natur erklären wir, das Seelenleben verstehen wir" (Dilthey 1924, S. 144). An diese Unterscheidung schließt Dilthey die Unterscheidung von Natur- und Geisteswissenschaften an. In den Naturwissenschaften erklären, in den Geisteswissenschaften verstehen wir. Dilthey betont, dass es sich nicht primär um unterschiedliche Methoden handelt, sondern um unterschiedliche Zugangsweisen. Die „Unterscheidung in Natur- und Geisteswissenschaften" ist „von dem Unterschiede des Inhaltes, nicht von dem der Erkenntnisweise, bestimmt" (Dilthey 1895 / 96, S. 252).

Verstehen und Erklären

Es ist ein sehr eigentümlicher cartesianischer Begriff von Natur, den Dilthey hier verwendet: Die Naturwissenschaften sind die Wissenschaften von den Körpern, von der *res extensa*, d. h. nach diesem Begriff gibt es eigentlich keine belebte, lebendige Natur, denn das Lebendige ist immer mehr, als die Rede von bloßen Körpern suggeriert. Die Naturwissenschaftler beschäftigen sich mit den Wirkungen, die Körper auf Körper haben. Unter gleichen Bedingungen sind die Wirkungen immer dieselben. Daher lassen sie sich als Gesetze beschreiben, die man empirisch überprüfen kann. Die Vorgehensweise der Naturwissenschaften ist verallgemeinernd. Das Prinzip der Erklärung ist das von Ursache und Wirkung, genannt Kausalität.

Ganz anders gehen wir vor, wenn wir verstehen, d. h. wenn wir die geistigen Gehalte, wenn wir die Gefühle von Menschen auffassen.

Erlebnis – Ausdruck – Verstehen

Dilthey nimmt einen Dreischritt an: *Erlebnis – Ausdruck – Verstehen*. Verstehen setzt immer am Verhalten an:

> „So ist überall der Zusammenhang von Erleben, Ausdruck und Verstehen das eigene Verfahren, durch das die Menschheit als geisteswissenschaftlicher Gegenstand für uns da ist. Die Geisteswissenschaften sind so fundiert in diesem Zusammenhang von Leben, Ausdruck, Verstehen. Hier erst erreichen wir ein ganz klares Merkmal, durch welches die Abgrenzung der Geisteswissenschaften definitiv vollzogen werden kann. Eine Wissenschaft gehört nur dann den Geisteswissenschaften an, wenn ihr Gegenstand uns durch das Verhalten zugänglich wird, das im Zusammenhang von Leben, Ausdruck und Verstehen fundiert ist." (Dilthey 1927, S. 87)

Elementares und höheres Verstehen

Dilthey unterscheidet zwei Formen des Verstehens: elementares Verstehen und höheres Verstehen. Alles elementare Verstehen ist Ausdrucksverstehen, das möglich ist, weil wir die Gemütszustände Anderer unmittelbar, d. h. ohne den Umweg eines Analogieschlusses verstehen können. Anfänglich hatte auch Dilthey den Vorgang des Verstehens als ein Hineinverlegen des eigenen Ich in den Anderen beschrieben. Später modifizierte er seine Position, weil er die Schwierigkeiten der Theorie Droysens erkannte: Wenn Verstehen eine Einfühlung in einem wörtlichen Sinn meint, dann versteht man am Ende nicht den Anderen, sondern immer nur sich selbst. Dilthey hat daher den Vorgang des elementaren Verstehens als unmittelbares, quasi instinktives Auffassen beschrieben, das möglich ist, weil es ein sympathisches Band zwischen den Menschen gibt.

Dilthey verfasste eine große Zahl an ideengeschichtlichen Untersuchungen, die zusammengenommen die vielleicht umfassendste Geschichte der Herausbildung des modernen Geistes ausmachen. Seine eigene materiale Geschichtsphilosophie, quasi eine Synthese aus den

Weltanschauungstypologie

rein historischen Arbeiten, ist der Versuch einer Typologie der verschiedenen Weltanschauungen: *Die Typen der Weltanschauung und ihre Ausbildung in den metaphysischen Systemen* (1911). Vergleicht man die verschiedenen Weisen, wie sich die Menschen in der Geschichte in der Welt orientiert haben, dann zeigt sich, so Dilthey, dass es nicht beliebig viele Möglichkeiten gibt, die Welt zu denken und zu erfahren. Dilthey unterscheidet den Naturalismus, den Idealismus der Freiheit und den objektiven Idealismus. Alle drei seien nicht Erzeugnisse des Denkens, sondern Ausgestaltungen des Lebens. Der Versuch, zwischen diesen Weltanschauungen zu vermitteln, führt auf Aporien, die dem Skeptizismus starke Motive geben, was Dilthey nicht möchte, letztlich aber forciert: Keine Hoffnung zeigt sich, daß eine Entscheidung unter ihnen herbeigeführt werden könnte. Jede der Weltanschauungen ist historisch entstanden und daher begrenzt und relativ: „Eins dieser Systeme schließt das andere aus, eins widerlegt das andere, keines vermag sich zu beweisen" (Dilthey 1911, S. 3f.).

Kritik an Dilthey

Nicht ganz zu Unrecht hat man Dilthey vorgeworfen, dass sein Denken in einen haltlosen Relativismus führen würde, da es keine Maßstäbe mehr gebe, die für oder wider das eine oder andere System sprächen. Dilthey hat das Problem selbst gesehen. In der berühmten Rede, die er an seinem 70. Geburtstag 1903 hielt, gestand er seine Ratlosigkeit angesichts der Ergebnisse seiner durch und durch historisierenden Perspektive ein:

> „Die geschichtliche Weltanschauung ist die Befreierin des menschlichen Geistes von der letzten Kette, die Naturwissenschaft und Philosophie noch nicht zerrissen haben – aber wo sind die Mittel, die Anarchie der Überzeugungen, die hereinzubrechen droht, zu überwinden? An der Auflösung der Probleme, welche an dieses sich in langer Reihe anschließen, habe ich mein Leben lang gearbeitet. Das Ziel sehe ich. Wenn ich auf dem Wege liegen bleibe – so hoffe ich, werden ihn meine jungen Weggenossen, meine Schüler zu Ende gehen." (Dilthey 1904, S. 221)

Fragen und Anregungen

- In welchem Verhältnis stehen Geschichtswissenschaft und Philosophie im Historismus?
- Was unterscheidet den Historismus von Hegel, wo setzt seine Kritik an Hegel an?
- Überlegen Sie, was der Historismus für die Geschichtswissenschaft, für die Theologie und für die Philosophie bedeutet und inwiefern sich die Entwicklungen in den drei Disziplinen unterscheiden oder ähneln.

- In welchem Zusammenhang stehen erkenntnistheoretische und normative Aussagen des Historismus?

Lektüreempfehlungen

Quellen

- **Wilhelm Dilthey: Der Aufbau der geschichtlichen Welt in den Geisteswissenschaften**, Leipzig 1927.
- **Johann Gustav Droysen: Historik.** Historisch-kritische Ausgabe, hrsg. von Peter Leyh, Bd. 1: Rekonstruktion der ersten vollständigen Fassung der Vorlesungen (1857). Grundriß der Historik in der ersten vollständigen Fassung der Vorlesungen (1857 / 58) und in der letzten gedruckten Fassung (1882), Stuttgart-Bad Cannstatt 1977.
- **Johann Gottfried Herder: Auch eine Philosophie der Geschichte zur Bildung der Menschheit. Beitrag zu vielen Beiträgen des Jahrhunderts** [1774], Stuttgart 1990.
- **Wilhelm von Humboldt: Über die Aufgabe des Geschichtschreibers** [1822], in: ders., Ausgewählte Werke, Berlin 1920, S. 19–43.

Forschung

- **Georg Iggers: Deutsche Geschichtswissenschaft. Eine Kritik der traditionellen Geschichtsauffassung von Herder bis zur Gegenwart,** München 1976 (englisches Original 1967). *Ideologiekritische Untersuchung der Zusammenhänge von philosophischen, theologischen, methodologischen und politischen Ansichten der wichtigsten Historiker des Historismus.*
- **Herbert Schnädelbach: „Etwas Verstehen heißt Verstehen, wie es geworden ist" – Variationen über eine hermeneutische Maxime,** in: ders., Vernunft und Geschichte, Frankfurt a. M. 1987, S. 125–151. *Diskutiert die rein philosophischen Implikationen der hermeneutischen Lehre.*
- **Albert Schweitzer: Von Reimarus zu Wrede. Geschichte der Leben-Jesu-Forschung,** Tübingen 1906. *Immer noch maßgeblicher Überblick der Entwicklung der protestantischen Theologie im 19. Jahrhundert.*
- **Joachim Wach: Das Verstehen. Grundzüge einer hermeneutischen Theorie im 19. Jahrhundert,** 3 Bde., Tübingen 1926, 1929, 1933. *Monumentale ideengeschichtliche Untersuchung, die den hermeneutischen Lehren von Theologen, Historikern und Philosophen nachgeht.*

10 Marxismus und Positivismus

Abbildung 14: Die *11. Feuerbachthese* von Karl Marx im Foyer der Humboldt-Universität zu Berlin (aus Karl Marx: *Thesen ad Feuerbach*, 1845/88) (seit 1953)

Im November 1952 beschloss das Zentralkomitee der Sozialistischen Einheitspartei Deutschlands (SED), das Jahr 1953 in der DDR zum Karl Marx-Jahr auszurufen, da in diesem Jahr der 135. Geburtstag und der 70. Todestag des Philosophen zusammenfielen. Die Feierlichkeiten fanden an Marx' Geburtstag, am 5. Mai 1953, an der Humboldt-Universität zu Berlin statt. Zu Marx' Ehren wurde eine Büste im Foyer des Hauptgebäudes Unter den Linden aufgestellt. Außerdem wurde im Aufgang, der vom Foyer in den ersten Stock des Gebäudes führt, die 11. These aus den berühmten „Thesen ad Feuerbach" so angebracht, dass sie für alle Eintretenden unmittelbar sichtbar ist. Sie steht in goldenen Lettern auf rotem Marmor, der, wie erst nach 1989 bekannt wurde, aus den Trümmern von Hitlers Reichskanzlei stammt. Man wählte allerdings nicht die ursprüngliche Fassung, die sich in Marx' Manuskripten findet („Die Philosophen haben die Welt nur verschieden interpretiert, es kömmt darauf an, sie zu verändern", 1845), sondern die später von Friedrich Engels edierte und bekannt gewordene Version: „Die Philosophen haben die Welt nur verschieden interpretiert, es kommt aber darauf an, sie zu verändern" (1888). Nach dem Ende der DDR gab es zu Beginn der 1990er-Jahre Bestrebungen, die These zu entfernen. Der Vorschlag konnte sich nicht durchsetzen (Gerhardt 1992).

Keine andere politische Theorie, kein anderer geschichtsphilosophischer Gedanke hatte eine ähnlich direkte durchschlagende Wirkung wie das von Karl Marx und seinem Freund Friedrich Engels entwickelte Gedankengebäude. In allen europäischen und sehr vielen außereuropäischen Ländern versuchten Anhänger, einen sozialistischen bzw. kommunistischen Staat zu errichten. In zahlreichen Fällen ist dies gelungen. Zuerst 1917 in Russland, danach in vielen anderen Ländern der Welt. Wie immer man auch die Marx'sche Theorie beurteilt, eines steht fest: Sie hat die Welt verändert. Vergleicht man den Marxismus mit anderen Theorien, so fällt auf, dass es abgesehen von Auguste Comtes etwa zeitgleich entstandenen Positivismus keine andere Theorie gab, zu deren Selbstverständnis die unmittelbare politische Umsetzung gehörte. Auch Comte glaubte an die Möglichkeit und Notwendigkeit der Einheit von Theorie und Praxis. Die Wirkung des Positivismus blieb allerdings weit hinter der des Marxismus zurück.

10.1 Hegels Dialektik als Voraussetzung

Jede Beschäftigung mit den Ansichten über Geschichte – sei es den Ansichten, die eine einzelne Epoche entwickelt hat, sei es den Ansichten, die einzelne Autoren entwickelt haben – steht vor einem grundlegenden Problem. Auf der einen Seite haben geschichtsphilosophische Theorien diagnostischen Charakter: Sie stellen fest, was bisher in der Geschichte passiert ist, und arbeiten dann heraus, warum das, was passiert ist, passieren konnte bzw. passieren musste. Auf der anderen Seite haben geschichtsphilosophische Theorien aber bereits ihre Wirkung bzw. Verwirklichung im Blick: Wenn Luther im Papst den Antichrist erkennt, dann bedeutet das, dass sich die biblische Prophetie als richtig erwiesen hat. Hegel konnte im preußischen Staat das Ziel der Geschichte erkennen, weil er annahm, dass das Ziel der Geschichte erst in dem Moment, in dem es verwirklicht ist, erkannt werden kann.

Geschichtsphilosophie zwischen Diagnose und Wirkung

Das Beispiel Hegel

In der *Vorrede* zu seiner *Rechtsphilosophie* (1820) hat Hegel diesen Gedanken ausführlich entwickelt: Es sei überhaupt nicht die Aufgabe der Philosophie, den Staat zu belehren, was sein soll, sie habe vielmehr darzulegen, wie der Staat als sittliches Universum erkannt werden soll. Philosophie ist „ihre Zeit in Gedanken erfaßt", Philosophie kann immer nur zu spät kommen. Denn erst wenn sich die Idee in der Welt verwirklicht hat, kann sie begriffen werden:

> „Wenn die Philosophie ihr Grau in Grau malt, dann ist eine Gestalt des Lebens alt geworden, und mit Grau in Grau läßt sie sich nicht verjüngen, sondern nur erkennen; die Eule der Minerva beginnt erst mit der hereinbrechenden Dämmerung ihren Flug." (Hegel 1955, S. 15ff.)

Da die Geschichte nun an ihr Ende gekommen ist, gibt es keine unbestimmte Zukunft mehr. Es lässt sich nicht mehr sinnvoll danach fragen, wohin die Geschichte der Menschheit steuert. Es ist nicht verwunderlich, dass diese These Hegels bald keine Plausibilität mehr hatte. Und hatte Hegel nicht auch gesagt, dass das Vernünftige, als das Wirkliche, in „einem unendlichen Reichtum von Formen, Erscheinungen und Gestaltungen" hervortritt? (Hegel 1955, S. 15ff.)

Zyklische Vorstellungen

Für die Anhänger zyklischer Vorstellungen folgten aus der Geschichtsschreibung und der Bestimmung des Zeitpunktes der Gegenwart stets Anregungen für die Zukunft. Aus der Geschichte konnte man lernen – was genau man aus ihr lernen konnte, hing natürlich davon ab, wie man die bisherige Geschichte konzipierte. Der auch prognostische Charakter zyklischer Vorstellungen von Geschichte liegt auf der Hand.

Geschichtsphilosophie und Zukunftsprognose

Nach der *Querelle des Anciens et des Modernes* (→ KAPITEL 7.2) entwickelte sich die Idee des Fortschritts aus der antiken Idee der Perfektibilität. Der Fortschritt, so dachte man jetzt, könne zu immer perfekteren Leistungen und Zuständen führen. Die Zukunft kann immer wieder die Gegenwart übertreffen. Damit war ein neuer utopischer Horizont eröffnet. Philosophie der Geschichte wurde prophetisch: Es galt die Zukunft zu erklären. Seit die Geschichtsphilosophie einen mehr oder weniger kontinuierlichen Fortschritt behauptet, steht sie in einer ambivalenten Spannung. Auf der einen Seite prognostiziert sie, was ohnehin passieren wird, auf der anderen Seite ist jede Prognose implizit oder explizit mit dem Appell verbunden, sich in dieser oder jener Weise zu verhalten, damit die Geschichte sich auch in die Richtung entwickle, die schon prognostiziert wurde.

Hegels Dialektik

Ein Problem aber blieb ungelöst: Wenn der Zug der Geschichte am Ende zu immer größerem Fortschritt führt, wie konnte es dann sein, dass es für die Wissenschaften und Künste nach dem antiken Höhenflug so rüde bergab gegangen war, dass die Wissenschaften und Künste jahrhundertelang brachlagen? Hier kam nun Hegel und löste das Problem durch eine dialektische Perspektive. Diese Denkfigur erlaubte es, Verfall und Niedergang als jeweils notwendiges Ende eines Schrittes im Prozess der Geschichte aufzufassen. Die linkshegelianische Kritik richtete sich nur gegen Hegels These, die Geschichte sei bereits zu Ende. Die Idee der Dialektik hingegen bildet den gemeinsamen Ausgangspunkt aller an Hegel anschließenden Kritiker der bestehenden Verhältnisse.

10.2 Die Lehre von Karl Marx und Friedrich Engels

Vorläufer

Vor allem in Frankreich und England hatte sich schon vor der Französischen Revolution 1789 ein Denken entwickelt, das man heute als Frühsozialismus bezeichnet. Die beginnende Industrialisierung hatte an verschiedenen Orten zu einem Klima sozialer Unruhe geführt. Charles Fourier und Saint-Simon in Frankreich sowie Robert Owen in England forderten mehr Rechte für die Mitglieder der unteren Schichten. Karl Marx (1818–83) und Friedrich Engels (1820–95) setzten dieses Denken fort, radikalisierten es und gaben ihm eine eigene Prägung und eine sehr prägnante Gestalt, indem sie die Hegelsche Dialektik aufnahmen, aber ihre idealistische Grundlage zu einer historisch-materialistischen machten, sie also quasi ‚vom Kopf auf die Füße stellten'.

Wo setzt das Denken von Marx und Engels an? Das ist keine leichte Frage. In der *Deutschen Ideologie* (1846) sagt Marx: „Wir kennen nur eine einzige Wissenschaft, die Wissenschaft der Geschichte" (Marx 1953, S. 346). Das bedeutet, es gibt keine Werte außerhalb der Geschichte. Alle Normativität ist aus der Geschichte zu gewinnen. Wozu aber dient die Wissenschaft der Geschichte? Sie dient dazu, nicht nur die Möglichkeit, sondern auch die Notwendigkeit der Veränderung zu zeigen, sie ist selbst notwendiger Schritt auf dem Weg zur Revolution. Marx' Philosophie ist durch und durch praktische Geschichtsphilosophie.

Wissenschaft der Geschichte

Eine hermeneutische Rekonstruktion, die das Denken von Marx und Engels in den Kontext ihrer Vorgänger, Zeitgenossen und Nachfolger rücken möchte, steht vor einem Problem: Zahlreiche wichtige Frühschriften von Marx sind erst in den 1920er-Jahren veröffentlicht worden. Sie dürfen also nicht herangezogen werden, wenn es darum geht, herauszuarbeiten, mit welchen Lehren Marx und Engels ihre große Wirkung auf ihre Zeitgenossen entfalteten. Als Ausganspunkt eignet sich daher das *Manifest der kommunistischen Partei*. Es erschien am 21. Februar 1848 in deutscher Sprache im Londoner Exil und wurde umgehend in alle wichtigen europäischen Sprachen übersetzt. „Ein Gespenst geht um in Europa – das Gespenst des Kommunismus." Mit diesen berühmten Worten eröffnen Marx und Engels ihre Kritik der Zustände der Gegenwart. Am Ende steht die Aufforderung zur Revolution, zum aktiv herbeizuführenden Umsturz, keiner bloßen Revolution in den Köpfen: „Die Proletarier haben nichts in ihr zu verlieren als ihre Ketten. Sie haben eine Welt zu gewinnen. *Proletarier aller Länder, vereinigt euch*!" (Marx / Engels 1953, S. 560)

Manifest der kommunistischen Partei

Die politische Agitation ist eingebettet in die Geschichtsphilosophie. Marx und Engels bestimmen den Ort der Gegenwart im Verlauf der gesamten Menschheitsgeschichte. Alle bisherige Geschichte war eine Geschichte von Klassenkämpfen. So weit die Geschichte zurückreicht, bestehen Unterschiede der Klassen bzw. Stände. In Rom waren es Patrizier, Ritter, Plebejer und Sklaven, im Mittelalter Feudalherren, Vasallen, Zunftbürger, Gesellen und Leibeigene. Mit dem Übergang von der feudalen Gesellschaft zur modernen bürgerlichen Gesellschaft wurden die Unterschiede auf zwei einander gegenüberstehende Klassen reduziert: Bourgeoisie und Proletariat. Die Bourgeoisie hatte ihre geschichtliche Notwendigkeit. Sie zerstörte das Feudalsystem. An die Stelle einer in politische und religiöse Ideen

Politische Agitation und Geschichtsphilosophie

Die Bourgeoisie

gehüllten Ausbeutung setzte sie die „offene, unverschämte, direkte, dürre Ausbeutung“ (Marx / Engels 1953, S. 528). Sie konnte mit einer unheimlichen Dynamik alles bisher Bestehende niederringen und durch neue Verhältnisse ersetzen. Garant ihres Siegeszuges waren die modernen Produktionstechniken, die möglich wurden einerseits durch technische Entwicklungen, welche die klassischen Manufakturbetriebe ersetzten, andererseits durch die Entstehung einer neuen sozialen Klasse, des Proletariats, das sich von der Bourgeoisie ausbeuten lässt. Ausbeutung bedeutet, dass der Arbeiter wie eine Ware behandelt wird. Der Preis, den der Proletarier für seine Arbeit erhält, entspricht genau der Geldmenge, die er braucht, um sein Leben zu erhalten. Die verschiedenen Entwicklungsstufen, die die Bourgeoisie durchläuft, beschreiben Marx und Engels als Fortschritt, weil sie notwendige Schritte im Verlauf der Geschichte der Menschheit sind.

Bedeutung der sozioökonomischen Strukturen

Was aber treibt überhaupt die Geschichte der Menschheit voran? Es sind, so Marx und Engels, die sozioökonomischen Strukturen, die sich stets verändern und denen dann neue Ideen folgen: „Was beweist die Geschichte der Ideen anders, als daß die geistige Produktion sich mit der materiellen umgestaltet?“ (Marx / Engels 1953, S. 545f.).

Ziel der Geschichte

Ziel ist eine Umgestaltung der Gesellschaft, die alle Klassengegensätze aufhebt. Dieses Ziel soll erreicht werden, indem alle Grundbesitzer enteignet und alle Fabriken sowie Produktionsmittel, d. h. Maschinen etc., verstaatlicht werden. Wenn im Lauf der Entwicklung alle Klassengegensätze überwunden sind, zeigt sich das eigentliche Ziel der Geschichte: „An die Stelle der alten bürgerlichen Gesellschaft mit ihren Klassen und Klassengegensätzen tritt eine Assoziation, worin die freie Entwicklung eines jeden die Bedingung für die freie Entwicklung aller ist.“ (Marx / Engels 1953, S. 548) Am Ende steht also eine anthropologische Auffassung vom Menschen, die in formaler Hinsicht zahlreiche Vorläufer in der Geschichte hat: Es geht um die Selbstverwirklichung der in der menschlichen Natur angelegten Talente, um die Verwirklichung der individuellen Natur des Menschen in der Gemeinschaft.

Im *Manifest der kommunistischen Partei* sind alle wichtigen Ideen von Marx und Engels bereits ausgesprochen. Sie wurden jedoch in anderen Schriften ausführlicher dargelegt – und werden im Folgenden in systematischer Perspektive, d. h. quer durch die Werke, vorgestellt.

Historischer Materialismus

Die methodologische bzw. erkenntnistheoretische Seite der marxistischen Theorie der Geschichte wird als Historischer Materialismus (häufig abgekürzt als Histomat) bezeichnet. Der Ausdruck ist, worauf immer wieder hingewiesen wurde, etwas missverständlich, denn es handelt sich nicht um einen naturalistischen Materialismus, der nur die Wirkungen von Körper auf Körper kennt. Materialismus bedeutet hier Realismus und Empirismus, strikte Orientierung an den sozialen und ökonomischen Fakten, an den Lebensbedingungen der Menschen. Man hat die Grundthese auch als Basis-Überbau-Lehre bezeichnet, eine Redewendung, die auf die klassische Formulierung der Lehre zurückgeht, die Marx im Vorwort zur *Kritik der politischen Ökonomie* (1859) gegeben hat.

> „Das allgemeine Resultat, das sich mir ergab und, einmal gewonnen, meinen Studien zum Leitfaden diente, kann kurz so formuliert werden: In der gesellschaftlichen Produktion ihres Lebens gehen die Menschen bestimmte, notwendige, von ihrem Willen unabhängige Verhältnisse ein, Produktionsverhältnisse, die einer bestimmten Entwicklungsstufe ihrer materiellen Produktivkräfte entsprechen. Die Gesamtheit dieser Produktionsverhältnisse bildet die ökonomische Struktur der Gesellschaft, die reale Basis, worauf sich ein juristischer und politischer Überbau erhebt und welcher bestimmte gesellschaftliche Bewußtseinsformen entsprechen. Die Produktionsweise des materiellen Lebens bedingt den sozialen, politischen und geistigen Lebensprozeß überhaupt. Es ist nicht das Bewußtsein der Menschen, das ihr Sein, sondern umgekehrt ihr gesellschaftliches Sein, das ihr Bewußtsein bestimmt." (Marx 1859, S. 15)

Gerät auf irgendeiner Stufe der Entwicklung die materielle Seite, d. h. die Basis, in Widerspruch mit den Produktionsverhältnissen, also mit den Eigentumsverhältnissen, so entstehen soziale Spannungen, die zu einer sozialen Umwälzung führen. Diese ist jeweils von einer Veränderung des Überbaus begleitet, d. h. von neuen juristischen, politischen, religiösen, künstlerischen oder religiösen Formen. Stets entsteht das individuelle Bewusstsein aus den Widersprüchen der faktischen Lebensbedingungen. Das ist auch eine Absage an die Philosophie: „Die selbständige Philosophie verliert mit der Darstellung der Wirklichkeit ihr Existenzmedium" (Marx 1953, S. 350). Noch kritischer ist die Beziehung zur Religion: Religion ist Opium für das Volk, religiöse Ideen sind für Marx und Engels Ideen, die der Unterdrückung der Menschen dienen und in dem Moment überwunden werden, in dem die Klassengesellschaft aufgehoben wird. Marx und Engels sind Atheisten.

Verhältnis zu Philosophie und Religion

Über den immer stärker werdenden weltanschaulichen Materialismus der 1840er- und 1850er-Jahre äußern sich Marx und Engels durchweg kritisch, weil dieser letztlich kein Verhältnis zur Geschichte entwickeln kann. Anders sieht es mit der seit Charles Darwins *Ori-*

Verhältnis zu Materialismus und Darwin

gin of Species von 1859 immer populärer werdenden Entwicklungsbiologie aus, die starke Impulse auf das historische Denken ausübt. Bei der Beerdigung von Marx verglich Engels die Leistungen der beiden Männer: „Wie Darwin das Gesetz der Entwicklung der organischen Natur, so entdeckte Marx das Entwicklungsgesetz der menschlichen Geschichte“ (Engels 1962a, S. 335).

Dialektischer Materialismus

Der *historische* Materialismus nennt sich dort *dialektischer* Materialismus, wo es jeweils um das Umschlagen von einer niederen Stufe der Entwicklung zu einer höheren geht. Bei Marx und Engels ist es nicht wie bei Hegel die Selbstbewegung des Geistes, die bestimmte Zickzackbewegungen machen muss. Die begriffene Dialektik ist nur „der bewußte Reflex der dialektischen Bewegung der wirklichen Welt“, weshalb Engels sagen kann, dass „die Hegelsche Dialektik auf den Kopf, oder vielmehr vom Kopf, auf dem sie stand, wieder auf die Füße gestellt“ wurde (Engels 1962c, S. 293). Als Beispiel bietet sich die letzte Phase in der Entwicklung der Geschichte an: Zunächst bildet sich eine neue Klasse, die Bourgeoisie, die das Feudalsystem beendet. Zusammen mit ihr entsteht notwendigerweise die Arbeiterklasse, das Proletariat, das sich an einem bestimmten Punkt auflehnt und durch die Revolution den Antagonismus der Klassen aufhebt. Es finden sich also alle Momente der klassischen Verlaufsfigur der Dialektik: These (Herrschaft der Bourgeoisie), Antithese (Revolution des Proletariats) und Synthese (klassenlose Gesellschaft).

Die sich mit Notwendigkeit vollziehende Entwicklung der Geschichte wäre letztlich jedoch unverständlich, wenn man sie nicht auch von einer anderen Seite betrachten würde. Dem Gang der Geschichte entsprechen bestimmte Stufen der Entfremdung. Solange der Mensch nicht in der klassenlosen Gesellschaft lebt, ist er notwendig

Entfremdung

entfremdet. Erst in der klassenlosen Gesellschaft würde diese Entfremdung aufgehoben und der Mensch würde sich durch seine Arbeit verwirklichen. Unter den Bedingungen der kapitalistischen Produktionsweise muss der Fabrikarbeiter nicht verstehen, wie die Maschine funktioniert, bei der er nur ein Rädchen montiert. Aber solange er sie nicht versteht, tritt sie ihm als Fremdes gegenüber und verdinglicht ihn insofern, als sein Beitrag ein bloßer Tauschwert ist und er in seiner Tätigkeit auf seinen Beitrag zum Profit des Unternehmers reduziert wird. Solange die Arbeitsteilung nicht freiwillig ist, sondern naturwüchsigen Sachzwängen entspringt, erlebt der Mensch seine eigene Arbeit als ihm fremd, er fühlt sich unterjocht.

> „Sowie nämlich die Arbeit verteilt zu werden anfängt, hat Jeder einen bestimmten ausschließlichen Kreis der Tätigkeit, der ihm auf-

> gedrängt wird, aus dem er nicht heraus kann; er ist Jäger, Fischer oder Hirt oder kritischer Kritiker und muß es bleiben, wenn er nicht die Mittel zum Leben verlieren will – während in der kommunistischen Gesellschaft, wo Jeder nicht einen ausschließlichen Kreis der Tätigkeit hat, sondern sich in jedem beliebigen Zweige ausbilden kann, die Gesellschaft die allgemeine Produktion regelt und mir eben dadurch möglich macht, heute dies, morgen jenes zu tun, morgens zu jagen, nachmittags zu fischen, abends Viehzucht zu treiben, nach dem Essen zu kritisieren, wie ich gerade Lust habe, ohne je Jäger, Fischer, Hirt oder Kritiker zu werden." (Marx 1953, S. 361)

Marx hat den Menschen als ein allseitiges Wesen verstanden, als einen totalen Menschen, der seine verschiedenen Talente in Freiheit realisieren soll. Die Rede von Entfremdung verweist auf einen ursprünglich nichtentfremdeten Zustand und so auf ein Kernproblem der marxistischen Geschichtsphilosophie. Im *Manifest der kommunistischen Partei* beginnt die Geschichte mit den Römern, d. h. mit einer Phase schon bestehender Klassenunterschiede, denen bestimmte Formen der Arbeitsteilung und Ungleichheit entsprechen. In anderen Schriften ist die Rede von einem sogenannten Urkommunismus, d. h. einem Zusammenleben, in dem es noch keine Klassengegensätze und auch keine durch sie verursachte Entfremdung gibt (z. B. Engels 1962b). So gesehen wäre der Verlauf der Geschichte ein Zurück zu den Anfängen auf einem höheren Niveau. Es handelte sich dann um ein Modell der Geschichte, das zyklischen Modellen verwandt ist, die den Verlauf der Geschichte als eine Rückkehr zu einem goldenen Zeitalter beschreiben (→ KAPITEL 3).

Aufhebung der Entfremdung

Die Entfremdung des Menschen der Gegenwart besteht darin, dass seine Gedanken, sein ganzes Fühlen und Wollen, Effekt der sozioökomischen Situation ist, in der er lebt. Sein Bewusstsein ist, wie es im marxistischen Jargon heißt *falsches Bewusstsein*. Die bevorstehende Aufhebung der Entfremdung, herbeigeführt durch die Revolution und das Ende der Klassengegensätze, markiert den historischen Moment, in dem die Entfremdung zum ersten Mal verstanden werden kann. Auch hier zeigt sich Ähnlichkeit und Distanz zu Hegel. Die Geschichte kann erst zu einem bestimmten Zeitpunkt erkannt werden: bei Hegel am Ende, bei Marx und Engels vor dem Ende der durch Klassengegensätze bestimmten Gesellschaft. Wenn die Erkenntnistheorie des historischen Materialismus richtig ist, dann stellt sich allerdings ein Problem: Das Bewusstsein der Menschen soll ja prinzipiell Effekt der sozioökonomischen Umstände sein. Jedes Bewusstsein lässt sich so als falsches Bewusstsein entlarven. Konsequent angewandt bedeutete das für das eige-

Abhängigkeit des Bewusstseins

ne marxistische Bewusstsein, dass es nur Effekt einer bestimmten historischen sozioökonomischen Situation ist. Marx hat dieses Problem gesehen und erklärt, dass die Abhängigkeit des Bewusstseins von der sozioökonomischen Situation in dem Augenblick, in dem die Klassengegensätze aufgehoben sind, ebenso aufgehoben wird:

> „Dieser ganze Schein, als ob die Herrschaft einer bestimmten Klasse nur die Herrschaft gewisser Gedanken sei, hört natürlich von selbst auf, sobald die Herrschaft von Klassen überhaupt aufhört, die Form der gesellschaftlichen Ordnung zu sein, sobald es also nicht mehr nötig ist, ein besonderes Interesse als allgemeines oder das ‚Allgemeine' als herrschend darzustellen." (Marx 1953, S. 376)

Solange die Klassengegensätze nicht aufgehoben sind, bleibt dem Anhänger der Lehre nichts anderes übrig, als sich an der Möglichkeit eines immerhin ‚aufgeklärten falschen Bewusstseins', so eine Formulierung von Peter Sloterdjik, festzuhalten.

Wann wird die Geschichte zur Weltgeschichte?

Bei Hegel war Geschichte Weltgeschichte, die, einem geografischen Muster verwandt, das häufig mit der Vier-Reiche-Lehre in Verbindung gebracht wird (→ KAPITEL 2.1), von Ost nach West verlief. Am Ende der Geschichte realisiert sich der Weltgeist in Europa – genau genommen in Preußen. Was am anderen Ende der Welt zeitgleich passiert, interessierte Hegel nicht. Die Provinzen der Weltgeschichte sind ohne Bedeutung, wenn es darum geht, dem Gang der Geschichte zu folgen.

Marx und Engels und die gesamte marxistische Bewegung haben einen ganz anderen Blick auf die Weltgeschichte. Der Lauf der Geschichte zeigt eine zunehmende Verkettung von Ereignissen, Völkern und Nationen. Die Geschichte wird immer mehr zur Weltgeschichte. Sie verwandelt sich vollständig in Weltgeschichte, wenn die Klassengegensätze in der kommunistischen Gesellschaft aufgehoben sind:

> „Der Kommunismus ist empirisch nur als die Tat der herrschenden Völker auf einmal und gleichzeitig möglich, was die universelle Entwicklung der Produktivkraft und den mit ihr zusammenhängenden Weltverkehr voraussetzt. […] Das Proletariat kann nur weltgeschichtlich existieren." (Marx 1953, S. 363)

Spannung zwischen Geschichte und Anthropologie

Die kommunistische Revolution kann, so Marx, nur erfolgreich sein, wenn sie zu einer massenhaften Veränderung der Menschen führt. Nun findet sich bei Marx ein Bild des Menschen, das den Eindruck erweckt, es habe überhistorische Geltung: Es gilt ja die menschliche Natur zu verwirklichen, und diese Natur besteht darin, dass der Mensch als freies Wesen sich durch Arbeit verwirklicht und die Mannigfaltigkeit seiner Anlagen pflegt. In der 5. Feuerbachthese sagt Marx jedoch, Feuerbach löse das religiöse Wesen in das menschliche auf. Ein konstantes menschliches Wesen, gebe es aber nicht, denn, so Marx, „das menschliche Wesen ist kein dem Individuum innewohnendes Abstraktum", sondern in seiner Wirklichkeit „das Ensemble der gesellschaftlichen Verhältnisse". Wenn es dann in der berühmten 11. These im Anschluss heißt: „Die Philosophen haben die Welt nur *verschieden* interpretiert; es kömmt darauf an sie zu *verändern*." (Marx 1953, S. 340f.), dann stellt sich die Frage, was genau gemeint ist: Soll der Mensch nur die Welt verändern oder soll er sich zusammen mit der Welt verändern?

Wirkung

Die Philosophie von Karl Marx und Friedrich Engels ist die ohne Zweifel wirkmächtigste philosophische Lehre der Geschichte. In allen europäischen Ländern gab es schon im ausgehenden 19. Jahrhundert starke kommunistische und sozialistische Bewegungen, die sich in verschiedene radikale und weniger radikale Richtungen entwickelten. Zu den weniger radikalen zählen die verschiedenen Vorläufer-Parteien der sozialdemokratischen Parteien, zu den radikaleren die antidemokratischen Kommunisten. Im Oktober 1917 putschten kommunistische Bolschewiki unter der Führung der Marxisten Vladimir Iljitsch Lenin und Leo Trotzki und machten Russland zum ersten kommunistischen Staat. Es folgten zahlreiche andere Staaten, verteilt über den ganzen Erdball. Mitte der 1980er-Jahre bezeichneten sich beinahe die Hälfte aller Länder der Erde als kommunistisch oder sozialistisch. Es ist nur schwer vorstellbar, dass die Geschichte so verlaufen wäre, wie sie verlaufen ist, wenn Marx und Engels nicht den Marxismus begründet hätten – aber ebenso wenig zwingend scheint es, dass die Geschichte im 20. Jahrhundert denselben Lauf genommen hätte, wenn die deutsche Regierung nicht am 9. April 1917 Lenin und dreißig andere russische Revolutionäre in einem plombierten Eisenbahnzug aus ihrem Schweizer Exil nach St. Petersburg hätte reisen lassen, um die ausgebrochene Revolution zu unterstützen. Leo Trotzki schrieb 1935 in seinem Tagebuch, wäre er 1917 nicht in Petersburg gewesen, so wäre die Revolution trotzdem ausgebrochen. Wären aber sowohl Lenin als auch er abwesend gewesen, dann hätte es keine Oktoberrevolution gegeben, die Führung der bolschewistischen Partei hätte sie verhindert (vgl. Trotzki 1960, S. 88).

10.3 Auguste Comte und der Positivismus

Das 19. Jahrhundert ist wie das 18. Jahrhundert reich an expliziten und impliziten nicht-zyklischen Geschichtsphilosophien. Für jede philosophische, soziologische, historische, psychologische Theorie gilt: Es könnte sein, dass sie – unabhängig von ihrem Wahrheitsgehalt – eine praktische Wirkung entfaltet, weil Menschen von ihr überzeugt sind und an sie glauben. Auch wenn die Historiker diesem Thema aus verständlichen Gründen aus dem Wege gehen – wie kann man Wirkungen dieser Art überprüfen? –, so dürfte doch außer Frage stehen, dass es mannigfache Wirkungen von historischen Entwürfen auf das Leben und Fühlen der Menschen gibt und gegeben hat. Sicher haben auch Hegel, Herder und die historische Schule in dieser Weise gewirkt. Keine dieser Theorien hat jedoch das praktische Moment mit so konkreten politischen Folgen in die philosophische Theoriebildung mit aufgenommen, wie Marx und Engels – mit einer Ausnahme: Auguste Comte und der von ihm begründete Positivismus.

Das praktische Moment der Theoriebildung

Auguste Comte (1798–1857), der zunächst als Sekretär des Grafen Henri de Saint-Simon arbeitete, verband geschichtsphilosophische Diagnose und praktische Absicht in ähnlich konkreter Weise wie Marx und Engels. Zwar hat er trotz eminenter Rezeption in Frankreich, Italien und England keine größere politische Wirkung in Europa entfaltet, aber die Verfassungen von Brasilien und der Türkei sind unter dem direkten Einfluss seines Denkens entstanden.

Savoir pour prévoir: wissen, um vorherzusagen

Savoir pour prévoir – wissen, um vorherzusagen, so lautete Comtes Credo, das bald zur Parole der positivistischen Bewegung werden sollte. Comtes Ziel ist eine Verwissenschaftlichung des Lebens:

> „So besteht der wahre positive Geist vor allem darin zu sehen um vorauszusehen, zu erforschen was ist, um daraus den Grund des allgemeinen Lehrsatzes von der Unwandelbarkeit der Naturgesetze – das zu erschließen, was sein wird." (Comte 1845, S. 34f.)

Comtes Diagnose der Gegenwart

Am Beginn von Comtes wissenschaftlichen Arbeit steht die Diagnose: Die Gegenwart ist in einer sozialen und moralischen Krise. Waren im Altertum Ordnung und Fortschritt zwei verschiedene Prinzipien, so habe man in der modernen Zivilisation erkannt, dass diese beiden Prinzipien in einer innigen und unlöslichen Verbindung stünden. „Es kann sich keine gesellschaftliche Ordnung mehr aufbauen oder namentlich dauern, wenn sie sich nicht vollkommen mit dem Fortschritt verträgt; kein großer Fortschritt kann sich vollziehen, wenn er nicht schließlich auf die offenbare Befestigung der Ordnung abzielt." (Comte 1956, S. 7) Ordnung und Fortschritt – ordre et progrès – sind die beiden Ziele von Comtes Positivismus. Das Erreichen dieser Ziele ist eingebettet in eine Geschichtsphilosophie, deren wesentlichstes Merkmal eine Stufenfolge ist, die auch als historische Periodisierung, vor allem aber als Abfolge einer intellektuellen Entwicklung

Ordnung und Fortschritt

anzusehen ist, die die Menschheit insgesamt, aber auch jede menschliche Kultur für sich genommen durchlaufen muss.

Die Drei-Stadien-Lehre

Die Geschichte der Menschheit vollzieht sich nach Comte in drei Stadien, deren Abfolge er ein Gesetz nennt. Das erste Stadium, das Stadium der Kindheit, wird als das theologische und militärische, das zweite als das metaphysische und föderale, das dritte als das wissenschaftliche und industrielle Stadium bezeichnet. Das metaphysische Stadium unterscheidet sich im Grunde nur graduell vom theologischen, wie Comte überhaupt die Entwicklung nicht dialektisch sprunghaft, sondern kontinuierlich denkt. Das wissenschaftliche Stadium unterscheidet sich hingegen sachlich scharf von den beiden vorhergehenden. Die Grundregel lautet, dass „keine Behauptung, die nicht genau auf die einfache Aussage einer besonderen oder allgemeinen Tatsache zurückführbar ist, einen wirklichen verständlichen Sinn enthalten kann" (Comte 1851, S. 27). Unerreichbare, d. h. für Comte metaphysische Fragen werden ausgeklammert und der Mensch erkennt an, dass alles Wissen nur relative Annäherung ist. Die Wissenschaft beschränkt sich auf diejenigen Sphären, in denen eindeutiges, d. h. positives Wissen möglich ist, daher der Name: Positivismus. Die Abfolge der drei Stadien ist eine ideale Abfolge. Das Problem der Gegenwart, so Comte, besteht gerade darin, dass es ein Nebeneinander der Stadien gebe. Dieses Nebeneinander sei verantwortlich für die verheerende soziale und geistige Krise der Gegenwart. Den Zusammenhang von sozialen, kulturellen, ökonomischen und wissenschaftlichen Entwicklungen, kann man, so Comte, nicht begreifen, wenn man eine der Perspektiven isoliert, sondern nur, wenn man das gleichzeitige Miteinander adäquat beschreibt (sogenannte Theorie des *consensus*). Comtes Drei-Stadien-Theorie wurde häufig auf Einflüsse Condorcets und Anne Robert Jacques Turgots zurückgeführt, bei denen sich in der Tat ähnliche Auffassungen finden, die aber weit weniger elaboriert sind als bei Comte. Mitunter wird die Lehre aber auch mit Hegel und Joachim von Fiore in Verbindung gebracht (vgl. Löwith 1953, S. 190). Hier ist allerdings Vorsicht angebracht. Lässt man die Frage beiseite, ob Comte die Theorien der Genannten kannte oder mittelbar von ihnen beeinflusst war, so zeigt ein Vergleich mit deren Positionen, dass Comte den Prozess des Fortschritts bzw. der Entwicklung anders denkt: Es gibt bei ihm keine Dialektik.

Theorie des Consensus

Comte hat in geschichtsphilosophische Gestalt überführt, was viele Soziologen noch bis ans Ende des 20. Jahrhunderts behauptet haben: dass sich die Geschichte der Menschheit, im Besonderen die Ge-

Säkularisierung

schichte der Neuzeit, als Säkularisierung beschreiben lässt (Comte hat das Wort allerdings noch nicht verwendet), d. h. als ein Prozess des kontinuierlichen Zurückgehens der Religion.

Man kann die von Comte behauptete Abfolge der drei Stadien von verschiedenen Standpunkten aus kritisieren. Man kann sie von ihrer empirischen Seite her angreifen, indem man nachweist, dass sich das von Comte prophezeite Verschwinden religiöser Kulturen und Praktiken nicht belegen lässt. Man kann sie aber auch, weil es sich gleichermaßen um eine prognostizierte wie geforderte und affirmierte Entwicklung handelt, von einem normativen Standpunkt aus in den Blick nehmen. Die fundamentalste Kritik aus dieser Richtung kam von Max Scheler (1874–1928): Die positivistische Geschichtsphilosophie, so Scheler, sei in jeder Hinsicht irrig:

Die Kritik Max Schelers

> „Das religiös-theologische Erkennen und Denken, das metaphysische Erkennen und Denken und das positive Erkennen sind nicht historische Phasen der Wissensentwicklung, sondern essentielle, dauernde, mit dem Wesen des menschlichen Geistes gegebene Geisteshaltungen und ‚Erkenntnisformen'. Keine kann die andere je ‚ersetzen' oder ‚vertreten'." (Scheler 1923, S. 31)

Wende im Denken

Es klingt erstaunlich, wenn man an das Gesetz der drei Stadien denkt, aber Comte bewunderte den Katholizismus, genauer gesagt: die integrative Funktion der katholischen Kirche von jeher. Nach 1848 setzte in seinem Denken eine Wendung ein, die viele Interpreten auch biographisch erklären: Comte hatte sich unglücklich verliebt. Die angebetete Clotilde de Vaux verstarb 1845. Comte betete täglich zu ihr und entwickelte nun eine Theorie des Zusammenhangs von Affektivität und Intellekt (Voegelin 2008, S. 223ff.).

Comte als Prophet in eigener Sache

> „Im Namen der Vergangenheit und der Zukunft kommen die theoretischen wie die praktischen Diener der Menschheit, um zu berufen die allgemeine Leitung der irdischen Dinge zu ergreifen und endlich die wahrhafte sittliche, geistige und materielle Vorsehung herzustellen, indem sie all' die verschiedenen Sklaven Gottes – Katholiken, Protestanten oder Deisten – als zugleich rückständige und störende Elemente für immer von der politischen Obergewalt ausschließen". (Comte 1891, S. 5)

Mit diesen Worten kündigte Auguste Comte 1851 sein zukünftiges Programm an. Die Ankündigung erfolgte zu einem Zeitpunkt, zu dem Freunde und Anhänger der positiven Philosophie begannen, sich ernsthaft Sorgen zu machen. John Stuart Mill (1806–73), der aus England für eine Weile finanzielle Unterstützung für Comte organisiert hatte, wandte sich enttäuscht ab, weil er meinte, Comte habe sich vom Geist des wahren Positivismus verabschiedet, wie er ihn noch in seinem sechsbändigen Cours de philosophie positive (1830–42) vertreten hatte.

Religion und Humanität

Im Système de politique positive, ou traité de sociologie instituant la religion de l'Humanité (4 Bände, 1851–54,), entwarf Comte seine neue Form der Religiosität. Seine Religion kennt keinen Gott. Verehrt wird die Menschheit. Auffällig ist die formale Anlehnung an das Christentum. Es wird dreimal täglich gebetet. Ein eigener Katechismus fasst die Regeln der Glaubensgemeinschaft zusammen. In dem Zukunftsstaat, den Comte sich erträumt, hat jeder Arbeiter eine Wohnung mit sieben Zimmern. Das klingt nach einer echten Alternative zu Sozialismus und Kommunismus.

Marx und Comte

Zwischen Marx und Comte gab es keinen persönlichen Kontakt. Comte war mit den radikalen Forderungen von Marx und Engels, insbesondere derjenigen nach Aufhebung des Privateigentums, nicht einverstanden. Die Geringschätzung beruhte auf Gegenseitigkeit. Am 7. Juli 1866 schrieb Marx an Engels, er studiere jetzt nebenbei Comte „weil die Engländer und Franzosen so viel Lärm um den Kerl machen. Was sie daran besticht, ist das Enzyklopädische, la synthèse. Aber das ist jammervoll gegen Hegel [...] Und dieser Scheißpositivismus erschien 1832!" (Marx 1965, S. 234).

Comte in Brasilien

Die Wirkungsgeschichte des Positivismus reicht nicht an die des Marxismus heran. Nichtsdestotrotz hat der Positivismus deutliche Spuren hinterlassen. Kemal Atatürk (1881–1938) bekannte sich im Ausschuss für den Entwurf zu einer neuen türkischen Staatsverfassung zu den Ideen Comtes, die er mit den Ideen des Westens identifizierte (vgl. Plé 1996, S. 10). Bei der Gründung der brasilianischen Republik 1891 wurde der Positivismus offiziell als Staatsreligion ausgerufen. Bis heute steht auf der brasilianischen Flagge zu lesen: „Ordem e progresso – ordre et progrés – Ordnung und Fortschritt" (vgl. Lepenies 2010). Nach dem *Censo demografico* bekannten sich im Jahr 2000 73,6 % der Bevölkerung Brasiliens zur römisch-katholischen Kirche. Über die Zahl der Anhänger des Positivismus gibt es keine Auskunft. Sie werden in der Statistik nicht mehr aufgeführt.

Abbildung 15: Die brasilianische Flagge

Fragen und Anregungen

- Was sind die Gemeinsamkeiten, was die Unterschiede von Marxismus und Positivismus?
- Diskutieren Sie die Frage, inwiefern es möglich ist, eine objektive Perspektive auf die Geschichte zu entwickeln, wenn das individuelle Bewusstsein Effekt der sozialen Umstände ist.
- Skizzieren Sie den inneren Zusammenhang der marxistischen Lehren von Basis und Überbau sowie der Theorie der Entfremdung.
- Diskutieren Sie den Zusammenhang von deskriptiven und normativen Aussagen bei Marx und bei Comte.

Lektüreempfehlungen

Quellen

- **Karl Marx [und teilweise Friedrich Engels]: Die Frühschriften. Von 1837 bis zum Manifest der kommunistischen Partei**, Stuttgart 1953.
- **Auguste Comte: Discours sur l'Esprit Positif / Rede über den Geist des Positivismus** [1844], übersetzt, eingeleitet und hrsg. von Iring Fetscher, Hamburg 1956.

Forschung

- **Isaiah Berlin: Karl Marx. Sein Leben und sein Werk**, München 1959. *Ideengeschichtlich ausgerichtete Biografie aus liberaler Perspektive.*
- **Iring Fetscher: Karl Marx und der Marxismus. Von der Philosophie des Proletariats zur proletarischen Weltanschauung**, München 1967. *Kompakte Darstellung der Wirkungsgeschichte der Marx'schen Philosophie.*
- **Max Scheler: Über die positivistische Geschichtsphilosophie des Wissens (Dreistadiengesetz)**, in: ders., Moralia, Dresden 1923, S. 26–40. *Anthropologisch motivierte Kritik.*
- **Eric Voegelin: Die Krise. Zur Pathologie des modernen Geistes**, hrsg. von Peter J. Opitz, München 2008. *Bettet den Positivismus ideengeschichtlich ein. Diskutiert, ob bzw. inwiefern zwischen Comtes Frühwerk und dem Spätwerk ein Bruch vorliegt.*

11 Die Evolutionstheorie und ihre Folgen

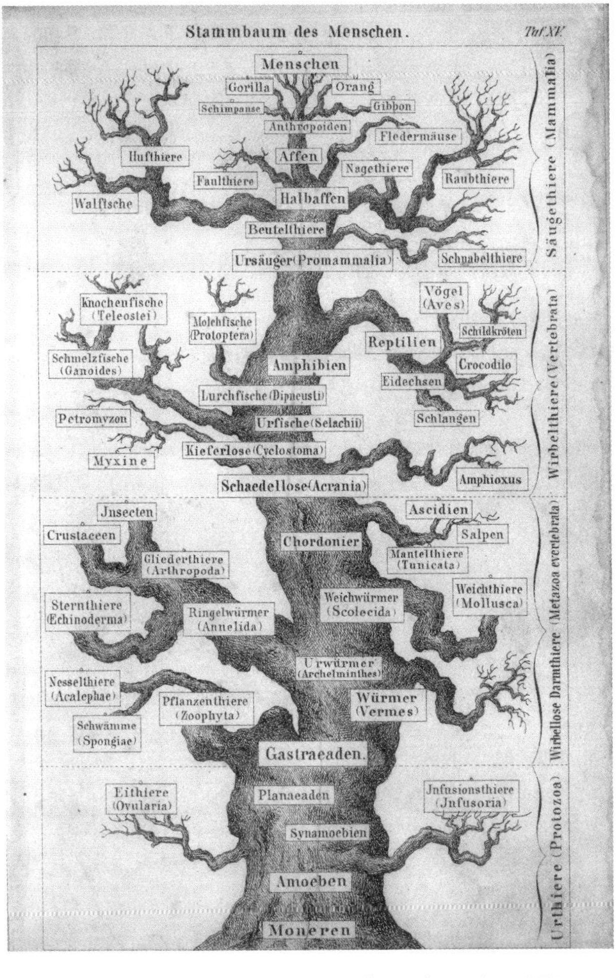

Abbildung 16: Ernst Haeckel: *Stammbaum des Menschen*, Lithographie (1874)

Das Bild stammt aus Ernst Haeckels „Anthropogenie oder Entwickelungsgeschichte des Menschen. Gemeinverständliche wissenschaftliche Vorträge über die Grundzüge der menschlichen Keimes- und Stammes-Geschichte" (1874). Es zeigt die Entwicklung der Arten als Baum, auf dessen Spitze der Mensch zu sehen ist.

Am Beginn der Evolutionstheorie steht die Baummetapher: Charles Darwin hat in seinem berühmten Notizbuch B im Juli 1837 zum ersten Mal die Vorstellung geäußert, dass alle Lebewesen sich auseinander entwickeln und voneinander abstammen. Um den Gedanken zu illustrieren, hat er in schlichten Strichen die Skizze eines Baumes angefertigt. Das Bild des Baumes wurde immer wieder verwendet, um die Idee einer gemeinsamen Abstammung zu illustrieren. Das Bild ist keineswegs neutral, es enthält implizit eine Wertung. Die Spitze des Baumes ist die Krone der Schöpfung. Ernst Haeckel, der die Darwin'sche Lehre in Deutschland bekannt gemacht und wichtige Beiträge zur Entwicklung der Abstammungslehre beigesteuert hat, hatte anders als Darwin, die starke Neigung, in der Evolution einen Prozess in Richtung Fortschritt zu erkennen:

> *„Das natürliche System der Organismen verhält sich demgemäss nach unserer Anschauung zur gesammten Morphologie, wie der Stammbaum einer alten preussischen Adels-Familie oder einer arabischen Pferdefamilie, der in Form einer einzigen übersichtlichen Stammtafel das gesammte übrige Verwandtschaftsverhältnis derselben enthüllt, sich zu ihrer ausführlichen Familien-Chronik sammt speciellen Biographieen aller einzelnen Individuen verhält." (Haeckel 1866, S. 38)*

Bevor Charles Darwin im Jahr 1859 seine *Entstehung der Arten* veröffentlichte, war die Annahme, dass alle Arten konstant sind, wissenschaftlicher Konsens. Durch die Annahme einer natürlichen Schöpfungsgeschichte schien es, als ob sich völlig neue Spielräume historischer Entwicklung auftun würden. Für viele Menschen stand diese Annahme in einem Widerspruch mit dem christlichen Glauben, der so stark empfunden wurde, dass die Wissenschaft von manchem zu einer Art Ersatzreligion stilisiert wurde. Nietzsche sah darin ein großes Problem und versuchte, die Krise zuzuspitzen, um zu einer neuen Lösung zu kommen.

11.1 Charles Darwin

11.2 David Friedrich Strauß und Friedrich Nietzsche

11.1 Charles Darwin

Vorgeschichte der Evolutionstheorie

Bis zur Veröffentlichung von Charles Darwins (1809–82) *The Origin of Species by Means of Natural Selection, or the Preservation of Favoured Races in the Struggle for Life* (in der ersten deutschen Übersetzung: *Über die Entstehung der Arten im Thier- und-Pflanzenreich durch natürliche Züchtung oder Erhaltung der vervollkommneten Rassen im Kampfe um's Daseyn*) im Herbst 1859 war in allen Wissenschaften anerkannte Lehrmeinung, dass alle Arten von Lebewesen einschließlich ihrer Varietäten separat durch Urzeugung geschaffen wurden. Diese Ansicht entsprach der biblischen Schöpfungsgeschichte.

Naturforscher wie Carl von Linné oder Georges-Louis Buffon hatten in ihren als *Naturgeschichte* bezeichneten Arbeiten im 18. Jahrhundert Ordnung in die große Zahl der bekannten Tier- und Pflanzenarten gebracht. In ihren Naturgeschichten hatten alle Lebewesen einschließlich des Menschen ihren Platz auf der *scala naturae*, der Stufenleiter des Lebendigen, in der Kette der Lebewesen (*The Great Chain of Being*, Lovejoy 1985). Das Modell, die Natur als Stufenleiter zu beschreiben, ist alt. Schon Aristoteles hatte es in *De anima* verwendet. Tiere und Pflanzen wurden in Gruppen eingeteilt und wie auf einer Leiter angeordnet, die vom Niederen zum Höheren, vom Einfacheren zum Komplexeren aufsteigt. Die Nähe bzw. Ähnlichkeit zweier benachbarter Arten wurde nicht mit dem Gedanken einer Entwicklung in Verbindung gebracht, sondern galt als Ausdruck göttlicher Harmonie.

Die Stufenleiter des Lebendigen

Vorläufer des Abstammungsgedankens

Darwin hatte zahlreiche Vorläufer, was die These der Abstammung der Arten voneinander betrifft. Am bekanntesten ist Jean-Baptiste de Lamarck (1744–1829), der in seiner *Philosophie zoologique* (1809) eine Transformation, jedoch noch nicht den gemeinsamen Ursprung aller Arten behauptet hatte. Zu den vielen Autoren, die vorsichtig Vermutungen in diesem Sinne äußerten, gehörte auch Herder. An der Reaktion Kants kann man sehen, wie revolutionär die neue Idee war:

> „Nur eine Verwandtschaft unter ihnen, da entweder eine Gattung aus der andern, und alle aus einer einzigen Originalgattung oder etwa aus einem einzigen erzeugenden Mutterschoße entsprungen wären, würde auf Ideen führen, die aber so ungeheuer sind, daß die Vernunft vor ihnen zurückbebt, dergleichen man unserm Vf., ohne ungerecht zu sein, nicht beimessen darf." (Kant 1785, S. 54)

Dass der gedankliche Spielraum fehlte, sich eine Abstammung der Arten voneinander vorzustellen, lag nicht nur daran, dass man mit der biblischen Schöpfungsgeschichte in Konflikt geriet, sondern auch daran, dass schlichtweg die Zeit fehlte, die eine solche Entwicklung überhaupt erst denkbar werden lässt. Die als Alter der Erde angenommenen 6000 Jahre (→ KAPITEL 4.4) waren zu kurz. Das sogenannte *Ende der Naturgeschichte* (Lepenies 1976), die eigentlich keine Geschichte war, weil die Lebewesen sich ihr zufolge nicht entwickelt haben, wird denn auch eingeleitet durch den Bruch mit dem christlichen Zeitkontinuum, an das viele Naturforscher noch lange glaubten (vgl. Gould 1990; Rossi 1979; Toulmin / Goodfield 1970).

Vorbereiter Darwins

Seine Vorläufer, auf die Darwin in der Einleitung zu *The Origin of Species* ausführlich eingeht, waren daher vielleicht weniger wichtig für die Herausbildung von Darwins eigener Anschauungen als andere Vorbereiter. Der Geologe Charles Lyell, der mit Darwin gut befreundet war, hatte in seinen *Principles of Geology* (1830–33) gegen die sogenannte Katastrophentheorie Georges Cuviers dafür argumentiert, dass es eine allmähliche Verschiebung der Erdplatten und der geologischen Schichten gegeben habe. Ein anderer wichtiger Bezugspunkt war Thomas Robert Malthus' *Essay on the Principle of Population* (1798): Malthus hatte auf die Tatsache hingewiesen, dass jede Generation mehr Nachkommen hat als die vorherige und die sich so entwickelnde Überbevölkerung zu Armut und sozialen Missständen führen werde.

Gründe für den durchschlagenden Erfolg der Darwinschen Theorie

Man hat sich häufig gefragt, wie es sein konnte, dass eine wissenschaftliche Erkenntnis so abrupt auftreten und so schnell angenommen werden konnte wie Darwins Evolutionstheorie. Bis zum Erscheinen seines Buches war offizielle Lehrmeinung, dass die Arten konstant sind; unmittelbar danach wollte kaum noch jemand diese These verteidigen. Der Erfolg der Darwin'schen Theorie ist für viele ein ideales Beispiel für die von dem Wissenschaftstheoretiker Thomas Kuhn behauptete Weise, wie sich in der Wissenschaft neue Erkenntnisse durchsetzen. In seinem Buch *The Structure of Scientific Revolutions* (1962) widerspricht Kuhn der geläufigen Ansicht eines kontinuierlichen Fortschritts der Erkenntnis: Die Geschichte der Wissenschaften zeige, dass eher das Gegenteil der Fall sei. In der Regel setzen sich neue Erkenntnisse als wissenschaftliche Revolutionen durch – ein Paradigma wird durch ein anderes ersetzt.

Das Durchsetzungsvermögen der Darwin'schen Theorie ist umso erstaunlicher, wenn man bedenkt, wie umstritten Darwins Erklärung war. Schon bald setzte Verwirrung ein. Es war nämlich nicht mehr

Natürliche Zuchtwahl

klar, ob mit der Rede von der Darwin'schen Lehre die These der Abstammung aller Arten gemeint war, oder die Erklärung, die natürliche Zuchtwahl im Kampf ums Dasein sorge dafür, dass diejenigen Lebewesen überleben, die besser in eine Umwelt passen. Diese These der natürlichen Zuchtwahl war von Beginn an so umstritten, dass Wissenschaftshistoriker von der *Non-Darwinian-Revolution* sprechen (vgl. Bowler 1988).

Viele Naturforscher des 19. Jahrhunderts hatten einen starken antichristlichen und antiklerikalen Affekt. Von Darwin lässt sich dergleichen nicht behaupten. Er kam aus einer frommen Familie, studierte Theologie und hat sich bezüglich der Folgerungen, die andere aus seiner Lehre zogen, zeitlebens zurückhaltend geäußert. Als er, eben zurückgekehrt, von einer fünfjährigen Reise, die ihn um die halbe Welt bis zu den Galapagos-Inseln geführt hatte, dabei war, seine Gedanken zu ordnen, schrieb er im Januar 1844 an seinen Freund Joseph Dalton Hooker:

> „Schließlich sind Lichtschimmer aufgetaucht, und ich bin fest davon überzeugt (ganz im Gegenteil zu der Ansicht, mit der ich begonnen habe), dass die Arten nicht (es ist wie einen Mord zu gestehen) unveränderlich sind.“ (Darwin 1844, o. S.)

Abstammung der Arten

Darwins Erklärung für die Abstammung der Arten lässt sich auf die drei Schritte reduzieren, die auch heute noch als die Grundannahmen der Evolutionsbiologie gelten: Überproduktion, Variation und Selektion:

Mechanismen der Evolution

> „Da viel mehr Einzelwesen jeder Art geboren werden, als leben können, und da infolgedessen der Kampf ums Dasein dauernd besteht, so muss jedes Wesen, das irgendwie vorteilhaft von den anderen abweicht, unter denselben komplizierten und oft sehr wechselnden Lebensbedingungen bessere Aussicht auf das Fortbestehen haben und also von der Natur zur Zucht ausgewählt werden. Nach dem Prinzip der Vererbung hat dann jede durch Zuchtwahl entstandene Varietät die Neigung, ihre neue veränderliche Form fortzupflanzen.“ (Darwin 1963, S. 27f.)

Die natürliche Selektion

Der erste Schritt ist der Überlegung von Malthus verwandt. Alle Organismen haben mehr Nachkommen; bleibt eine Population konstant, dann muss so etwas wie eine Auswahl stattfinden. Die entscheidende Frage lautet also: Wer wählt aus? Darwin hatte die Variation von Arten zunächst bei Tieren im domestizierten Zustand beobachtet. Hier gab es also einen Züchter, den Menschen. Die revolutionäre These Darwins lautete nun, dass auch ohne menschliche Hilfe in der Natur eine Auswahl stattfinde. Diese Auswahl stellt er sich so vor: Die Nachkommen einer Generation unterscheiden sich in verschiedenen, sei es auch noch so kleinen Merkmalen von der

Generation ihrer Erzeuger. Sie verändern sich auf zweierlei Weise: Zum einen gibt es eine Vererbung erworbener Eigenschaften – eine Lehre, die man bald als Lamarckismus bezeichnet hat, weil schon Lamarck sie vertreten hatte. Zum anderen wird im ‚Kampf ums Dasein' („struggle for existence") jede Veränderung, aus welchen Ursachen sie auch entstanden sein mag, „wenn sie nur irgendwie vorteilhaft ist, auch zur Erhaltung dieses Individuums beitragen und sich gewöhnlich auch auf die Nachkommen vererben". Er habe, so Darwin, dieses Prinzip „natürliche Zuchtwahl" genannt, „um seine Beziehung zu der von Menschen veranlassten künstlichen Zuchtwahl" zu zeigen. Ab der 5. überarbeiteten Auflage 1869 hat Darwin ergänzt, dass Herbert Spencer einen Vorschlag gemacht habe, der ihm noch treffender erscheine: das ‚Überleben des am besten Passendsten' („survival of the fittest", Darwin 1963, S. 100).

Wo setzt die Selektion an?

Bis heute ist umstritten, wo die Selektion ansetzt. Darwin selbst war offen für eine Selektion, die am Individuum, aber auch für eine, die an der Gruppe ansetzt: „Da also mehr Individuen ins Leben treten als bestehen können, so muss auf jeden Fall ein Kampf ums Dasein stattfinden, entweder zwischen Individuen derselben oder verschiedener Arten" (Darwin 1963, S. 103).

Keine Teleologie

Eine große Herausforderung für ein christliches wie ein von der Antike geprägtes Verständnis der Natur besteht in Darwins These, dass es keine ursprünglichen Zwecke in der Natur gibt. Es überlebt, wer sich als der am besten Angepasste erweist. Die Idee der natürlichen Selektion soll auf nichtteleologische Weise erklären, warum sich bestimmte Lebewesen im Kampf ums Dasein durchgesetzt haben und andere nicht.

Fortschritt

Für eine ursprüngliche auf Fortschritt angelegte Tendenz des Lebens sieht Darwin keine Belege. Auf der einen Seite gibt er zu verstehen, dass die natürliche Zuchtwahl offenbar zur Erhöhung und Vervollkommnung eines Organismus beitragen kann. Eine Spezialisierung ist oft vorteilhaft, aber nicht immer. Denn auf der anderen Seite ist die natürliche Zuchtwahl auch in der Lage, Lebewesen ihrer Umwelt anzupassen, indem sich einzelne Organe, die nutzlos geworden sind, zurückbilden. Nach seiner Theorie bereite die „fortgehende Existenz niederer Wesen keine Schwierigkeiten, denn die natürliche Zuchtwahl oder das Überleben des Tüchtigsten schließt noch nicht notwendig einen Fortschritt der Entwicklung ein" (Darwin 1963, S. 177).

„Licht wird fallen auf den Menschen und seine Geschichte" (Darwin 1963, S. 676). Mit diesen Worten beendet Darwin den *Ursprung*

Der Mensch in der Evolutionstheorie

der Arten; den Menschen selbst hat er erst zwölf Jahre später in *The Descent of Man* (*Die Abstammung des Menschen,* 1871) in seine Theorie mit einbezogen. Zunächst hatte er anderen den Vortritt gelassen: Thomas Henry Huxley, Ernst Haeckel u. a. veröffentlichten 1863 zeitgleich Arbeiten, die dem Menschen seinen Ort im Prozess der *Natürlichen Schöpfungsgeschichte*, so der Titel des Buches von Ernst Haeckel, zuwiesen.

Darwin kommt in Bezug auf den Menschen zu den gleichen Ergebnissen wie im übrigen Tier- und Pflanzenreich. Ausdrücklich zieht er die Konsequenz, man könne nicht länger glauben, „daß der Mensch seinen Ursprung einem separaten Schöpfungsakt verdanke" (Darwin 1966, S. 263). Die These einer gemeinsamen Abstammung aller Lebewesen führt ihn auf die Frage nach dem Verhältnis zwischen dem ‚zivilisierten Kulturmenschen' und dem ‚wilden Naturmenschen':

Die Entwicklung der Geschichte der Menschheit

> „Aber es kann schwerlich ein Zweifel darüber bestehen, daß wir von Barbaren abstammen. Mein Erstaunen beim Anblick einer Herde Feuerländer an einer wilden und zerklüfteten Küste werde ich nie vergessen; denn plötzlich fuhr es mir durch den Kopf: so waren unsere Vorfahren. Diese Menschen waren absolut nackt und mit Farbe beschmiert, ihre langen Haare waren durcheinander gewirrt, ihr Mund schäumte in der Erregung, und ihr Ausdruck war wild, erschreckt und mißtrauisch. Sie kannten kaum irgendeine Kunst, und gleich wilden Tieren lebten sie von dem, was sie gerade erlangen konnten." (Darwin 1966, S. 273.)

Im Verbund mit der entstehenden Völkerkunde hielten viele Naturforscher den Unterschied zwischen ‚zivilisierten Menschen' und den sogenannten ‚Naturvölkern', ‚Barbaren' etc. für größer als denjenigen zwischen diesen ‚Barbaren' und einigen Affenarten. Gegen diese Auffassung wendet sich Darwin ganz rigoros. Der Unterschied zwischen der Seele des am tiefsten stehenden Menschen und der des höchstentwickelten Tieres sei ganz ungeheuer groß. So groß er aber auch sein mag – er bleibt dabei letztlich „nur ein gradueller und kein prinzipieller" (Darwin 1966, S. 160).

Darwins Metaphern

Man hat seit jeher darauf hingewiesen, dass die Darwin'sche Theorie voller Metaphern ist, und mitunter kritisiert, dass sie ihre Überzeugungskraft vor allem aus der rhetorischen Wirkung ihrer Metaphern schöpfe. Darwin selbst hat auf die Problematik der Rede vom „Kampf ums Dasein" ausdrücklich hingewiesen und betont, es seien ganz unterschiedliche Phänomene gemeint (vgl. Fellmann 1977). Der russische Revolutionär Graf Kropotkin hatte eingewendet, dass gegenseitige Hilfe ein ganz wesentliches Prinzip im Miteinander der Lebewesen auf allen möglichen Stufen des Lebendigen sei. Er bezog sich dabei direkt auf Darwin, der in der *Abstammung des Menschen* ausdrücklich betont hatte, dass in zahlreichen Tiergesellschaften der Kampf um die Existenzmittel verschwinde und ersetzt werde durch kooperatives Handeln (vgl. Kropotkin 1975, S. 23).

Darwins Wirkung in der Geschichtsphilosophie

Obwohl Darwin sich gegenüber allen philosophischen Spekulationen über einen Fortschritt in der Geschichte zurückhaltend äußerte, war die Wirkung seiner Theorie auf die geschichtsphilosophisch aufgeladene Atmosphäre seiner Gegenwart eminent. Dies liegt vor allem an der Annahme der Vererbung erworbener Eigenschaften: Wenn durch das kollektive individuelle Verhalten von Organismen die erworbenen Eigenschaften vererbt werden, dann ist erbliche Veränderung durch bewusste Steuerung möglich und es ergibt sich ein Spielraum für Menschenzüchtung und Eugenik. Dass in der deutschen Übersetzung von Darwins *Ursprung der Arten* der Ausdruck „survival of the fittest" häufig mit „Überleben des Tüchtigsten" statt ‚Überleben des Passendsten' wiedergegeben wurde, zeigt den von vielen Interpreten erwünschten geschichtsphilosophischen Spielraum an.

In der modernen Biologie ist seit der Zurückweisung der Annahme einer Vererbung erworbener Eigenschaften nur noch vom ‚Überleben des Passendsten' die Rede. Seitdem ist die Theorie aber einem anderen Vorwurf ausgesetzt: Sie sei selbstevident, heißt es, am Ende behaupte sie nichts anderes als: Es haben diejenigen überlebt, die überlebt haben.

Sozialdarwinismus

Vor allem durch ihre Metaphern hatte Darwins Theorie das Potenzial, für geschichtsphilosophische Ansätze interessant zu werden. „Kampf ums Dasein" klingt, angewandt auf die Geschichte der Menschheit, nach Machbarkeit, so, als könnten sich die Stärkeren und Tüchtigeren immer durchsetzen. Einer solchen Deutung widersprach Darwin explizit:

> „Die Tapferen, die im Krieg stets an der Spitze der Schlachtreihen kämpfen und ohne Zögern ihr Leben für die andern in der Schanze schlagen, werden im Durchschnitt eine höhere Zahl Toter aufweisen als die anderen. Deshalb scheint es kaum wahrscheinlich zu sein, daß die Zahl der mit solchen Tugenden geschmückten Menschen oder der Maßstab ihrer Vortrefflichkeit durch natürliche Zuchtwahl, d. h. durch das Überleben des Geeignetsten, erhöht werden könnte […]." (Darwin 1971, S. 167)

11.2 David Friedrich Strauß und Friedrich Nietzsche

Naturalismus und Historismus

Das 19. Jahrhundert hat zwei große wissenschaftliche Revolutionen erlebt: den Naturalismus und den Historismus. Die Darwin'sche Theorie verband beide miteinander. Ihre Wirkung auf die Kirche war in weltanschaulicher Sicht vielleicht noch bedeutender als diejenige aller materialistischen und dezidiert atheistischen Angriffe, denn für viele war die These einer natürlichen Abstammung des Menschen ein echter Einwand gegen die Wahrheit der christlichen Schöpfungsgeschichte und damit ein Grund, am eigenen Glauben zu zweifeln. Die Zweifel waren schon von anderer Seite mächtig geschürt worden. Protestantische Theologen hatten in der ersten Hälfte des 19. Jahrhunderts ihre Perspektive auf die Bibel radikal historisiert.

David Friedrich Strauß

Die Geschichte der Leben-Jesu-Forschung führte dazu, in Jesus und den in der Bibel berichteten Geschichten nur historisch unzuverlässige Mythen zu sehen (vgl. Schweitzer 1921). David Friedrich Strauß (1808–74) hatte mit dem Christentum eine hegelianische Operation vorgenommen: Er argumentierte, dass die Urgemeinde Jesus von Nazareth zu einem geschichtsmächtigen Individuum überhöht habe. Indem er die verschiedenen historischen Widersprüche der biblischen Geschichten offenlegte, zeigte er, dass es sich um Mythen handelte. Aus Jesus wurde jetzt ein normaler Mensch mit großer ethischer Begabung. Gut hegelianisch-dialektisch blieb Strauß aber nicht bei der Destruktion stehen, sondern versuchte das kritisch Negierte spekulativ wiederherzustellen (vgl. Graf 1981). In der berühmten Passage aus seinem Werk *Das Leben Jesu* (1835/36) fasst Strauß den entscheidenden Gedanken zusammen:

> „Das ist ja gar nicht die Art, wie die Idee sich realisiert, in Ein Exemplar ihre ganze Fülle auszuschütten, und gegen alle andern zu geizen, sondern in einer Manchfaltigkeit von Exemplaren, die sich gegenseitig ergänzen, im Wechsel sich setzender und wiederaufhebender Individuen liebt sie ihren Reichtum auszubreiten [...] Das ist der Schlüssel der ganzen Christologie, daß als Subjekt der Prädikate, welche die Kirche Christo beilegt, statt eines Individuums eine Idee, aber eine reale, nicht kantisch unwirkliche, gesetzt wird. In einem Individuum, einem Gottmenschen gedacht, widersprechen sich die Eigenschaften und Funktionen, welche die Kirchenlehre Christo zuschreibt: in der Idee der Gattung stimmen sie zusammen. Die Menschheit ist die Vereinigung der beiden Naturen, der menschgewordene Gott, der zur Endlichkeit entäußerte

unendliche, und der seiner Unendlichkeit sich erinnernde endliche Geist." (Strauss 1836, Bd. 2, S. 735)

Nach der Veröffentlichung dieser Schrift musste Strauß seine Repetentenstelle am Tübinger Stift aufgeben. In zwei voluminösen Bänden legte er dann 1840/41 sein systematisches Hauptwerk *Die christliche Glaubenslehre in ihrer geschichtlichen Entwicklung und im Kampfe mit der modernen Wissenschaft dargestellt* vor. In seiner konsequenten Historisierung machte er darin auch vor einer Historisierung der christlichen Dogmen keinen Halt: „Die wahre Kritik des Dogma ist seine Geschichte" (Strauss 1840/41, Bd. 1, S. 71).

Historisierung christlicher Dogmen

Seine Bücher zählen zu den am meisten gelesenen und diskutierten des 19. Jahrhunderts, aber Strauß sollte nie auf einen theologischen Lehrstuhl berufen werden. Der Widerstand konservativer Protestanten war zu groß. Manche seiner Interpreten deuten die nochmalige Radikalisierung in seinem Alterswerk *Der alte und der neue Glaube* biografisch als Reflex einer Frustration. Schon der Titel ist eine Provokation, denn er suggeriert, der alte, christliche Glaube sei unhaltbar geworden. Dreieinigkeitslehre, Schöpfungsgeschichte und Glaube an ein Leben nach dem Tode haben sich, so Strauß, nach den Ergebnissen der historischen Kritik als unhaltbar erwiesen. Strauß erklärt unumwunden: „Wenn wir als ehrliche und aufrichtige Menschen sprechen wollen, so müssen wir bekennen, wir sind keine Christen mehr." (Strauß 1874, S. 94) Allerdings wolle er nicht behaupten, dass der moderne Mensch überhaupt keine Religion habe. Geblieben sei nämlich der „Grundbestandtheil aller Religion, das Gefühl der unbedingten Abhängigkeit". Da spiele es keine Rolle, ob man nun Gott oder Universum sage: „schlechthin abhängig" (Strauß verwendet hier eine berühmte Formulierung Schleiermachers) fühlen wir uns von dem einen wie von dem anderen (Strauß 1874, S. 146). Die Welt ist nicht mehr das Werk einer „absolut vernünftigen und guten Persönlichkeit", sondern nur noch „die Werkstätte des Vernünftigen und Guten": Sie ist nicht mehr angelegt *von einer* höchsten Vernunft, sondern angelegt *auf die* höchste Vernunft. Die biblische Schöpfungsgeschichte wird durch die Kantische Kosmologie und Darwins Abstammungstheorie ersetzt; die Verbindlichkeit des Dekalogs begreift Strauß schlicht als notwendiges Bedürfnis einer funktionierenden Gesellschaft, alles sittliche Handeln des Menschen als „ein Sichbestimmen des Einzelnen nach der Idee der Gattung". Der neue Imperativ lautet: „Vergiß in keinem Augenblick, daß du Mensch und kein bloßes Naturwesen bist; in keinem Augenblick, daß alle anderen gleichfalls Menschen sind" (Strauß 1874, S. 241, 243f.).

Der alte und der neue Glaube

Der neue Glaube

Im neuen Glauben ist das Christentum vollkommen verweltlicht. Er steht ganz im Zeichen des Fortschritts. Die Naturwissenschaft habe gezeigt, dass von den ältesten Zeiten der Erdgeschichte bis zur Gegenwart der höher organisierten Wesen ein steter Fortschritt zu erkennen sei. Im Menschen habe die Natur nicht nur aufwärts, sondern über sich selbst hinausgewollt.

Führte die konsequent durchgeführte Historisierung bei vielen Historikern eher zur Skepsis gegenüber der Annahme eines geradlinigen Fortschritts, so war es bei Strauß, dem ehemaligen Theologen und überzeugten Anhänger der Lehre Darwins, umgekehrt. Von theologischer Seite ist er heftig attackiert worden. Keine Kritik aber war sachlich so scharfsinnig und im Ton des Angriffs so heftig wie die des jungen Nietzsche.

Nietzsches Anfang

Friedrich Nietzsche (1844–1900), Sohn eines Pfarrers und schon mit 23 Jahren Professor für Altphilologie in Basel, gehört jener Generation an, die die volle Wucht der weltanschaulichen Wirkung von Darwins Lehre erlebte. Nietzsches Denken, seine Kritik des Christentums, seine Perspektive auf die Geschichte, seine Lehre von der ewigen Wiederkehr des Gleichen und die Idee des Übermenschen werden nur verständlich vor dem Hintergrund dieser historischen Situation. In dem Abschnitt „Warum ich ein Schicksal bin" aus dem autobiografischen Fragment *Ecce homo* (1889) hat Nietzsche kurz vor seinem endgültigen psychischen Zusammenbruch seine Rolle als Seismograph herausgestellt. Er erkannte eine Krise, die erst am Anfang steht, und er wollte diese Krise forcieren, um sie zu überwinden.

> „Ich kenne mein Loos. Es wird sich einmal an meinen Namen die Erinnerung an etwas Ungeheures anknüpfen, – an eine Krisis, wie es keine auf Erden gab, an die tiefste Gewissens-Collission, an eine Entscheidung, heraufbeschworen *gegen* alles, was bis dahin geglaubt, gefordert, geheiligt worden war. Ich bin kein Mensch, ich bin Dynamit." (Nietzsche, KSA 6, S. 365)

Glauben und Wissen

Nietzsches erstes Thema, das alle seine weiteren Wege mitbestimmen wird, ist das Verhältnis von Glauben und Wissen, von Wissen im Sinne der Wissenschaft und Glauben im Sinne religiöser und anderer Wertüberzeugungen. Dieses Thema behandelte er zunächst in den ersten beiden Bänden seiner *Unzeitgemässen Betrachtungen*: der Arbeit *David Strauss. Der Bekenner und Schriftsteller* (1873) und der Arbeit *Vom Nutzen und Nachtheil der Historie für das Leben* (1874).

Die erste Unzeitgemäße Betrachtung: David Strauss. Der Bekenner und Schriftsteller

Nietzsche war erschüttert von der leichtfertigen Art, mit der Strauß die Konsequenzen aus den neuen Ergebnissen der Naturwissenschaften, insbesondere der Abstammungslehre Darwins, gezogen hatte. Er widmete Strauß ein ganzes Buch, weil dessen Ansichten den Standpunkt des „deutschen Philisters" (heute würde man sagen: der sozial und ökonomisch aufstrebenden Mittelschicht) wiedergibt. Nietzsches Kritik setzt ein mit dem Hinweis, dass Strauß „Darwin als einen der grössten Wohltäter der Menschheit" preise, aber seine Ethik ganz losgelöst von der Frage, wie wir die Welt begreifen, aufbaue. Wenn die Naturwissenschaften tatsächlich an die Stelle der alten biblischen Weltauffassung träten, dann hätte Strauß konsequenterweise aus dem „bellum omnium contra omnes und dem Vorrechte des Stärkeren" Moralvorschriften für das Leben ableiten müssen. Darauf aber habe Strauß verzichtet: „Denn mit einer ächten und ernst durchgeführten Darwinistischen Ethik hätte man den Philister gegen sich, den man bei allen solchen Ausfällen für sich hat." Strauß' eigentliche Aufgabe sei gewesen, „die Phänomene sittlicher Güte, Barmherzigkeit, Liebe und Selbstverneinung, die nun einmal thatsächlich vorhanden sind, aus seinen Darwinistischen Voraussetzungen ernsthaft zu erklären und abzuleiten". Strauß aber habe es vorgezogen, durch einen „Sprung in's Imperativische sich vor der Aufgabe der E r k l ä r u n g zu flüchten." (Nietzsche, KSA 1, S. 194f.) Dieser Einwand ist nicht als Plädoyer für eine darwinistische Ethik zu verstehen. Nietzsche überlegt vielmehr, mit welchen Argumenten man den neuen Glauben als Konsequenz einer naturwissenschaftlichen Perspektive rechtfertigen könnte. Sein zentrales Argument lautet, dass Strauß „nicht zwischen Glauben und Wissen zu unterscheiden vermag", sondern fortwährend seinen sogenannten „neuen Glauben" und die „neuere Wissenschaft" zusammen nennt, weshalb man den Eindruck gewinnt, „dass er hier und da neuen Glauben und neuere Wissenschaft harmlos in sich einander vertreten läßt" (Nietzsche, KSA 1, S. 210). Nietzsche hat einen Verdacht, der ihm unheimlich ist: Der neue Glaube leistet nicht, was er verspricht, er hat nicht die Verbindlichkeit, die von einem echten Glauben ausgeht.

Die zweite Unzeitgemäße Betrachtung: Vom Nutzen und Nachtheil der Historie für das Leben

Unzeitgemäß, so Nietzsche, sei auch die *zweite Betrachtung*, weil er darin seiner Zeit etwas, auf das sie mit Recht stolz ist, einmal als Schaden vorhalten will. Er glaubt, dass „wir Alle an einem historischen Fieber leiden und mindestens erkennen sollten, dass wir daran leiden" (Nietzsche, KSA 1, S. 246). Die vollkommene Historisierung bringt jedes Phänomen zum Verschwinden:

> „Ein historisches Phänomen, rein und vollständig erkannt und in ein Erkenntnisproblem aufgelöst, ist für den, der es erkannt hat,

> todt. […] Die Geschichte als reine Wissenschaft gedacht und souverän geworden, wäre eine Art von Lebens-Abschluss und Abrechnung für die Menschheit.“ (Nietzsche, KSA 1, S. 248)

Nietzsche hat als Erster in dieser Konsequenz und mit dieser Deutlichkeit auf die negativen Folgen einer totalen Historisierung der Dinge hingewiesen. Absolut gewordenes historisches Denken führt in einen ethischen, erkenntnistheoretischen und ästhetischen Relativismus. Aber Nietzsche will dem historischen Denken nur seinen rechten Platz zuweisen. Also fragt er, in welcher Hinsicht die Geschichte dem Leben nützlich, in welcher sie nachteilig sein kann, und kommt zu einer Unterscheidung von drei Formen der Geschichtsschreibung:

Nachteil der Historie

> „In dreierlei Hinsicht gehört die Historie dem Lebendigen: sie gehört ihm als dem Thätigen und Strebenden, ihm als dem Bewahrenden und Verehrenden, ihm als dem Leidenden und der Befreiung Bedürftigen. Dieser Dreiheit von Beziehungen entspricht eine Dreiheit von Arten der Historie: sofern es erlaubt ist eine monumentalische, eine antiquarische und eine kritische Art der Historie zu unterscheiden.“ (Nietzsche, KSA 1, S. 248)

Die drei Arten der Geschichtsschreibung:

Die monumentalische Geschichte ist die Geschichte der Mächtigen, der Helden. Ihr Zweck ist ein klassisches Motiv aus dem reichen Garten der *historia magistra vitae*: Man entnimmt ihr die Möglichkeit historischer Größe. Was es einmal gab, wird es vielleicht auch in Zukunft noch einmal geben können. Diese Geschichtsschreibung ist ohne Zweifel Nietzsches Favorit, aber auch sie ist nicht ohne Gefahren, denn sie kehrt große Teile der Geschichte einfach unter den Tisch – das ist der klassische Einwand gegen jede Höhenkammgeschichtsschreibung. Die antiquarische Geschichtsschreibung ist ein Korrektiv der monumentalischen, denn sie widmet sich Allem und Jedem. Aber sie kommt in Nietzsches Urteil deutlich schlechter weg: Das Alte wird konserviert, indem seine Entstehungsbedingungen erinnert werden. Alles wird bewahrt. Die bloße Tatsache, dass etwas alt ist, fordert, dass es unsterblich sein müsse, bis sich Moderduft verbreitet. Die kritische Historie ist schließlich notwendig in ihrer destruktiven Kraft. Von Zeit zu Zeit muss die Anstrengung unternommen werden, „eine Vergangenheit zu zerbrechen und aufzulösen“ (Nietzsche, KSA 1, S. 258ff.).

Monumentalische

… antiquartische

… und kritische Geschichtsschreibung

In Bezug auf seine Gegenwart kritisiert Nietzsche zweierlei: ein bloßes Zuviel an historischem Sinn, der auch noch die Zukunft entwurzelt, sowie die von Hegel herkommende Vorstellung, dass die Geschichte auf einen vollkommenen Endzustand hinauslaufe: „Nein, das Ziel der Menschheit kann nicht am Ende liegen, sondern nur in ihren höchsten Exemplaren“ (Nietzsche, KSA 1, S. 317).

Nietzsches Historisierung

Nietzsche war selbst von dem historischen Fieber befallen, das er so luzide diagnostizierte. Zunächst wandte er die historische Perspektive auf die Erkenntnistheorie an: Nicht die Wahrheit eines Urteils sei entscheidend, sondern ob es nützlich, ob es lebensdienlich sei. In der *Fröhlichen Wissenschaft* (1882) lässt er den „tollen Menschen“ auftreten. Er fragt, wohin ist Gott, und antwortet, wir haben ihn getötet:

> „Wir Alle sind seine Mörder! Aber wie haben wir diess gemacht? Wie vermochten wir das Meer auszutrinken? Wer gab uns den Schwamm, um den ganzen Horizont wegzuwischen? Was thaten wir, als wir diese Erde von ihrer Sonne losketteten? Wohin bewegt sie sich nun? Wohin bewegen wir uns? Fort von allen Sonnen? Stürzen wir nicht fortwährend? Und rückwärts, seitwärts, vorwärts, nach allen Seiten? Giebt es noch ein Oben und ein Unten? Irren wir nicht wie durch ein unendliches Nichts? Haucht uns nicht der leere Raum an? Ist es nicht kälter geworden? [...] Gott ist todt! Gott bleibt todt! Und wir haben ihn getödtet!“ (Nietzsche, KSA 3, S. 480f.)

Dann stellt der tolle Mensch fest, dass er zu früh gekommen sei. Nietzsche verwendet das Bild, um zu sagen: Gott ist tot (d. h. Philister wie Strauß glauben nicht mehr an Gott), aber die Konsequenz, dass mit dem Ende des christlichen Glaubens auch die christlichen Werte keine Geltung mehr haben, ist den Menschen noch nicht bewusst.

Nihilismus

Nietzsche sieht in dieser Lage nur eine Möglichkeit: den Prozess der Entwertung zu forcieren. Es gilt den Nihilismus anzuerkennen, d. h. das Nichts zu wollen. Man muss durch eine Phase hindurch, in der die alten Werte endgültig entwertet werden, um Neues aufzubauen, um zu einer Umwertung aller Werte zu gelangen. Nietzsche braucht also die kritische Historie, die Entwertung der christlichen Werte muss beschleunigt werden. Dies geschieht in der *Genealogie der Moral* (1887). Wie in der Fabel bei Äsop der Fuchs behauptet, dass die Trauben, an die er nicht herankommt, zu sauer seien, so sind bei Nietzsche die christlichen Werte, vor allem das Mitleid, aus Ressentiment der Schwachen gegenüber den Starken entstanden. Nietzsche rekonstruiert die Geschichte der christlichen Werte, weil er glaubt, dass ein historisches Verstehen der christlichen Irrtümer den Prozess der Überwindung des Christentums beschleunigt.

Nietzsches Antwort auf die Krise des Nihilismus

Die in der *Genealogie der Moral* durchgeführte destruktive Operation hat nur vorbereitenden Charakter für Nietzsches positive Antwort auf die Krise des Nihilismus. Er gewinnt sie in Auseinandersetzung mit dem Darwinismus und im Rückgriff auf Ideen der Renaissance – konkret auf die Idee des großen Mannes, die Idee der ewigen Wiederkehr des Gleichen und die Idee der Selbstverwirklichung der eigenen Natur: „Du sollst der werden, der du bist" (Nietzsche, KSA 3, S. 519), es ist die Aufgabe des Übermenschen, sich selbst Gesetze zu geben.

Nietzsche und der Darwinismus

Nietzsche ist häufig als Darwinist bezeichnet worden, häufig wurde seine Theorie mit Darwin zusammengebracht. Beides ist grundfalsch, worauf er selbst hingewiesen hat: „gelehrtes Hornvieh" habe ihn des Darwinismus bezichtigt (Nietzsche, KSA 6, S. 300). Der Grund für diesen Irrtum liegt zum einen in der oberflächlichen Nähe bestimmter rhetorischer Figuren. Wenn Nietzsche sagt: „Aber ich sage Euch, was fällt, das soll man auch noch stossen!" (Nietzsche, KSA 4, S. 246), dann klingt das wie ein Plädoyer für das Recht des Stärkeren im Kampf ums Dasein. Zum anderen spricht er von der entsetzlichen Konsequenz des Darwinismus, den er „übrigens für wahr halte" (Nietzsche, KSA 7, S. 461) – gemeint ist hier aber die These einer Abstammung des Menschen, nicht die Theorie der natürlichen Zuchtwahl, die ohne Zweck auskommt.

Leben ist mehr als Selbsterhaltung

Schon gegen Hobbes und Spinoza (→ KAPITEL 6) wendet Nietzsche ein, dass Leben mehr ist als bloße Selbsterhaltung. Die Lehre Darwins beruhe aber auf diesem einen Gedanken, ihr gehe es darum, wie Selbsterhaltung, nicht wie Lebenssteigerung möglich sei. Nietzsche spottet daher, um den Darwinismus hauche „englische Ueberbevölkerungs stickluft" (Nietzsche, KSA 3, S. 585). In der biologischen Auseinandersetzung mit Fragen der Evolution gewinnt Nietzsche seine vitalistische Lehre vom Willen zur Macht, der auch in den niedersten Organismen wirkte: „Das Leben ist nicht Anpassung innerer Bedingungen an äußere, sondern Wille zur Macht, der von Innen her immer mehr ‚Äußeres' sich unterwirft und einverleibt" (Nietzsche, KSA 12, S. 295). Lebendiges will seine Kraft auslassen, Leben ist Wille zur Macht, die Selbsterhaltung nur eine indirekte Folge des Machtstrebens (Nietzsche, KSA 5, S. 27).

Der Wille zur Macht

Die Menschheit, so Nietzsche, stelle keine Entwicklung zum Höheren dar. Der Europäer des 19. Jahrhunderts stehe weit unter dem Europäer der Renaissance, Fortentwicklung führe nicht notwendig auch zu Höherentwicklung. Stattdessen gebe es stets ein „Gelingen einzelner Fälle an den verschiedensten Stellen der Erde und aus den verschiedensten Kulturen heraus", und es seien diese einzelnen Fälle, die sich im Verhältnis zum Rest der Menschheit als eine Art „Übermensch" darstellen. Solche Glücksfälle – seien es Individuen, seien es ganze Stämme, Geschlechter, Völker – waren immer möglich und werden vielleicht immer möglich sein. Von den ältesten Zeiten bis

Nietzsches „Übermensch"

heute ist der höhere Typus Mensch „viel gleichartiger als man denkt“ (Nietzsche, KSA 13, S. 191).

> „Meine Gesammtansicht. – Erster Satz: der Mensch als Gattung ist nicht im Fortschritt. Höhere Typen werden wohl erreicht, aber sie halten sich nicht. Das Niveau der Gattung wird nicht gehoben. Zweiter Satz: der Mensch als Gattung stellt keinen Fortschritt im Vergleich zu irgend einem anderen Thier dar. Die gesammte Thier- und Pflanzenwelt entwickelt sich nicht vom Niederen zum Höheren [...] Sondern Alles zugleich, und übereinander und durcheinander und gegeneinander.“ (Nietzsche, KSA 13, S. 316f.)

Nietzsches zyklische Perspektive

Nietzsches Ziel der Geschichte sind die höchsten Exemplare. Seine Perspektive auf die Geschichte als ganze ist zyklisch. Er ist tief überzeugt von einer ewigen Wiederkunft des Gleichen, sei es im Ablauf der Geschichte der Menschen, sei es in kosmologischer Perspektive.

Fragen und Anregungen

- Arbeiten Sie die verschiedenen möglichen geschichtsphilosophischen Implikationen der Abstammungslehre heraus.
- Diskutieren Sie, inwiefern Nietzsches Argumente gegen Strauß plausibel sind, und ob aus der Kritik diejenigen Schlüsse zu ziehen sind, die Nietzsche gezogen hat.
- Behandeln Sie allgemein das Problem, ob und wenn ja inwiefern eine historische Perspektive, die die Herkunft einer Sache in graduelle Übergänge auflöst, noch kategoriale Unterschiede anerkennen kann (z. B. den Unterschied zwischen Mensch und Tier).

Lektüreempfehlungen

Quellen

- **Charles Darwin: Die Abstammung des Menschen** [englisches Original: The Descent of Man 1871], übersetzt von Heinrich Schidt-Jena, nach der revidierten 2. Auflage (1874), Stuttgart 1966.
- **Friedrich Nietzsche: Vom Nutzen und Nachtheil der Historie für das Leben** [1874], in: ders., Kritische Studienausgabe Bd. 1, München, S. 243–334.
- **David Friedrich Strauß: Der alte und der neue Glaube. Ein Bekenntniß**, Bonn 1874.

Forschung

- **Wolfgang Lefèvre: Die Entstehung der biologischen Evolutionstheorie,** Wien u. a. 1984. *Profunder Überblick, der auch die soziologischen und sozialpolitischen Auswirkungen der Darwinschen Lehre miteinbezieht.*
- **Wolfgang Müller-Lauter: Nietzsche. Seine Philosophie der Gegensätze und die Gegensätze seiner Philosophie,** Berlin 1971. *Diskutiert die Spannung zwischen der Idee des Übermenschen und der Lehre von der ewigen Wiederkunft des Gleichen.*

12 Erneuerung der Geschichtsphilosophie im 20. Jahrhundert

I. TAFEL „GLEICHZEITIGER" GEISTESEPOCHEN.

INDISCHE seit 1500 v. Chr.	ANTIKE seit 1100 v. Chr.	ARABISCHE seit 0	ABENDLÄNDISCHE KULTUR seit 900
HERBST: Großstädtische Intelligenz. Höhepunkt strenggeistiger Gestaltungskraft.			
7. „Aufklärung": Glaube an die Allmacht des Verstandes. Kultus der „Natur". „Vernünftige Religion".			
Sutras; Sankhya. Jüngere Elemente der Upanishads.	Sophistik 5. Jahrh. Sokrates 469—399. Demokrit 460—360.	Mutaziliten 8. Jahrh. Nazzam, Alkindi um 830. Alkabi um 900.	Sensualisten (Locke, Shaftesbury) 17./18. Jahrh. Rousseau 1712—1778. Voltaire. Enzyklopädisten. 18. Jahrh.
8. Höhepunkt des mathematischen Denkens. Abklärung der Formenwelt der Zahlen.			
Verschollen. (Stellenwert, die Null als Zahl, Winkelfunktionen.)	Archytas 430—365. Plato 426—346. Eudoxos 408—355. (Kegelschnitte.)	Noch unerforscht. (Zahlentheorie, sphärische Trigonometrie.)	Euler 1707—1783. Lagrange 1736—1813. Laplace 1749—1827. (Infinitesimalproblem.)
9. Die großen abschließenden Systeme			
Des Idealismus: Yoga. Vedanta. Der Erkenntnistheorie: Vaiceshika. Der Logik: Nyaya.	Plato 426—346. Aristoteles 384—322.	Al Farabi † 950. Allaf † 850. Avicenna um 1000.	Goethe, Kant — Schelling, Fichte, Hegel.
WINTER: Anbruch der weltstädtischen Zivilisation. Erlöschen der seelischen Gestaltungskraft. Das Leben selbst wird problematisch. Ethisch-praktische Tendenzen eines irreligiösen und unmetaphysischen Weltstädtertums.			
10. Materialistische Weltanschauung: Kultus der praktischen Erfahrung des Nutzens, des Glückes.			
Tscharvaka. (Lokoyata.)	Cyniker, Cyrenaiker. Letzte Sophisten. Pyrrhon 325—275.	Kommunist., atheist., epikur. Sekten der Abbassidenzeit 9. Jahrh. Die „lauteren Brüder" um 950.	Bentham. Feuerbach, Stirner. Comte, Spencer, Marx. Darwinisten, Materialisten.
11. Ethisch-gesellschaftliche Lebensideale: Epoche der „Philosophie ohne Mathematik".			
Sekten der Buddhazeit.	Epikur 347—270. Zenon 340—265. Alexandrinismus.	Tendenzen im frühen Sufismus. Al Gunaid † 910.	Schopenhauer, Nietzsche. Sozialismus, Anarchismus. Hebbel, Wagner, Ibsen.
12. Innere Vollendung der mathematischen Formenwelt. Die abschließenden Gedanken.			
Verschollen.	Euklid, Apollonios 4./3. Jahrh. Eratosthenes, Archimedes 3. Jahrh.	Alchwarizmi 800, Ibn Kurra 850. Alkarchi, Albiruni 10. Jahrh.	Gauß 1777—1855. Cauchy 1789—1857. Riemann 1826—1866.
13. Sinken des abstrakten Denkertums zu einer fachwissenschaftlichen Kathederphilosophie. Kompendienliteratur.			
Die „sechs klassischen Systeme".	Akademie; Peripatos. Stoa; Epikuräer.	Schulen von Bagdad und Basra.	Kantianer, Hegelianer. „Logiker" und „Psychologen".
14. Das Ende: Ausbreitung einer letzten Weltstimmung.			
Der indische Buddhismus seit 500.	Der hellenistisch-römische Stoizismus seit 200.	Der praktische Fatalismus des Islam seit 1000.	Der ethische Sozialismus seit Ende des 19. Jahrh. sich verbreitend.

Abbildung 17: Oswald Spengler: Tafel „gleichzeitiger" Geistesepochen (Ausschnitt: unterer Teil, Herbst/Winter), aus: *Der Untergang des Abendlandes*, Erster Band (1918)

Die Darstellung aus Oswald Spenglers „Untergang des Abendlandes. Umrisse einer Morphologie der Weltgeschichte" zeigt einen Ausschnitt der I. Tafel „Gleichzeitiger Geistesepochen". Abgebildet ist die untere Hälfte. Spengler vergleicht die indische Kultur, die antike Kultur und die arabische Kultur mit der abendländischen Kultur seit 900 und fasst ihre Entwicklungsstadien in das Bild der Jahreszeiten: Der ‚Überpersönlichen Einheit und Fülle' im Frühling folgt die ‚Reifende Bewußtheit' im Sommer, der Herbst markiert den Höhepunkt der ‚Gestaltungskraft', bis diese im Winter schließlich erlischt.

Der Erste Weltkrieg hatte in Europa, Amerika und dem Rest der industrialisierten Welt die kollektiv gefühlte Überzeugung, der technische Fortschritt gehe immer einher mit einem kulturellen und zivilisatorischen Fortschritt, erschüttert. In dieser Situation wurde Spenglers Buch, dessen erster Band 1918 erschien, ein großer Erfolg. Das Buch ist der Versuch einer konsequenten Historisierung, einer umfassenden Weltgeschichte der verschiedenen Kulturen und Völker, die die kurze Geschichte des modernen Europas transzendiert. Seine Methode sind Analogie und Vergleich, das zugrunde liegende Prinzip ist eine biologische, vitalistische Vorstellung der Geschichte. Kulturen haben eine Jugend, eine Zeit der Reife, die sie auf einen Höhepunkt der Entwicklung führt, und gehen dann ihrem Ende entgegen. Spengler denkt zyklisch. Der Titel seines Buches, angelehnt an die Rede von Untergang des römischen Reiches, ist zugleich seine These. Auch das europäische Abendland wird, wenn es sich vollendet hat, untergehen. Alle großen Kulturen der Geschichte sind untergegangen. Warum sollte es ausgerechnet unserer Kultur anders ergehen?

Die Probleme, die eine konsequente Historisierung mit sich brachte, wurden jetzt in verschiedensten wissenschaftlichen Disziplinen heftig diskutiert. Die Verwissenschaftlichung des Lebens war in eine Krise geraten, und mit ihr der sogenannte Historismus. Es wurden neue Antworten auf die Frage nach dem Zusammenhang von Wissenschaft und Leben gesucht. Sind Sein und Sollen zwei verschiedene Sphären, wie Max Weber meint? Oder lassen sie sich nicht streng voneinander trennen, wie Ernst Troeltsch annimmt? Welche Konsequenzen ergeben sich, wenn der Historismus, wie bei Karl Mannheim, radikal wird?

12.1 Die Krisis des Historismus

Der Erste Weltkrieg

Die geschichtsphilosophische Situation der Jahre vor, während und unmittelbar nach dem Ersten Weltkrieg ist äußerst komplex. Schlägt man in Rudolf Eislers *Wörterbuch der Philosophischen Begriffe* aus dem Jahr 1910 den Artikel „Geschichtsphilosophie" nach, so liest man: „s. Soziologie" (Eisler 1910, Bd. 1, S. 422). Geschichtsphilosophie war keine genuin philosophische Fragestellung mehr, die noch junge Soziologie sollte sich nun um die Entwicklung der Menschheit kümmern. Geschichtsphilosophie wurde mit dem Namen Hegel assoziiert, das Programm galt als philosophisch gescheitert, auch wenn durch die großen sozialen Umwälzungen, die die Industrialisierung begleitet hatten, überall in Europa von Fortschritt die Rede war – bis im August 1914 der Erste Weltkrieg ausbrach.

Das erste Gesamterlebnis der Menschheit

Der Erste Weltkrieg, so Max Scheler, sei das erste Ereignis der Menschengeschichte, das man ein Gesamterlebnis der ganzen Menschheit nennen könne. Alle bisherige Weltgeschichte sei im Grunde partikulare Geschichte von einigen Völkern oder Nationen gewesen. Am Ersten Weltkrieg hingegen seien erstmals Völker und Nationen beteiligt, die über den ganzen Erdball verteilt sind (vgl. Scheler 1917, S. 7).

Der Historiker Ernst Bernheim begann sein Buch über mittelalterliche Zeitanschauungen mit einer Anekdote aus dem Ersten Weltkrieg: Im Oktober 1914 habe es Zeitungsberichte über eine Broschüre gegeben, die zwei Wochen zuvor unentgeltlich in der russischen Armee verteilt worden war und in der zu lesen war: „Der Deutsche Kaiser sei kein gewöhnlicher Mensch, sondern – der ‚Antichrist', dessen Erscheinen dem Ende aller Dinge vorangehe." Die Führung hatte erwartet, die Soldaten so zu besonderen Leistungen zu motivieren. Das Gegenteil war der Fall. Die russischen Soldaten waren der Meinung, dass man mit teuflischen Mächten besser nicht streite, und ließen keinerlei Eifer mehr erkennen. Daraufhin habe man eine neues Manifest herausgegeben, in dem klargestellt wurde, dass der Deutsche Kaiser ein Mensch wie jeder andere sei, und keinesfalls der gefürchtete Antichrist (Bernheim 1918, S. 1).

Während in west- und südeuropäischen Ländern die auf das Buch Daniel konzentrierte Eschatologie spätestens seit der Aufklärung keine Plausibilität mehr hatte, ist sie in dem von der Ostkirche geprägten Russland noch fester Bestandteil des Glaubens gewesen. Bernheims Anekdote ist ein gutes Beispiel für das zuerst von dem Kunsthistoriker Wilhelm Pinder und dann von dem Soziologen Karl Mannheim diagnostizierte Phänomen der *Gleichzeitigkeit des Un-*

Gleichzeitigkeit des Ungleichzeitigen

gleichzeitigen. Während in der einen Kultur eine Idee schon überholt ist, hat sie in der anderen noch ihre Geltung. Das Phänomen lässt sich auch innerhalb einer Kultur beobachten. Der Begriff „Gleichzeitigkeit des Ungleichzeitigen" ist Ausdruck einer impliziten Teleologie: Er sagt im Grunde nichts anderes als: Es gibt eine natürliche Entwicklung, die alle durchmachen, die sich aber an unterschiedlichen Orten bzw. in unterschiedlichen Kulturen nicht zur gleichen Zeit vollzieht, weshalb es ein Nebeneinander verschiedener, nämlich neuer und alter (eigentlich überholter) Anschauungen gibt.

Spätestens seit Ernst Troeltsch 1922 einen Aufsatz mit gleichnamigen Titel verfasst hatte, war von einer *Krisis des Historismus* die Rede. Anlass der Schrift war das Unbehagen der jüngeren Generation, das Troeltsch spürte und ernst nahm. Im Rückblick schien Nietzsches *Vom Nutzen und Nachtheil der Historie für das Leben* (1874) wie eine Prophetie.

Die Unhintergehbarkeit des Historismus nach Troeltsch

Troeltsch versuchte, das Wesen der modernen historischen Denkweise herauszustellen, und betonte die Unhintergehbarkeit dieser Denkweise. Das Wort Historismus sei ein Scheltwort geworden, Ausdruck für eine die Entschlusskraft schwächende historische Bildung, die alles in historische Zusammenhänge auflöse. Es gebe aber nicht nur eine existenzielle Krise, aus der ein Widerstand gegen den angeblichen wissenschaftlichen Fortschritt und die Verwissenschaftlichung des Lebens hervorgehe, sondern auch eine Krise innerhalb der Wissenschaften, die dem Gang der Historie selbst entspringe. Im 19. Jahrhundert seien alle wissenschaftlichen Zugänge zu Staat, Recht, Moral, Religion und Kunst im Fluss historischen Werdens aufgelöst worden. Das habe zu einem Bewusstsein der Wurzeln alles Zufälligen in überindividuellen Zusammenhängen geführt. Aber es habe auch alle ewigen Wahrheiten – seien es kirchlich-supranaturale, seien es ewige Vernunftwahrheiten – unplausibel gemacht. So kommt Troeltsch zu einer Bestimmung des Historismus:

Troeltschs Bestimmung des Historismus

> „Der Historismus in diesem Sinne ist die erstliche Durchdringung aller Winkel der geistigen Welt mit vergleichendem und entwicklungsgeschichtlich beziehendem Denken, die eigentümlich moderne Denkform gegenüber der geistigen Welt, die von der antiken und mittelalterlichen, ja auch der aufgeklärten-rationalen Denkweise sich grundsätzlich unterscheidet." (Troeltsch 1922a, S. 573)

Dieser Historismus habe unser geistiges Leben vollkommen verändert. Wir sind nicht mehr Teilhaber an unveränderlichen Wahrheiten, sondern an dem kontinuierlichen, sich stets wandelnden Lebensstrom.

Troeltschs Diagnose dürfte im Wesentlichen zugetroffen haben. Nicht nur in Deutschland, auch in anderen europäischen Ländern hatte der so verstandene Historismus alles in seinen Bann geschlagen. Die Diskussion beschränkte sich nicht nur auf Theologie und Geschichtswissenschaft. Auch in der Philosophie, in der Nationalökonomie und der Rechtswissenschaft gab es heftige Diskussionen um die Probleme, die der Historismus mit sich brachte (vgl. Oexle 1996; Wittkau 1994).

Wissenschaft und Leben

Am Ende seines Aufsatzes *Die Krisis des Historismus* stellte Troeltsch fest: „So versteht man die heutige Krisis des Historismus als eine tiefe innere Krise der Zeit überhaupt. Es ist kein blos wissenschaftliches, sondern ein praktisches Lebensproblem. Welchen Ausgang gibt es?" (Troeltsch 1922b, S. 586) Um die Antwort war in den Jahren vor und während des Weltkrieges von verschiedener Seite heftig gerungen worden. Die Jüngeren hatten sich zumeist Sinnangeboten angeschlossen, die gegen die etablierte akademische Wissenschaft opponierten. Rechte und linke Gemeinschaftsideologie stand hoch im Kurs. Dichter wie Stefan George konkurrierten mit charismatischen Professoren um die Gunst der Nachkriegsgeneration, die sich zu einem großen Teil in den verschiedenen Gruppierungen der Jugendbewegung organisierte. Unter den großen Professoren waren es zwei gute Freunde, die diametral entgegengesetzte, bis heute diskutierte Antworten auf die Frage nach dem Zusammenhang von Wissenschaft und Leben gegeben haben: Max Weber und Ernst Troeltsch, deren Ansätze in einem spannungsreichen Verhältnis zueinander stehen (→ KAPITEL 2.3).

12.2 Max Weber

Max Webers Beiträge zu methodischen und universalgeschichtlichen Fragestellungen sind zu vielfältig und reichhaltig, um sie in der ihnen gebührenden Ausführlichkeit vorzustellen. Webers geschichtsphilosophische Diagnose berührt sich in einigen Punkten mit der von Nietzsche diagnostizierten Problematik negativer Wirkungen der Wissenschaft auf das Leben. Am eindringlichsten behandelt sie Weber in seinem kurzen Text *Wissenschaft als Beruf*, der auf einen Vortrag zurückgeht. Seiner suggestiven Rhetorik kann man sich nur schwer entziehen. Karl Löwith war unter den Hörern des Vortrags, den Weber im November 1917 in einer Schwabinger Buchhandlung gehalten hatte. Er berichtet, Weber habe vollkommen frei gesprochen, und der Vortrag sei später so veröffentlicht worden, wie er gesprochen wurde:

Wissenschaft als Beruf

„Der Eindruck war erschütternd. In seinen Sätzen war die Erfahrung und das Wissen eines ganzen Lebens verdichtet, alles war

> unmittelbar aus dem Innern hervorgeholt und mit dem kritischen Verstande durchdacht, gewaltsam eindringlich durch das menschliche Schwergewicht, welches ihm seine Persönlichkeit gab. Der Schärfe der Fragestellung entsprach der Verzicht auf jede billige Lösung." (Löwith 1986, S. 13f.)

Der Vortrag handelt von dem, was junge Menschen von der Wissenschaft erwarten können. Er handelt von praktischen Dingen: von der Mühsal akademischer Karriere und von Sinnfragen. Weber vertritt auch hier die Forderung, die Wissenschaft solle und könne wertfrei und objektiv sein. Aber er widmet sich auch noch einem anderen Thema, das in seinen wissenschaftlichen Arbeiten eher selten zur Sprache kommt, nämlich der Frage, inwiefern die Wissenschaft und praktische Sinnfragen miteinander verbunden sind. Weber bestimmt das Wesen der modernen Wissenschaft, indem er auf die Idee des Fortschritts und die Vorstellung der prinzipiellen Erkennbarkeit und Beherrschbarkeit der Welt eingeht. Diesen Vorgang nennt er „Entzauberung".

Wissenschaft und praktische Sinnfragen

Webers Arbeiten zu universalgeschichtlichen Fragen stehen zum Teil unverbunden nebeneinander. Die Frage nach der Herkunft des okzidentalen Rationalismus in der *Protestantischen Ethik* (1904/05) stellt ein Ereignis – die Entstehung des Protestantismus – in den Mittelpunkt, von dem aus eine entscheidende Weichenstellung der Weltgeschichte beschrieben wird. In *Wissenschaft als Beruf* hingegen beschreibt Weber den Prozess der Entwicklung der westeuropäischen Menschheit als Entzauberung. Auch der Begriff Entzauberung meint eine Rationalisierung, allerdings eine Rationalisierung, die nicht erst durch den Protestantismus in die Welt gekommen ist. Entzauberung ist der Vorgang, der dazu führt, dass als wissenschaftlich nur anerkannt wird, was eindeutig erkennbar ist. Sobald Werte ins Spiel kommen, muss sich die Wissenschaft asketisch zurückhalten.

Entzauberung

Die verschiedenen Wertordnungen stehen in einem unlösbaren Streit, den keine Wissenschaft entscheiden kann. Webers Verständnis des Lebens ist vitalistisch. Im Hintergrund stehe immer der eine Grundsachverhalt: „daß das Leben, solange es in sich selbst beruht und aus sich selbst verstanden wird, nur den ewigen Kampf jener Götter miteinander kennt". Man könne nicht wissenschaftlich entscheiden zwischen dem Wert der französischen und deutschen Kultur, denn da „streiten eben auch verschiedene Götter miteinander, und zwar für alle Zeit" (Weber 1922, S. 550; S. 546). Es lässt sich zwar wissenschaftlich verstehen, was das Göttliche für die eine oder andere Seite ist, aber es lässt sich wissenschaftlich kein Plädoyer für die eine oder andere Seite formulieren. Hier gibt es nur Entschei-

Entscheidung statt Begründung

dung, keine Begründung. Kein Weg führt von der Wissenschaft zu Urteilen über Weltanschauung und Religion.

Weltanschauung und Religion

Weber vertritt damit den Standpunkt, den auch Nietzsche zunächst gegenüber David Friedrich Strauß einnahm, als er eine strikte Trennung von Wissen und Glauben eingefordert hatte (→ KAPITEL 11.2). Weber hält die Aufhebung der Trennung für falsch, nicht nur, weil damit die Idee einer objektiven Wissenschaft infrage gestellt wäre, sondern auch aus einer moralisch-sittlichen, lebenspraktischen Perspektive heraus. Der Weg ist für ernste Menschen, die sich nicht selbst betrügen wollen, nicht gangbar.

Die Entzauberung der Welt, zu der die Entwicklung der neuzeitlichen Wissenschaft geführt hat, berührt auch die Sphäre der Sinnfragen:

> „Wie der Wilde es macht, um zu seiner täglichen Nahrung zu kommen, und welche Institutionen ihm dabei dienen, das weiß er. Die zunehmende Intellektualisierung und Rationalisierung bedeutet also *nicht* eine zunehmende allgemeine Kenntnis der Lebensbedingungen, unter denen man steht. Sondern sie bedeutet etwas anderes: das Wissen davon oder den Glauben daran: daß man, wenn man *nur wollte*, es jederzeit erfahren könnte, daß es also prinzipiell keine geheimnisvollen unberechenbaren Mächte gebe, die dahinein spielen, daß man vielmehr alle Dinge – im Prinzip – durch *Berechnen beherrschen* könne. Das aber bedeutet: die Entzauberung der Welt. Nicht mehr, wie der Wilde, für den es solche Mächte gab, muß man zu magischen Mitteln greifen, um die Geister zu beherrschen oder zu erbitten. Sondern technische Mittel und Berechnung leisten das. Dies vor allem bedeutet die Intellektualisierung als solche. Hat denn aber nun dieser in der okzidentalen Kultur durch Jahrtausende fortgesetzte Entzauberungsprozeß und überhaupt: dieser ‚Fortschritt', dem die Wissenschaft als Glied und Triebkraft mit angehört, irgendeinen über dies rein Praktische und Technische hinausgehenden Sinn?" (Weber 1922, S. 536)

Analogie zu Nietzsche

Weber steht vor dem gleichen Problem wie Nietzsche, nachdem dieser gemerkt hatte, wie sehr sich die Sichtweise von Strauß durchgesetzt hatte. Weber will zwar die Sphäre der Wissenschaft und die der praktischen Lebensbezüge streng auseinanderhalten, aber er muss zugestehen, dass die Wissenschaft auf die praktischen Lebensvollzüge in einer nicht mehr rückgängig zu machenden Weise gewirkt hat. Er diagnostiziert ein neues Bedürfnis nach Weltanschauung und Religion, das entstehen konnte, weil die Entzauberung ein Sinnvakuum hinterlassen hat.

Nietzsche hatte den Standpunkt, zwischen Wissen und Glauben zu trennen, nicht durchgehalten und später versucht, eine Welt-

Keine Wiederverzauberung

anschauung zu begründen. Eine künstliche Schaffung neuer Werte, eine Umwertung aller Werte, wie von Nietzsche propagiert, lehnte Weber entschieden ab. Alle Versuche in diese Richtung seien intellektuell nicht rechtschaffen und führten zu den seltsamsten Blüten. Die „Opfer des Intellekts" bringe rechtmäßig nur der „Jünger dem Propheten, der Gläubige der Kirche". Noch nie aber sei eine neue Prophetie dadurch entstanden,

> „daß manche moderne Intellektuelle das Bedürfnis haben, sich in ihrer Seele sozusagen mit garantiert echten, alten Sachen auszumöblieren, und sich dabei dann noch daran erinnern, daß dazu auch die Religion gehört hat, die sie nun einmal nicht haben, für die sie nun aber eine Art von spielerisch mit Heiligenbildchen aus aller Herren Länder möblierter Hauskapelle als Ersatz sich aufputzen oder ein Surrogat schaffen in allerhand Art des Erlebens, denen sie die Würde des mystischen Heiligkeitsbesitzes zuschreiben und mit dem sie auf dem Büchermarkt hausieren gehen". Das alles sei „Schwindel oder Selbstbetrug" (Weber 1922, S. 553).

Kritik an Weber

Max Webers Rede mobilisierte die akademische Jugend nach dem Ende des Ersten Weltkriegs. Seine Haltung provozierte den Widerspruch weiter Teile der jüngeren Generation, die ihr Sinnbedürfnis befriedigt wissen wollte. Viele flüchteten sich in neue Sinnangebote. Aus dem Kreis um den Dichter Stefan George kam scharfe Kritik. Einige warfen Weber vor, ihnen keinen Weg zu zeigen. Aber Weber hatte eine Empfehlung gegeben. Mit dem Sehnen und Harren sei es nicht getan, hieß es am Ende seines Vortrages, jeder habe seine Aufgabe, die es zu erfüllen gelte, menschlich wie beruflich: „Die aber ist schlicht und einfach, wenn jeder den Dämon findet und ihm gehorcht, der *seines* Lebens Fäden hält." (Weber 1922, S. 555) Das zeigt am Ende wieder die Nähe zu Nietzsche. Liebe dein Schicksal, amor fati, hatte Nietzsche gepredigt: „Du sollst der werden, der Du bist." (Nietzsche, KSA 3, S. 519)

12.3 Ernst Troeltsch

Als Max Weber 1920 überraschend starb, schrieb Ernst Troeltsch in seinem Nachruf: „Er war in allen politischen und sozialen Dingen vollkommener Relativist und kannte nur zwei absolute Dogmen, den Glauben an die Nation und den kategorischen Imperativ der Gerechtigkeit" (Troeltsch 1925, S. 251). Troeltsch unterstellte hier, dass Weber seinen methodischen Standpunkt, d. h. die Forderung der Wertfreiheit, nicht nur als Wissenschaftler, sondern auch als Person

Sein und Sollen

absolut gesetzt hat. Andernfalls wäre es bloße Polemik, Weber einen Relativisten zu nennen. Weber vertritt ja letztlich einen kantianischen Standpunkt, den man grob so zusammenfassen kann. Es gibt keinen Weg vom Sein zum Sollen, Sein und Sollen sind zwei verschiedene Sphären, die sich nicht berühren.

Die unterschiedlichen Auffassungen über Sein und Sollen markieren genau den Dissens zwischen den Positionen von Weber und Troeltsch. Troeltsch bestreitet, dass sich das Sein streng vom Sollen trennen lässt. Kritikern der behaupteten Dichotomie von Sein und Sollen wird oft vorgeworfen, dass jeder Schluss vom Sein aufs Sollen unberechtigt sei, weil nicht zu verstehen sei, warum dieses oder jenes Sollen aus einem Sein folge. Der Einwand ist prinzipiell berechtigt, trifft aber Troeltsch nicht, der niemals versucht hat, aus der Geschichte Werte abzuleiten, wie man manchmal lesen kann. Seine Position ist eine ganz andere: Er behauptet, es gibt keine Explikation irgendeiner historischen Tatsache, die frei von irgendeiner Wertung wäre. Indem wir Geschichte schreiben, drücken wir immer schon bestimmte Werturteile aus. In der Debatte über das Wesen des Christentums sagt er in kritischem Anschluss an Adolf von Harnack: „Wesensbestimmung ist Wesensgestaltung“ (Troeltsch 1903, S. 431).

Wesensbestimmung ist Wesensgestaltung

Troeltsch war schon sehr früh auf die Probleme des Historismus gestoßen. In einer seiner ersten programmatischen Arbeiten, *Geschichte und Metaphysik* (1898), beschrieb er die schwierige Ausgangslage, in die er sich gestellt sah und die zu seinem Lebensthema werden sollte: Er bekannte sich zwar zur historischen Betrachtungsweise, sah aber auch deren Schwierigkeiten. Einem durch die historische Betrachtungsweise evozierten Relativismus begegnete er schon hier mit dem Versuch, durch die Geschichte zu metaphysischen Fragen vorzustoßen:

Geschichte und Metaphysik

> „der Historismus kennt die Ideale aller Zeiten und auch die seiner eigenen als historisch bedingte und kennt eben deshalb keinen Glauben, der für ihn selber normativ wäre. Eine außerordentlich ausgebreitete und intensive Kenntnis der Vergangenheit, wie sie niemals vorher vorhanden gewesen ist, eine überaus feine, kunstvoll ausgebildete und von einem wunderbaren Takt des Verständnisses geleitete Analyse, ein bis zur Selbstverleugnung gehendes sympathisches Mitverständnis für das Fremdartigste, eine unheimliche Kunst, alles scheinbar Feste in Flüssiges und Werdendes aufzulösen, das sind die Vorzüge dieser wissenschaftlichen Lage, durch die unter allen Umständen unsere Erkenntnis des wahren Sachverhaltes außerordentlich erweitert worden ist. Der spielende Relativismus, dem alles etwas Werdendes und Vergehendes, Bedingtes und Relati-

> ves ist, die geistreich in allen Farben schillernde Entäußerung von jeder persönlichen Ueberzeugung, die Erstickung aller Produktivität und robusten Kraft einfachen Glaubens an allgemeingiltige Normen, die Auflösung der Wissenschaft in die Schaffung von endlosen Dubletten des schon einmal Dagewesenen, die Gewöhnung an die bloße Routine historischen Spezialistentums, das sind die schweren Gebrechen des Historismus." (Troeltsch 1898, S. 103)

Die Gefahren der Lage, so Troeltsch, können nur überwunden werden durch eine ‚Metaphysik der Geschichte', die das Wahre der geschichtlichen Entwicklung herauspräpariert und es auf „Grund des Glaubens an die Vernunft der menschlichen Geschichte" dem Glauben darzubieten weiß (Troeltsch 1898, S. 103).

Geschichtsphilosophie als philosophisches Projekt

Als Troeltsch vier Jahre nach Wilhelm Diltheys Tod 1915 von Heidelberg nach Berlin umsiedelte, wechselte er auch von einem theologischen auf einen philosophischen Lehrstuhl. In seiner Berliner Antrittsrede soll er nach den Worten seines Schülers Ludwig Marcuse gesagt haben: „Ich bin hergekommen, um der Anarchie der Werte ein Ende zu machen" (Marcuse 1960, S. 49). Damit bezog er sich auf jene berühmte Rede, die Dilthey an seinem 70. Geburtstag 1903 gehalten und in der er eingestanden hatte, dass ihm die Mittel fehlten, die Anarchie der Überzeugungen, die hereinzubrechen drohe, zu überwinden (→ KAPITEL 9.4).

Materiale Geschichtsphilosophie

Um 1916 fasste Troeltsch den Plan zu einer großangelegten Geschichtsphilosophie. Zunächst wollte er eine materiale Geschichtsphilosophie verfassen. Darunter versteht er eine europäische Kulturgeschichte, die die verschiedenen Grundgewalten der europäischen Geschichte, den hebräischen Prophetismus und die hebräische Bibel, das klassische Griechentum, den antiken Imperialismus der römisch-hellenistischen Monarchie und das abendländische Mittelalter als die tragenden Mächte der europäischen Kultur in ihrer Bedeutung für die Gegenwart herausstellt. Troeltschs Grundgedanke ist, dass jede Zeit ihre Maßstäbe und Werte aus der Vergangenheit gewinnt, die so gedeutet wird, dass sie eine bestimmte Richtung für die Zukunft öffnet.

Logische Grundlegung der Geschichtsphilosophie

Bald bemerkte Troeltsch, dass die materiale Geschichtsphilosophie einer erkenntnistheoretischen Grundlegung bedurfte, und machte sich daran, in Auseinandersetzung mit nahezu allen geschichtsphilosophischen Ansätzen seit der Aufklärung eine solche Grundlegung, die er logische Grundlegung der Geschichtsphilosophie nannte, zu entwickeln. Resultat dieser Anstrengungen war der erste Band seines letzten großen Buches *Der Historismus und seine Probleme*: *Das logische Problem der Geschichtsphilosophie* (1922).

Formale Geschichtsphilosophie

Eine formale Geschichtsphilosophie ist dann das Ergebnis der erkenntnistheoretischen Grundlegung der Geschichtswissenschaft. Sie behandelt die Frage, nach welchen Kriterien der Historiker bei der Auswahl seines Stoffes vorgeht. Jeder Punkt, an dem der Historiker ansetzt, – sei es ein Ereignis, eine historische Persönlichkeit usw. – ist, so Troeltsch, eine *individuelle Totalität*. Das bedeutet zum einen: Der Historiker steht nicht außerhalb des Prozesses, den er beschreiben will. Er ist immer schon in einer Wertbeziehung mit dem historischen Objekt. Und es heißt zum anderen: Jeder individuellen Totalität ist eine „Wert- und Sinneinheit immanent", sie verweist auf bestimmte Entwicklungsmöglichkeiten. Jede Entwicklung ist Sinnentwicklung und daher muss es, so Troeltsch, eine „sinnvolle Entwicklungseinheit der Menschheit geben". Diese ist allerdings noch nicht konstruierbar, weil die Ganzheit der menschlichen Entwicklung noch nicht vor uns liegt.

Formale und materiale Geschichtsphilosophie im Verhältnis

Mit der Bestimmung einer formalen Geschichtslogik ist zugleich auch deren Verhältnis zur materialen Geschichtsphilosophie bestimmt, die die tatsächlichen Sinnrichtungen offenlegt:

> „An dem Faden solcher Deutung also geht die Geschichtslogik unversehens in die materiale und universale Geschichtskonstruktion hinüber, und es erweist sich nun, daß eines ohne das andere unmöglich ist. Die Geschichtslogik ohne Konstruktion des universalen Prozesses ist ein Torso, lediglich eine logische Theorie der empirischen Historie; die Konstruktion ohne logisch gesicherte Empirie ist ein Haus ohne Fundament, lediglich ein Ideal- und Umrißgebilde der träumenden Seele oder der souveränen Willkür. Beides hängt tatsächlich und psychologisch aufs engste zusammen. Wenn das aber so ist, dann muß auch im wissenschaftlichen und logischen Sinne die materiale Geschichtsphilosophie aus der formalen herauswachsen." (Troeltsch 1922a, S. 64)

Die Aufgabe der materialen Geschichtsphilosophie ist in erster Linie „nichts anderes als die Gewinnung eines Maßstabes, eines Ideals, einer Idee der von der jeweiligen Gegenwart – diese im großen als Gesamtsituation und Ergebnis von Jahrtausenden gesehen – zu schaffenden neuen Kultureinheit". Sie ist naturgemäß teleologisch, im Sinn einer offenen Teleologie: „es ist nicht die Teleologie des objektiv konstruierbaren und vom letzten ewigen Zweck aus gesehenen Weltverlaufes, sondern die Teleologie des seine Vergangenheit zur Zukunft aus dem Moment herausformenden und gestaltenden Willens". Bildung der Maßstäbe und Synthese der Maßstäbe sind für Troeltsch Sache des Glaubens: Nur in einem nachträglichen Sprung können wir uns für unsere intuitiv gewonnenen Maßstäbe entscheiden. Letztendlich sind unsere Maßstäbe aus dem Leben herausgebildete Gehalte „als Ausdruck und Offenbarung des göttlichen Lebensgrundes und der inneren Bewegung dieses Grundes auf einen uns unbekannten Gesamtsinn der Welt hin", sie sind „Repräsentanten des unerkennbaren Absoluten." (Troeltsch 1922a, S. 175)

Die gegenwärtige Kultursynthese

Die Aufgabe der materialen Geschichtsphilosophie ist eine praktische, ethische, wenn man das Wort im griechischen Sinne verwendet: Es ist die *gegenwärtige Kultursynthese*. Sie gilt es herauszuarbeiten aus den aus Vergangenheit und Gegenwart sich ergebenden Maßstäben der Sinnentwicklung. „Die Idee des Aufbaues heißt Geschichte durch Geschichte überwinden" (Troeltsch 1922a, S. 772). Die Schaffung einer gegenwärtigen Kultursynthese sei „die einzig mögliche philosophische Bewältigung des Historismus". Sie stehe „im Einklang mit der heute sich überall durchsetzenden Einsicht von der in letzter Linie praktischen Bedingtheit" aller Erkenntnis, „die allem Endlichen gegenüber niemals Erkenntnis bloß an sich, sondern zugleich Auslese und Gestaltung des Endlichen in dem Dienste der Entfaltung und Steigerung des Geistes ist" (Troeltsch 1922a, S. 112).

Verstehen

Wie aber ist überhaupt Verstehen und damit auch historisches Verstehen möglich? Für Troeltsch handelt es sich dabei nicht nur um eine erkenntnistheoretische, sondern auch um eine metaphysische Frage. Verstehen ist möglich, so Troeltsch im Anschluss an Wilhelm von Humboldt, aufgrund einer nicht aufklärbaren Verbindung von Subjekt und Objekt: „fremde, vergangene und zukünftige Wertungen" können empfunden werden wie eigene, „weil wir die fremden Iche zugleich in uns tragen. Dann können Uebereinstimmungen in den Wertungen stattfinden, weil wir alle schließlich aus dem gleichen Grunde des Allebens stammen und in und miteinander fühlen können" (Troeltsch 1922a, S. 209). Die Möglichkeit, alles zu verstehen, schließt Troeltsch für die Gegenwart aus. Verstehen ist nur möglich innerhalb einer Sinn-Entwicklungslinie:

Sinngehalt

> „Der historische Gegenstand kann nur durch einen, wenn auch noch so reichen und bewegten, so doch einheitlichen oder zur Einheit zusammengewachsenen Sinngehalt zusammengehalten werden, und dieser Sinngehalt muß dem gemeinsamen Erleben und Verstehen zugänglich sein. Nun aber gibt es für die ‚Menschheit' in ihrer noch völlig undurchdrungenen und unverstandenen zeitlichen und räumlichen Gesamtausdehnung keinen gemeinsamen Sinn- und Kulturgehalt. Abendland, näheres und ferneres Morgenland, Kulturvölker, Halbkulturvölker und Primitive sind derart verschieden, daß von einem gemeinsamen Kulturgehalt der heuti-

gen Menschheit noch nicht entfernt die Rede sein kann, wie sehr auch gewisse allgemeinste und formale moralische Begriffe von Menschenwürde und Gerechtigkeit, Reinheit und Güte bis zu einem gewissen Grade allgemein verbreitet sein mögen.“ (Troeltsch 1922a, S. 705f.)

Die gegenwärtige Kultursynthese kann daher nur „Kultursynthese des Europäismus“ (Troeltsch 1922a, S. 209) sein. Eine Universalgeschichte ist für Troeltsch nur als Universalgeschichte Europas möglich.

Kultursynthese des Europäismus

Bevor Troeltsch seinen Versuch einer Kultursynthese ausarbeiten konnte, starb er im Februar 1923 in Berlin. Ein kurzer, bedeutender und einflussreicher Vortrag über *Naturrecht und Humanität in der Weltpolitik* (1922) gibt jedoch einen Eindruck davon, was ihm vorschwebte. Troeltsch vergleicht hier in groben Zügen die westeuropäische und deutsche Idee der Humanität. Beide stünden sich ‚heute‘ (also: 1922) mit dem Anspruch der Ausschließlichkeit gegenüber. Auf der einen Seite stehe das westeuropäisch-amerikanische Denken. Zu ihm gehören das Naturrecht, die Idee allgemein zuerkannter Menschenrechte und die Idee des Fortschritts. Von diesem Denken hebe sich das deutsche Denken schroff ab. Es wende sich im Namen des Individuellen gegen das Naturrecht und die Idee universaler Menschenrechte. Es habe eine eigene, ganz andere Humanitätsidee: „nicht die überall gleiche Vernunftwürde und die Erfüllung des allgemeinen Gesetzes, sondern die ganz persönliche und eigenartige Vollauswirkung des Geistes nach allen Seiten“. Es habe eine andere Gemeinschaftsidee: „nicht Vertrag oder zweckrationale Konstruktion“, sondern die von „grundlegenden Individuen ausstrahlenden überpersönlichen geistigen Kräfte des Volksgeistes“ (Troeltsch 1923, S. 13f.). Zunächst seien diese deutschen Ideen außerordentlich fruchtbar gewesen, aber in der zweiten Hälfte des 19. Jahrhunderts seien sie immer mehr pervertiert worden.

Naturrecht und Humanität in der Weltpolitik

Das westeuropäisch-amerikanische Denken …

… und das deutsche Denken

Nachdem er die Gegensätze der beiden Denkrichtungen pointiert hat, wechselt Troeltsch seine Perspektive. Er fragt, wer Recht habe in diesem Streit? Müssen wir uns für eine der beiden Richtungen entscheiden, oder ist eine Ausgleichung zwischen ihnen möglich, vielleicht wünschenswert? In einem neuen Anlauf argumentiert er: Letztlich seien die Unterschiede weniger ausschließlich, als es den Anschein hat: „Beide Systeme setzen die Autonomie des Menschen und der Persönlichkeit voraus.“ (Troeltsch 1923, S. 17) Zwingt uns dieser Streit zur Berichtigung unserer deutschen Theorien, fragt Troeltsch, und antwortet: Es muss ein Ausgleich zwischen den beiden Parteien stattfinden. Das deutsche Denken muss sich dem westeuropäischen wieder annä-

Synthese der Denkrichtungen

hern. Dies ist möglich, denn es handelt sich um „keine grundsätzliche Umkehr und keine Verleugnung unserer geistigen Eigenart“, sondern nur um „die Wiederbelebung verlorengegangener Ideen und die Auswirkung und Anpassung unseres Stammgedankens an die heute gewaltig veränderten Weltverhältnisse“ (Troeltsch 1923, S. 22). Die angestrebte Synthese sei aber umgekehrt auch für das westeuropäische naturrechtliche Denken notwendig, denn die deutsche „organische Gemeinschaftsidee einer in sich gegliederten und dem Ganzen dienenden, durch dessen Individualität mitbestimmten Lebenseinheit ist sicherlich rein ethisch eine reichere und lebendigere Idee als alle Kontrakte und Kontrollen zum Zweck gemeinsamer Wohlfahrt“ (Troeltsch 1923, S. 21). Die Synthese ist möglich, weil es eine gemeinsame Herkunft gibt: Bei den Ideen des Naturrechts und der Humanität handle es sich gar „nicht um neue und besondere westeuropäische Begriffe, sondern um uralte europäisch-antik-christliche Ideen, die den Grundstock der europäischen Geschichtsphilosophie und Moral bildeten und mit Theologie und Humanismus seit Jahrtausenden verschwistert sind“ (Troeltsch 1924, S. 5).

12.4 Radikalisierung des Historismus

Der Soziologe Karl Mannheim (1893–1947) hat mit seinem 1929 erschienenen Buch *Ideologie und Utopie* die letzte große fächerübergreifende Debatte der Weimarer Republik ausgelöst. Unter dem Namen Wissenssoziologie radikalisierte er den Historismus noch einmal, indem er ihn mit der marxistischen Basis-Überbau-Lehre zusammendenkt. Alle Ideen, so Mannheim, hätten sich bisher in der Geschichte ‚blamiert‘ – jegliche ‚Wahrheit‘ konnte bisher als ‚Ideologie‘ entlarvt werden. Allen Ideologien konnte ihre Abhängigkeit von einer gesellschaftlichen Klasse nachgewiesen werden.

Wissenssoziologie

Ende der Entwicklung historischen Denkens?

Für Mannheim ist die Entwicklung des historischen Denkens zu einem Ende gekommen: Es gebe keinen Bereich mehr, der von der relativierenden Wirkung des Historismus verschont geblieben ist. Die Standortgebundenheit aller Ideen sei endgültig erkannt. Alle Utopien haben sich als Utopien, als nicht zu verwirklichen, entpuppt. Die letzten Sätze von *Ideologie und Utopie* vermitteln einen Eindruck von den Schwierigkeiten, die Mannheim in naher Zukunft heraufkommen sah. Für die Zukunft ergebe sich,

> „daß eine absolute Ideologie- und Utopielosigkeit prinzipiell zwar möglich ist in einer Welt, die gleichsam mit sich fertig geworden

> ist und sich stets nur reproduziert [...]. Während der Untergang des Ideologischen nur für bestimmte Schichten eine Krise darstellt und die durch Ideologieenthüllung entstehende Sachlichkeit für die Gesamtheit immer eine Selbstklärung bedeutet, würde das völlige Verschwinden des Utopischen die Gestalt der gesamten Menschwerdung transformieren. Das Verschwinden der Utopie bringt eine statische Sachlichkeit zustande, in der der Mensch selbst zur Sache wird. Es entstünde die größte Paradoxie, die denkbar ist, daß nämlich der Mensch der rationalsten Sachbeherrschung zum Menschen der Triebe wird, daß der Mensch, der nach einer so langen opfervollen und heroischen Entwicklung die höchste Stufe der Bewußtheit erreicht hat – in der bereits Geschichte nicht blindes Schicksal, sondern eigene Schöpfung wird –, mit dem Aufgehen der verschiedenen Gestalten der Utopie den Willen zur Geschichte und damit den Blick in die Geschichte verliert." (Mannheim 1929, S. 249f.)

Der Romanist Ernst Robert Curtius sah in seinem Buch *Deutscher Geist in Gefahr* 1932 eine stark nihilistische Tendenz von Mannheims *Ideologie und Utopie*, das „in den rechtsrevolutionären Kreisen unserer Jugend ebenso beachtet und verwertet" werde wie auf der Gegenseite.

Curtius unterstellte Mannheim den Versuch einer Soziologie als ‚Generalwissenschaft' der Entwicklungsgeschichte der Menschheit. Hinter diesem Argument verbarg sich ein klassischer Vorwurf gegen jede Lehre, die einen absoluten Standpunkt negiert. In Mannheims Negation eines absoluten Standpunktes sah Curtius eine überhistorische Anmaßung, die durch nichts gerechtfertigt sei. Mannheims Soziologie, so Curtius, „will uns allgemeingültige Erkenntnis vermitteln, aber in Wirklichkeit bietet sie persönliches Bekenntnis". Auch Mannheims Sicht bleibe eine „partikulare Sicht" (Curtius 1932, S. 79).

Negation eines absoluten Standpunktes

Bewusstsein als Verhängnis (1927) nannte der Mannheim-Schüler Alfred Seidel (1895–1924), sein Vermächtnis. Seidels Schrift ist das tragische Zeugnis der großen Krise, die der Historismus ausgelöst hat. Seidel sah das Verhängnis seiner Epoche darin, dass jede Weltanschauung, jede ‚Ideologie', die Daseinsstabilisierung leisten könnte, durch Reflexion auf ihre historische, gesellschaftliche oder psychologische Bedingtheit ihre Überzeugungskraft verliere – so die These seines Buches, die zugleich die These Mannheims ist. Bevor er den Freitod wählte, schrieb er in seinem Abschiedsbrief an den Freund Hans Prinzhorn, sein Buch sei vollständig fertig, sein Lebenssinn, für den er seit Jahren unter größten Qualen gelebt habe, erfüllt. Er bitte ihn nur, die Veröffentlichung des Buches zu erwirken:

Alfred Seidel

„Das Kesseltreiben gegen mich beginnt jetzt schon. Ich habe zwar schreckliche Vergehen begangen. Der Tod ist die einzige Sühne. Aber ich mußte so handeln. Ich bereue es nicht. Nicht ich, sondern der Weltgeist, das Schicksal dachten in mir. Ich weiß, welche teuflische Aufgabe ich zu erfüllen hatte. Aber dies alles mußte gesagt werden in dieser Zeit, es ist der Beginn der großen Verzweiflung der abendländischen Kultur, wie es mit Schopenhauer und Max Weber eingesetzt hat." (Seidel 1924, S. 45)

Fragen und Anregungen

- Erläutern Sie Webers Diagnose der Entzauberung und erörtern Sie, ob bzw. warum eine Wiederverzauberung unmöglich bzw. undenkbar ist.
- Erörtern Sie den Zusammenhang von formaler und materialer Geschichtsphilosophie bei Troeltsch.
- Vergleichen Sie die Positionen von Weber und Troeltsch und diskutieren Sie, welche von beiden für Historiker attraktiver ist.

Lektüreempfehlungen

Quellen

- **Max Weber: Wissenschaft als Beruf** [1917], in: ders., Gesammelte Aufsätze zur Wissenschaftslehre, Tübingen 1922, S. 524–555.
- **Ernst Troeltsch: Der Historismus und seine Probleme. Erstes Buch: Das logische Problem der Geschichtsphilosophie**, Tübingen 1922 [= Troeltsch 1922a].
- **Ernst Troeltsch: Die Krisis des Historismus**, in: Die neue Rundschau 33 (1922), Bd. 1, Heft 3, S. 572–590 [= Troeltsch 1922b].

Forschung

- **Dieter Henrich: Die Einheit der Wissenschaftslehre Max Webers**, Tübingen 1952. *Klassische Interpretation der methodologischen Arbeiten Webers in ihrem Verhältnis zur Ethik.*
- **Karl Heussi: Die Krisis des Historismus**, Tübingen 1930. *Darstellung aus theologischer Perspektive.*
- **Siegfried Kracauer: Die Wissenschaftskrise. Zu den grundsätzlichen Schriften Max Webers und Ernst Troeltschs** [1923], in: ders., Das Ornament der Masse. Essays, Frankfurt a. M. 1963, S. 197–208. *Zeitgenössische Deutung aus dem Feuilleton.*

13 Politische Weltanschauungen

Abbildung 18: Tu ejemplo vive. Tus ideas perduran (Dein Beispiel lebt. Deine Ideen gelten noch immer). Propaganda mit Che Guevara in Cienfuegos/Kuba (fotografiert in den 2000er-Jahren)

Am 4. März 1960 fliegt im Hafen von Havanna der belgische Frachter „Coubre“ in die Luft, vermutlich durch einen Sabotageakt des amerikanischen Geheimdienstes CIA. Es sterben 137 Menschen. Am nächsten Tag spricht der kubanische Revolutionsführer Fidel Castro in Havanna vor mehr als 100 000 Menschen bei einer Trauerkundgebung. Neben Castro stehen Jean-Paul Sartre und Simone de Beauvoir, beide Sympathisanten der kubanischen Revolution. Sie sind nach Kuba gereist, um sich ein Jahr nach der Revolution ein Bild von den Fortschritten der neuen Gesellschaft zu machen. Im Hintergrund steht Ernesto Che Guevara, nach einer Formulierung Sartres ‚der vollständigste Mensch seiner Zeit‘. Alberto Korda, der für die Zeitschrift „Revolucion“ fotografiert, macht bei dieser Gelegenheit ein Foto Che Guevaras. Es zeigt ihn mit festem Blick, etwas Bart und einer Baskenmütze mit sozialistischem Stern: ein politischer Märtyrer, der nicht aufgibt, weil er einen festen Glauben hat. Das Foto spielt mit der Ikonografie der abendländischen Bildgeschichte. Es erinnert an Jesus von Nazareth und an die Portraits der „großen Männer“ in der Renaissance. Alberto Korda nannte das Foto „Der heroische Guerillero“.

Das Bild blieb zunächst unveröffentlicht. Korda schenkte es dem italienischen Verleger Giangiacomo Feltrinelli, der ihn in Kuba besuchte. Seine Weltkarriere begann, als Feltrinelli es veröffentlichte, nachdem Che Guevara im Oktober 1967 in Bolivien ermordet worden war. Seitdem ist es millionenfach auf Postern, Postkarten und T-Shirts gedruckt worden. Es ist das meistreproduzierte Bild der Welt.

Die Frage, welche Wirkungen geschichtsphilosophische Ideen in der politischen Realität hatten, ist ausgesprochen komplex. Das zeigt der „Mythos Che“ ebenso wie verschiedene politische Weltanschauungen der Neuzeit: Neomarxismus, Sozialdemokratie und Liberalismus. Allen liegt die Idee der Selbstverwirklichung zugrunde. Wie die Idee der Selbstverwirklichung ausgelegt wird, ist allerdings umstritten.

13.1 Geschichtsphilosophie und Praxis
13.2 Neomarximus
13.3 Sozialdemokratie
13.4 Liberalismus

13.1 Geschichtsphilosophie und Praxis

Tu ejemplo vive. Tus ideas perduran – Dein Beispiel lebt. Deine Ideen gelten noch immer. Die Sätze, mit denen die kubanische Regierung noch heute für die Ideen der Revolution wirbt, sind ein gutes Beispiel für sehr alte geschichtsphilosophische Ideen. Man könnte auf Motive der Antike verweisen, die die Renaissance, Nietzsche und viele andere aufgenommen haben, und sagen: Che Guevara, das war ein echter Held, einer, der uns gezeigt hat, was möglich ist, ein Vorbild. Man könnte hegelianisch argumentieren: Der Weltgeist hat sich dieses schönen jungen Mannes bemächtigt, um seine Ideen voranzutreiben. Er musste jung sterben, denn Märtyrer sind die besten Ideenverbreiter, die es gibt.

Zum Beispiel Che Guevara

Das Eintreten für die Freiheit Südamerikas, für die kommunistischen Ideale, die vielfach bezeugte Todesverachtung, alle diese Eigenschaften, die man Che Guevara nachsagte, haben eine starke Anziehungskraft auf die Jugend ausgeübt. Sie hätten aber sicher nicht ausgereicht, wenn nicht noch etwas hinzugekommen wäre, eine besondere Ausstrahlung, eine besondere Attraktivität, die es möglich machte, Che Guevara in die Kette der großen Helden der abendländischen Geschichte einzureihen. Auch das kommunistische und sozialistische Dogma, dem zufolge die Gemeinschaft wichtiger ist als das einzelne Individuum, konnte der internationalen Heldenverehrung nichts anhaben. Wolf Biermann besang Che mit der Gitarre in der Hand: „Jesus Christus mit der Knarre. So führt ein Bild uns zur Attacke". Der eher konservative Essayist Hans Egon Holthusen (1913–97) holte weniger weit aus, als er 1969 schrieb: „Che Guevara – diese glutäugige Öldruckschönheit, in den Augen unserer Söhne und Töchter so schön wie einst Ludwig II. von Bayern in den Augen der europäischen Décadence." (Holthusen 1969, S. 1051)

Der Held

Die Faszination, die Che Guevara auf die Jugend ausübte, hängt eng mit dem Bild zusammen, das er selbst (in seinen Schriften und Tagebüchern) und die Presse von ihm entwarfen. Entscheidend war aber noch ein anderer Aspekt: die Revolution in Kuba, die wesentlich von Guevara mit vorbereitet worden war. Die Tatsache dieser Revolution zeigte, was in der zweiten Hälfte des 20. Jahrhunderts noch möglich war.

Die Möglichkeit der Revolution

Von verschiedener Seite war behauptet worden, dass die Moderne kaum noch Handlungsspielräume für das Individuum lasse, dass historische Entwicklung nicht mehr steuerbar sei, sondern Systemzwängen gehorche. Die wundersame Geschichte der kubanischen Revolu-

Die kubanische Revolution

tion widerlegte diese Ansicht und widerlegte sie doch nicht. Sie widerlegte sie, weil sie möglich war, und widerlegte sie doch nicht, weil es sich um ein in seiner Art einmaliges historisches Ereignis handelte. Der gebürtige Argentinier Guevara hatte 1954 in Mexico den Studentenführer Fidel Castro kennengelernt, der sich auf der Flucht befand. Sie freundeten sich an und beschlossen, Kuba von der Militärdiktatur Batistas zu befreien. Im Dezember 1956 landeten Castro, Guevara und 80 Mitstreiter mit dem Schiff in Kuba – nicht in Niquero, wo sie ursprünglich anlegen wollten, sondern in einem Sumpfgebiet. Die Vorbereitungen waren Batista nicht unbekannt geblieben. Castros Truppe wurde schnell entdeckt und unter Beschuss genommen. Die von der beschwerlichen Überfahrt ausgemergelte Gruppe floh in ein Zuckerrohrfeld, wurde eingekesselt und erlitt schwere Verluste. Einige wurden gefangen genommen, wenigen gelang die Flucht. Nach einigen Tagen traf sich die verstreute Gruppe wieder. Es waren nur noch 12 bzw. 15 Mann übrig (die überlieferten Berichte gehen hier auseinander, es heißt, man habe im Nachhinein von 12 gesprochen, um eine Analogie zu den 12 Aposteln herzustellen). Batista war beruhigt und glaubte, die Sache habe sich erledigt.

Der Guerillakrieg

Was nun passierte, wurde zu dem alles andere überragenden Mythos der Idee des Guerillakrieges. Guerilla meint wörtlich ‚kleiner Krieg' und bezeichnet eine militärische Taktik, von der sich linke Revolutionäre in allen Ländern der Welt großen Erfolg versprachen. Die Idee des Guerillakrieges ist es, dass ein militärisch überlegener Gegner mit relativ geringen Mitteln bekämpft wird. In der Regel baut der Guerillakrieg auf die Kooperation der zu befreienden Bevölkerung. In der Tat gelang es Castro und Guevara mit Hilfe der ländlichen Bevölkerung, ihre geschrumpfte Truppe wieder zu vergrößern. Der eigentliche Coup aber war die Organisation der Unterstützung, die die Revolutionäre durch die Berichterstattung Herbert Matthews, des Starreporters der *New York Times*, bekamen. Obwohl Castro kaum 50 Mann zur Verfügung hatte, schaffte er es, den Eindruck zu erwecken, dass bereits Hunderte von Männern unter seiner Führung bewaffnet wären. Der so getäuschte Matthews berichtete wiederholt, und so entstand der Eindruck, die Armee Castros sei viel größer und stärker, als sie es zum jeweiligen Zeitpunkt tatsächlich war. Am Ende gelang der Putsch. Aus einer Truppe von 12 bzw. 15 Versprengten hatte Castro eine Armee von höchstens 1200 Mann zusammengestellt, die in einem Land mit ca. sechseinhalb Millionen Einwohnern und einer Armee von 35 000 Mann erfolgreich die Macht übernahm (vgl. Maschke 1973, S. 74–87).

Che Guevara nach der kubanischen Revolution
Guevaras Nachruhm

Che Guevara und Fidel Castro überwarfen sich bald. Der von Castro zum Comandante ernannte Che Guevara verließ Kuba 1965. Erst ging er in den Kongo, um dort nach kubanischem Vorbild zu putschen, dann nach Bolivien. Seine Wirkung war schon zu Lebzeiten enorm. Im Frühjahr 1967 hatte er in einem Brief an das Exekutivsekretariat der ‚Organización de Solidaridad de los Pueblos de África, Asia y América Latina' zum internationalen Kampf aufgerufen: „Schafft zwei, drei, viele Vietnam". Die revolutionäre Rhetorik des Briefes (in deutscher Übersetzung von Rudi Dutschke und Gaston Salvatore) ist klar und deutlich:

> „Der Haß als Faktor des Kampfes, der unbeugsame Haß dem Feinde gegenüber, der den Menschen über seine physischen Grenzen hinaus antreibt und ihn in eine wirksame, gewaltsame, selektive und kalte Tötungsmaschine verwandelt. Unsere Soldaten müssen so sein; ein Volk ohne Haß kann über einen brutalen Feind nicht siegen." (Guevara 1967, S. 14)

Die Wirkung von Geschichtsphilosophie

Die Frage, welche Wirkungen geschichtsphilosophische Ideen in der politischen Realität hatten, ist ausgesprochen komplex. Es gibt revolutionäre Bewegungen, die offen ihre Ziele formulierten und versucht haben, diese Ziele zu realisieren. Es gibt Philosophen wie Kant, die normative Forderungen artikuliert haben, die zu befolgen sind unter der Maßgabe, dass Menschen vernünftige Wesen sind (→ KAPITEL 8.3). Auch dieser Typ von Geschichtsphilosophie hat gewirkt, und es gibt zahllose geschichtsphilosophische Diagnosen, die, indem sie die großen Trends des Geschichtsverlaufs behauptet haben, ebenfalls eine praktische Wirkung entfaltet haben: sei es, indem die Menschen an das, was behauptet wurde, geglaubt haben, sei es, indem sie sich genau gegen das, was angeblich mit Notwendigkeit eintreten sollte, gewehrt haben. Antikommunismus, Antifaschismus und Antiliberalismus sind Haltungen, die Menschen entwickelt haben, nicht nur weil sie *für* etwas eingetreten sind, sondern auch weil sie sich *gegen* etwas gewendet haben.

Geschichtsphilosophien und praktischer Erfolg

Man betritt ein ausgesprochen schwieriges und heikles Feld, wenn man sich der Frage zuwendet, ob die Beurteilung einer Geschichtsphilosophie – z. B. derjenigen von Marx und Engels – an dem realen Versuch ihrer Umsetzung gemessen werden soll. Nicht umsonst spricht man vom ‚real existierenden Sozialismus', um deutlich zu machen, dass eine Differenz besteht zwischen der Realität der sozialistischen Staaten und der Theorie von Marx und Engels bzw. ihren vielen Nachfolgern bis hin zur Kritischen Theorie.

Vergleich der Geschichtsphilosophien der Neuzeit

Vergleicht man die verschiedenen geschichtsphilosophischen Entwürfe der Neuzeit, so kann man dies unter zahlreichen Gesichtspunkten tun. Man kann die Frage nach dem möglichen Motor der Entwicklung stellen und fragen, wer den Gang der Geschichte vorantreibt: Gottes Plan oder Zufall und Notwendigkeit (wie Biologen seit langem sagen)? Man kann die verschiedenen Periodisierungen vergleichen und Vieles mehr. Eine der interessantesten Fragen, die auf eine Art Kultursynthese zielt, wie sie Ernst Troeltsch vorschwebte (→ KAPITEL 12.3), ist die Frage, die sich vor allem für den Historiker der Neuzeit mit universalgeschichtlicher Perspektive ergibt. Sie lautet:

Leitende Idee(n)?

Gibt es eine Idee, die sich im Verlauf, den die Geschichte in den letzten 400 Jahren genommen hat, als die leitende Idee herausgestellt hat? Oder hat die Geschichte dieses Zeitraums gerade gezeigt, dass mehrere Ideen im Streit liegen und miteinander konkurrieren?

Eigentlich müsste man annehmen, dass Letzteres der Fall ist. Schließlich gibt es einen Streit, einen Wettbewerb der politischen Systeme, die für unterschiedliche Ideen stehen. Von einigen dieser politischen Systeme wurde behauptet, dass sie überhaupt keine Geschichtsphilosophien seien, ja dass sie sich geradezu durch einen antigeschichtsphilosophischen Affekt auszeichnen.

Odo Marquard hat aus konservativer Perspektive die Ansicht vertreten, dass das Besondere des geschichtsphilosophischen Denkens kontrastiv zum anthropologischen Denken deutlich werde: Die Geschichtsphilosophie frage nach seiner Bestimmung, danach, was der Mensch aus sich machen soll, die Anthropologie nach der Natur des Menschen, danach, was der Mensch immer schon ist und immer sein wird. Anthropologisches Denken ist für Marquard tendenziell konservativ: Aus seiner Perspektive gilt es nicht die Welt zu verändern – schließlich ist die Natur des Menschen immer die gleiche –, sondern die Welt vor dem Menschen, der sie verändern will, zu beschützen.

Konservatismus und Liberalismus als antigeschichtsphilosophische Einstellungen

Eine konservative Haltung ist Marquard zufolge eine antigeschichtsphilosophische Haltung (Marquard 1973). Auch aus einer liberalen Position wurden, namentlich von Karl Popper, Faschismus, Nationalsozialismus und Kommunismus als Geschichtsphilosophien scharf kritisiert, weil sie von einer Gesetzmäßigkeit des historischen Verlaufs ausgehen und so die Freiheit des Individuums unterlaufen (Popper 1945).

Beide Positionen gründen in der massiven Kritik, die vor allem nach 1933 an allen offen geschichtsphilosophischen Positionen geübt wurde. Beide scheinen aber zu übersehen, dass es gar kein Verhältnis zur Geschichte geben kann, das nicht normativ ist im Sinne einer sich in der Geschichte verwirklichenden Normativität. Eine konsequente antigeschichtsphilosophische Haltung zu vertreten, bedeutet, antihistorisch zu denken. Die Geschichte hat dann eigentlich keine Funktion mehr. Es lassen sich nur zwei konsequent antihistorische Positionen denken: Zum einen ein streng rationalistisches Naturrecht, zum anderen ein strikt normativer Relativismus. Im ersten Fall wird alle Normativität aus den Überlegungen der einen immer gleichen Vernunft gewonnen, die immer zu den gleichen Ergebnissen kommen muss. Wird die Position streng durchgehalten, gibt es keinen Spielraum für kulturelle Individualität. Im anderen Fall gibt es ausgesprochen viel Freiraum für kulturelle Individualität, aber es gibt überhaupt keine Möglichkeit mehr, vom Standpunkt der einen Kultur die normativen Gehalte einer anderen Kultur zu beurteilen. Will man vermeiden, dass der normative Relativismus auch in einen lebenspraktischen Relativismus umschlägt, dann muss man sich durch eine in keiner Weise mehr ausweisbare Entscheidung zu den Werten einer Kultur bekennen.

Antihistorische Positionen:

Rationalistisches Naturrecht …

… und Dezisionismus

Vergleicht man die verschiedenen Weltanschauungen der Neuzeit und die Anwälte dieser Weltanschauungen in Gestalt der verschiedenen politischen Positionen, dann ergibt sich ein anderes Bild als das, welches Marquard und Popper entwerfen: Eigentlich allen neuzeitlichen Weltanschauungen liegt die Idee der Selbstverwirklichung zugrunde. Die faktisch sehr großen Unterschiede, die zwischen den verschiedenen Positionen bestehen, hängen zusammen mit unterschiedlichen Varianten der Idee der Selbstverwirklichung und unterschiedlichen Strategien, wie diese realisiert werden kann. Seit Renaissance und Reformation hat sich die Idee der Selbstverwirklichung in ihren unterschiedlichen Spielarten entwickelt. Dabei lassen sich grob zwei Varianten unterscheiden: eine tendenziell individualistische, deren Grundgedanke darin besteht, dass der Einzelne selber seinen Weg finden muss (Nietzsche, Liberalismus etc.), und eine kollektivistische, die davon überzeugt ist, dass die Selbstverwirklichung des Einzelnen nur zusammen mit Anderen möglich ist (Hegel, Herder, Marx/Engels etc.). In der extremsten Verkörperung der kollektivistischen Variante geht es gar nicht mehr um die Selbstverwirklichung des Individuums, sondern um die Selbstverwirklichung einer Kultur, die nur gewährleistet werden kann, wenn sich der Einzelne unterordnet bzw. aufopfert.

Selbstverwirklichung:

… individualistisch

… oder kollektivistisch

Zu den extremsten Verkörperungen einer kollektivistischen Geschichtsphilosophie zählen Faschismus und Nationalsozialismus. Der Nationalsozialismus erklärte als Subjekt und Ziel der Geschichte die ‚arische Herrenrasse'. Die Vorstellung der Geschichte ist ein kruder

Nationalsozialismus als Geschichtsphilosophie

Biologismus: In der Geschichte wie in der Natur setzt sich der Stärkere durch. Wie bei vielen geschichtsphilosophischen Entwürfen bedarf es jedoch der Politik, um den Gang der Entwicklung zu unterstützen bzw. in die richtigen Bahnen zu lenken (Hitler 1925/26). Bis zur Katastrophe des Zweiten Weltkrieges spielten sowohl Faschismus als auch Nationalsozialismus realpolitisch eine wichtige Rolle. Für die konstruktiven Diskussionen, in denen es um die Frage geht, in welche Richtung sich die Menschheit entwickelt, spielen sie seit 1945 keine Rolle mehr.

Natur und Bestimmung des Menschen

Die Frage nach der Natur des Menschen und die Fragen nach seiner Bestimmung erscheinen nur dann als gegenläufige Fragen, wenn man beide Begriffe einseitig zuspitzt. Marx fragt im Namen der Natur nach der Bestimmung des Menschen, genauso wie Nietzsche und Herder. Ihre Positionen unterscheiden sich jedoch, weil es unterschiedliche Vorstellungen über die menschliche Natur gibt, denen immer schon eine bestimmte Idee der Bestimmung des Menschen innewohnt.

13.2 Neomarximus

Logik der sozialistischen Revolution

Marx und Engels hatten wie Hegel geglaubt, dass Deutschland der Ort sei, an dem die Weltgeschichte ihre entscheidende Wendung nehmen werde. Diese Annahme gründete in der Vorstellung, dass die Entwicklung der Klassengegensätze in Deutschland eine Zuspitzung erfahren habe, die quasi mit naturgesetzlicher Notwendigkeit dialektisch umschlagen werde, um dann das internationale Proletariat zu vereinigen. Bekanntlich kam es anders. In Deutschland entwickelte sich zwar eine starke sozialistische Bewegung, aber die Masse der Arbeiter unterstützte eine gemäßigtere Variante des Sozialismus, die von der Sozialdemokratie verkörpert wurde. Die Revolution fand nicht in Deutschland, sondern in Russland statt. Das bedeutete für alle sozialistischen Theoretiker, dass die Logik des geschichtlichen Verlaufs neu gedeutet werden musste. Mit dem unscharfen Begriff Neomarxismus fasst man alle Theorien zusammen, die die Tatsache des Nichteintretens des von Marx und Engels behaupteten. mehr oder weniger deterministischen Geschichtsverlaufs zu integrieren versuchten. Die verschiedenen Ansätze von Karl Kautsky, Georg Lukács bis hin zu Theodor W. Adorno und Max Horkheimer sind zu komplex um sie hier im Einzelnen vorzustellen. Sie alle mussten sich den historischen Tatsachen stellen, die schon für die russischen Revolutionäre ein Problem darstellten. Leo Trotzki hatte fest an die Möglichkeit geglaubt, dass historische Stufen übersprungen werden können. In einem ökonomisch zurückgebliebenen Lande könne das Proletariat eher an die Macht kommen als in den kapitalistisch fortgeschrittenen Ländern:

> „Die Vorstellung von irgendeiner Abhängigkeit der proletarischen Diktatur von den technischen Kräften und Mitteln des Landes bildet ein Vorurteil des bis zum äussersten versimpelten ‚ökonomischen' Materialismus. Mit Marxismus hat diese Ansicht nichts gemein." (Trotzki 1965, S. 62)

Seit der russischen Revolution, vor allem aber nach dem Zusammenbruch des Ostblocks und dem Übergang der ehemaligen Ostblockstaaten in sogenannte postsozialistische Republiken, haben Historiker, Soziologen und viele andere nach den Gründen für das realpolitische Scheitern des real-existierenden Sozialismus und die Unzufriedenheit der Menschen, die in den Ostblockländern gelebt haben, gefragt (allerdings ohne zu fragen, ob die Menschen in den westlichen Ländern wirklich glücklicher sind). Die Gründe, die in der Regel genannt wurden, suggerieren, dass die vom Liberalismus geprägten demokratischen Staaten den richtigeren, weil der menschlichen Natur gemäßeren Weg eingeschlagen haben: Reisefreiheit, Meinungsfreiheit, Möglichkeit der Anhäufung individuellen Reichtums etc.

Schwierigkeiten beschleunigter Modernisierung

Aber es gab auch andere Stimmen. Der Soziologe Wolf Lepenies sprach 1995 gerade im Hinblick auf die forcierte Modernisierung, die vielen Menschen in den ehemaligen Ostblockländern aufgezwungen wurde, von den Gefahren einer beschleunigten Modernisierung. Es bleibe abzuwarten, so Lepenies, was aus dem aufklärerischen Vorurteil werde, „daß im Laufe der Geschichte die Menschen immer stärker dazu neigten, ihre traditionalen Verhaltensorientierungen und lokalen Identitäten aufzugeben und sich in einer Universalzivilisation zu vereinigen, in der das Zusammenleben von vernunftgesteuerter Moralität bestimmt würde" (Lepenies 1995, S. 690). Lepenies empfahl, stärker auf gewachsene Strukturen zu achten, und forderte eine Politik der Mentalitäten, d. h. eine Politik, die die langsam gewachsene Mentalität berücksichtigt und respektiert. Hintergrund dieses Vorschlags war zum einen die anthropologische Annahme, dass gewachsene Strukturen nicht ohne Weiteres zerstört werden können, ohne dass die Menschen unter Gefühlen der Desintegration und des Identitätsverlusts leiden, zum anderen die von dieser Beobachtung ausgehende normative Einstellung, dass kulturelle Besonderheiten auch erhaltenswert sind.

Politik der Mentalitäten

Das Scheitern des Sozialismus und die Theorie des Marxismus

Eine befriedigende Antwort auf die Frage, ob sich aus dem Scheitern des real existierenden Sozialismus irgendwelche konkreten Rückschlüsse auf die Theorie des Marxismus ziehen lassen, gibt es nicht. Das Gleiche gilt im Übrigen für alle liberalen Demokratien: Es könnte ja sein, dass die tatsächlich existierenden, sich als liberal verstehenden demokratischen Staaten, die eigentlichen liberalen Ideen schlecht oder gar nicht verkörpern. Tatsache ist nur, dass sich die historischen Prophezeiungen von Marx und Engels nicht erfüllt haben.

Allerdings lässt sich zeigen, wie einige Vorstellungen von der menschlichen Natur, ja von der Natur im Allgemeinen, aus einem rein ideologischen Blickwinkel gesehen wurden und was für Folgen sich daraus ergaben. Ein besonderes Exempel angewandter geschichtsphilosophischer Spekulation ist der Fall des russischen Agrarwissenschaftlers Trofim Denissowitsch Lyssenko (1898–1976). Lyssenko glaubte, dass nur die Annahme der Vererbung erworbener Eigenschaften der Lehre von Marx, Engels und Stalin entspreche, während die in den westlichen Ländern betriebene Genetik, die sich von der Annahme der Vererbung erworbener Eigenschaften nach der Jahrhundertwende immer mehr gelöst hatte, Ausdruck der kapitalistischen Gesinnung der westlichen Wissenschaft sei.

Der Fall Lyssenko

Der Marxismus und die Annahme der Vererbung erworbener Eigenschaften

Der Fall Lyssenko ist insofern kurios, als Marx und Engels zum Zeitpunkt ihrer ersten Theorieentwürfe noch gar nicht an eine biologische Evolution, geschweige denn eine Vererbung erworbener Eigenschaften gedacht hatten. Ihre grundlegenden Schriften entstanden, bevor Darwin 1859 an die Öffentlichkeit trat. In der für Marx' Anthropologie richtungsweisenden 5. These ad Feuerbach heißt es 1845, das menschliche Wesen sei kein dem Individuum innewohnendes Abstraktum, sondern „das Ensemble der gesellschaftlichen Verhältnisse" (Marx 1953, S. 340, → KAPITEL 10.1). Eine neue Gesellschaft erzeugt einen neuen Menschen. Liest man die vor Darwin geschriebene 5. These, *nachdem* Darwin vor allem durch die Theorie der Vererbung erworbener Eigenschaften die Abstammungslehre populär gemacht hat (→ KAPITEL 11.1), dann bekommt die Idee eines neuen Menschen auch einen biologischen Sinn. Engels hat in seinem naturwissenschaftlichen Hauptbuch, der *Dialektik der Natur* (1883), klar ausgesprochen, wie er zu Fragen der Vererbung steht: Indem die moderne Naturwissenschaft

> „die Vererbung erworbener Eigenschaften anerkennt, erweitert sie das Subjekt der Erfahrung vom Individuum auf die Gattung; es ist nicht mehr notwendig das einzelne Individuum, das erfahren haben muss. Seine Einzelerfahrung kann bis auf einen gewissen Grad

ersetzt werden durch die Resultate der Erfahrungen einer Reihe seiner Vorfahren.“ (Engels 1962a, S. 529)

Die marxistische Geschichtsphilosophie wurde so zu einem biologischen Projekt, das von der Anlage her den eugenischen Phantasien liberaler wie rassistischer Herkunft verwandt ist: Die Menschheit kann ihre eigene Züchtung in die Hand nehmen.

Die Annahme der Vererbung erworbener Eigenschaften

Zu Darwins und Engels Lebzeiten war die Annahme der Vererbung erworbener Eigenschaften eine von nahezu allen Biologen geteilte Grundüberzeugung. Erst August Weismann (1834–1914) hat, unterstützt durch die Wiederentdeckung der Mendelschen Arbeiten zur Vererbung, die These aufgestellt, dass es ein von der Entwicklung des individuellen Körpers unabhängiges Erbgut gibt. Man hat diesen Gedanken in den Begriffen, die noch heute üblich sind, so ausgedrückt: Es gibt keinen Weg vom Phänotyp zum Genotyp. Bis sich Weismanns Theorie endgültig durchsetzen sollte, dauerte es jedoch sehr lange. Noch zu Beginn des 20. Jahrhunderts waren beide Positionen sehr verbreitet, erst Ende der 1930er-Jahre setzte sich die Überzeugung durch, dass Weismann recht hatte. Mit einer Ausnahme: In der Sowjetunion hielt man unter dem Einfluss von Stalin, der sich wiederholt zu biologischen Fragen äußerte, an der Annahme der Vererbung erworbener Eigenschaften fest, da diese besser zur marxistischen Lehre passte als die auf zufälligen Mutationen basierende Lehre der westlichen Evolutionsbiologie. Lyssenko stieg in den 1930er-Jahren zum führenden Biologen der Sowjetunion auf, 1936 erhielt er den Lenin-Orden. Die Vererbung erworbener Eigenschaften sollte Lyssenko zufolge eine völlig neue Nutzbarmachung von Landschaften auch in unwirtlichen Regionen möglich machen. Die versprochenen Erfolge stellten sich jedoch nicht ein – im Gegenteil: Größere Ernteausfälle führten zu Versorgungsschwierigkeiten und Hungersnöten. Trotz der Kritik des neuen Staatsoberhaupts Nikita Chruschtschow hielt sich Lyssenko noch bis 1956 als Präsident der Lenin-Akademie für landwirtschaftliche Forschung, und erst 1962, nachdem ihm verschiedentlich Fälschungen und Manipulationen nachgewiesen werden konnten, wurde der Druck so groß, dass ihn Chruschtschow entließ (vgl. Medwedjew 1971). Die Attraktivität der Annahme der Vererbung erworbener Eigenschaften betraf aber nicht nur die außermenschliche Natur. Der russische Schriftsteller Ilja Ehrenburg (1891–1967) legte seinem von der lamarckistischen Biologie begeisterten Romanhelden Ljass die Worte in den Mund:

„Was meint ihr eigentlich? Daß die Bolschewiki einfach eine Partei sind? In Amerika gibt’s zwei Parteien: Demokraten und Republikaner, und keine Katz' weiß, was eigentlich der Unterschied ist. Nein, Genossen, die Bolschewiki sind eine Geschlecht. da war bei uns in Mittelasien Wüste. Die Wüste existiert nicht mehr. Ich habe euch erzählt, wie wir hier Sümpfe austrocknen. Diese ewigen Fröste wird's bei uns überhaupt nicht mehr geben. Was wir säen, das wächst auch. Das Leben des Menschen werden wir verlängern, aber das Leben der Pflanzen unbedingt abkürzen. Das hat die Natur in den Windeln gedacht, daß der Herrgott alles schaffe. Später sagten sie: ‚Die Natur', und mit solcher Ehrfurcht: tja gegen die Natur kommt keiner an. Aber wir Bolschewiki, wir ändern auch die Natur. Wir schaffen selbst wie der Herrgott. Flüsse fließen. Wenn sie uns unbequem sind, verlegen wir ihr Bett. [...] Wie hat man früher gedacht? ‚Der Mensch bleibt ewig der Gleiche!' Ich weiß noch, wie mein Vater sagte: Na ja, die Dampfmaschine haben sie erfunden und die Engländer haben ihre Verfassung, aber der Mensch ist eine Bestie, er weiß, was er will – klaut einen roten Lappen, leert ein Fläschchen oder zwei, verzehrt seinen Hering dazu – und fertig – nun leg Dich hin und stirb'. Wir aber Genossen, wir pflanzen nicht nur Weizen am Nordpol, wir werden den Menschen so ummodeln, dass er sich selbst nicht mehr kennt. Und wenn er liest, wie wir Heutigen leben, wird er den Kopf schütteln: was waren das für Wilde!" (Ehrenburg 1936, S. 112f).

13.3 Sozialdemokratie

Politik und Fortschritt

Die Geschichte der politischen Parteien ist eine Geschichte, in der es darum geht, wer die Idee des Fortschritts erfolgreicher verkörpert. Im 19. Jahrhundert bildeten sich Parteien, die das sogar in ihrem Namen zu verstehen gaben: Die Deutsche Fortschrittspartei wurde 1861 von Liberalen als erste Partei gegründet, die sich über ein Programm definiert hat.

Die Geschichtsphilosophie der Sozialdemokratie

Auch die sozialdemokratische Bewegung, die zunächst ähnliche Ziele wie Marx und Engels verfolgte, aber diese nicht qua Revolution, sondern auf demokratischem Weg Schritt für Schritt durch Reformen erreichen wollte, ist durch und durch von geschichtsphilosophischem Schwung getragen: Das Ziel heißt Fortschritt. Einer der vielen Wortführer der sozialdemokratischen Bewegung war Joseph Dietzgen (1828–88). In seinen Schriften zeigt sich, wie man sich den Fortschritt Ende des 19. Jahrhunderts aus sozialdemokratischer Perspektive vorstellte. Mit der Reformation, so Dietzgen, habe man den

Glauben von den Werktagen auf den Sonntag verwiesen und Raum geschaffen für die Arbeit. Von nun an „fängt der Mensch, ohne gerade die Theorie vom Himmel aufzugeben, eine neue irdische Praxis an: er arbeitet, sammelt Reichthümer, und der erarbeitete Reichthum trägt ihn dem neuen Evangelium, der sozialen Erlösung entgegen" (Dietzgen 1903, S. 5). Vieles von dem, was Dietzgen schrieb, erinnert an die Vorstellung von David Friedrich Strauß, dass der alte Glaube vom neuen Glauben abgelöst werde (→ KAPITEL 11.2). Der neue Glaube Dietzgens ist die Sozialdemokratie: Der Reichtum der Gegenwart „bildet das solide Fundament für die sozialdemokratische Hoffnung. Unsere Hoffnung auf Erlösung ist nicht auf ein religiöses Ideal, sondern auf einen massiven materiellen Grundstein gebaut." Die bewusste, planmäßige Organisation der Arbeit sei der „ersehnte Heiland der neueren Zeit" (Dietzgen 1903, S. 6, 11).

Benjamins Kritik der sozialdemokratischen Fortschrittsidee

Eine der berühmtesten und wichtigsten Kritiken der sozialdemokratischen Fortschrittsidee stammt von Walter Benjamin (1892–1940). Seine Thesen *Über den Begriff der Geschichte* (entstanden 1940, zuerst veröffentlicht 1942) sind der Versuch, mit dem modernen Begriff der Geschichte, der an den Begriff des Fortschritts gekoppelt ist, zu brechen und noch einmal an die ursprüngliche jüdische Idee eines Messias anzuknüpfen. Man hat die Thesen oft auf ihren zeithistorischen Hintergrund bezogen: Benjamin war auf der Flucht vor seinen nationalsozialistischen Verfolgern. Unmittelbar nach Fertigstellung seines Textes hat er sich auf der Flucht umgebracht. Aber seine Kritik setzt grundsätzlicher an. Sie wird nicht erst durch die politischen Ereignisse verständlich, die zur Entwicklung des Nationalsozialismus und zum Ausbruch des Zweiten Weltkrieges geführt haben. „Wird doch unsere Sache alle Tage klarer und das Volk alle Tage klüger", zitiert Benjamin aus Dietzgens *Sozialdemokratischer Philosophie* (Benjamin 2010, S. 78). Es ist für Benjamin dieser Fortschrittsbegriff, der den Blick auf die Geschichte verstellt:

> „Die sozialdemokratische Theorie, und noch mehr die Praxis, wurde von einem Fortschrittsbegriff bestimmt, der sich nicht an die Wirklichkeit hielt, sondern einen dogmatischen Anspruch hatte. Der Fortschritt, wie er sich in den Köpfen der Sozialdemokraten malte, war, einmal, ein Fortschritt der Menschheit selbst (nicht nur ihrer Fertigkeiten und Kenntnisse). Er war, zweitens, ein unabschließbarer (einer unendlichen Perfektibilität der Menschheit entsprechender). Er galt, drittens, als ein wesentlich unaufhaltsamer (als ein selbsttätig eine grade oder spiralförmige Bahn durchlaufender). Jedes dieser Prädikate ist kontrovers, und an je-

> dem könnte die Kritik ansetzen. Sie muß aber, wenn es hart auf hart kommt, hinter all diese Prädikate zurückgehen und sich auf etwas richten, was ihnen gemeinsam ist. Die Vorstellung eines Fortschritts des Menschengeschlechts in der Geschichte ist von der Vorstellung ihres eine homogene und leere Zeit durchlaufenden Fortgangs nicht abzulösen. Die Kritik an der Vorstellung dieses Fortgangs muß die Grundlage der Kritik an der Vorstellung des Fortschritts überhaupt bilden." (Benjamin 2010, S. 78)

Kritik an der Vorstellung des Fortgangs

Dagegen setzt Benjamin ein Bild, das zeigen soll, was den Menschen als Fortschritt erscheint, aber eigentlich kein Fortschritt ist:

„Der Engel der Geschichte"

> „Es gibt ein Bild von Klee, das Angelus Novus heißt. Ein Engel ist darauf dargestellt, der aussieht, als wäre er im Begriff, sich von etwas zu entfernen, worauf er starrt. Seine Augen sind aufgerissen, sein Mund steht offen und seine Flügel sind ausgespannt. Der Engel der Geschichte muß so aussehen. Er hat das Antlitz der Vergangenheit zugewendet. Wo eine Kette von Begebenheiten vor *uns* erscheint, da sieht *er* eine einzige Katastrophe, die unablässig Trümmer auf Trümmer häuft und sie ihm vor die Füße schleudert. Er möchte wohl verweilen, die Toten wecken und das Zerschlagene zusammenfügen. Aber ein Sturm weht vom Paradiese her, der sich in seinen Flügeln verfangen hat und so stark ist, daß der Engel sie nicht mehr schließen kann. Dieser Sturm treibt ihn unaufhaltsam in die Zukunft, der er den Rücken kehrt, während der Trümmerhaufen vor ihm zum Himmel wächst. Das, was wir den Fortschritt nennen, ist dieser Sturm." (Benjamin 2010, S. 74f.)

Messianismus

Benjamin wollte zur ursprünglich jüdischen Perspektive auf die Geschichte zurück. Der Glaube, es könne einen unendlichen Fortschritt geben, verlangt eine prinzipiell offene Zeit, und genau dagegen wendet er sich. Er denkt die Zeit als Frist, in der es einen besonderen historischen Augenblick geben kann, der der Geschichte eine neue Wendung gibt. Auf diese Weise verbindet er die Idee des Messias, der ihm nicht nur Erlöser, sondern auch Überwinder des Antichrist ist, mit dem historischen Materialismus: Die revolutionären Klassen sprengen im Augenblick ihrer Aktion das Kontinuum der Geschichte.

13.4 Liberalismus

Wesen des Liberalismus

Der große Gegenspieler der sozialistischen und sozialdemokratischen Bewegungen ist der Liberalismus. Er ist eng verbunden mit der politischen Entwicklung seit der Französischen Revolution. Die Herausbildung des modernen Nationalstaats, die zunehmende Auflösung der alten sozialen Klassen, die Demokratisierung im Namen der Menschen- und Bürgerrechte, die Forderung nach Gleichheit verbinden sich in der Weltanschauung des Liberalismus mit dem Ziel, die Freiheit des Individuums zu gewährleisten. Es sind unterschiedliche Elemente, die in verschiedenen Kombinationen die liberale Weltanschauung konstituieren, darunter vor allem die Idee der Autonomie sowie die Vorstellung, dass jeder Mensch seines eigenen Glückes Schmied sei, die Idee der individuellen Selbstverwirklichung und der Glaube, dass die Möglichkeit individuellen Reichtums den Ehrgeiz der Menschen weckt. Je nachdem, wie sich diese verschiedenen Charakteristika ausprägen, sind unterschiedliche Varianten des Liberalismus möglich und historisch auch in Erscheinung getreten. Das Grundaxiom des Liberalismus ist die Anerkennung der gleichen Rechte aller Menschen. Mit dieser Lehre ist der Liberalismus angetreten, alle anderen Lehren von seiner Richtigkeit und Attraktivität zu überzeugen. Schon aufgrund dieser Wesenszüge ist der Liberalismus eine geschichtsphilosophische Position. Er lebt wie der Marxismus von der Attraktivität der Idee, die alten Klassengegensätze aufzulösen, allerdings mit dem Unterschied, dass er neue Klassengegensätze zulässt.

Anthropologie des Liberalismus

Auch der Liberalismus hat eine – zwar sehr vage und in unterschiedliche Richtungen auslegbare – Anthropologie und eine mit dieser Anthropologie verbundene normative Geschichtsphilosophie, die vielleicht nur deswegen nicht als Geschichtsphilosophie berühmt geworden ist, weil sie keine explizite Formulierung in der Qualität der marxistischen Entwürfe gefunden hat. Der Liberalismus hat in seiner klassischen Ausprägung bei John Locke (1632–1704) und John Stuart Mill (1806–73) bis hin zu Isaiah Berlin (1909–97) immer einen stark individualistischen Zug gehabt. Aber auch bei Autoren, bei denen die Vorstellung dominiert, dass die Freiheit des Einzelnen durch möglichst weit gehende Zurückhaltung des Staates und der gesellschaftlichen Einflussnahme auf das Individuum erreicht wird (z. B. Ludwig von Mises 1881–1973), gibt es eine starke Orientierung am Gemeinwohl, der auch der Gedanke zugrunde liegt, dass auf diese Weise das Wohl des Einzelnen gefördert wird.

Das größte Glück der größten Zahl

Der Kern der liberalen Geschichtsphilosophie ist die Vorstellung, dass der Mensch im Leben ein Ziel hat, nämlich glücklich zu sein, und dass dieses Ziel auch ein kollektives Ziel ist. Das Ziel der Menschheit ist das „größte Glück der größten Zahl". Gedanke und Formulierung finden sich zum ersten Mal deutlich artikuliert im frühen 18. Jahrhundert in Schottland bei Francis Hutcheson (Hutcheson

1725, S. 164), in Italien bei Cesare Beccaria (1738–94) und dann prominent bei Jeremy Bentham (1748–1832). Nietzsche spottete: „Der Mensch strebt nicht nach *Glück*; nur der Engländer thut das" (Nietzsche, KSA 6, 1980, S. 61). Sein Einwand richtete sich gegen eine ganz bestimmte Vorstellung von Glück als Komfort und physisches Wohlergehen. Bei vielen liberal gesinnten Autoren stand aber nicht die von Nietzsche unterstellte *happiness*, sondern eine Philosophie des guten Lebens im Hintergrund, die Spielraum für alle möglichen Ideen individueller Selbstverwirklichung lässt.

Positive Freiheit und negative Freiheit

Die Vielgestaltigkeit der unter dem Begriff Liberalismus verhandelten Positionen ist eng gekoppelt an die prinzipielle Unterscheidung zweier Freiheitsbegriffe: der negativen Freiheit und der positiven Freiheit. Die negative Freiheit wird geschützt von einem Staat, der das Individuum nur dann einschränkt, wenn es anderen in die Quere kommt. Positive Freiheit hingegen meint einen qualitativ anspruchsvollen Freiheitsbegriff, der von der Überzeugung lebt, dass sich Individuen nur in einem bestimmten kulturellen Umfeld entwickeln können (vgl. Berlin 1995).

Taylors Kritik am Liberalismus: „Partikularismus unter der Maske des Universellen"

Die Unterscheidung führte zu einer Kritik, die an der mit dem Anspruch überhistorischer Geltung auftretenden universalistischen Idee Idee der Menschenrechte geäußert wurde. Charles Taylor hat der universalistischen Idee der Menschenrechte vorgeworfen, dass in ihr kein Platz sei für das Anderssein anderer Kulturen, insbesondere für Minderheiten. Ein rigider formaler Liberalismus, so Taylor in seinem Aufsatz *Multiculturalism and the Politics of Recognition* (*Multikulturalismus und die Politik der Anerkennung*, 1992), nehme das anthropologische Bedürfnis nach kultureller Identität nicht genügend ernst. Insofern der Liberalismus der allgemeinen Menschenwürde seinem Selbstverständnis nach so allgemein ist, dass er „differenz-blind" ist, würden viele kulturelle Minderheiten diskriminiert, weil sie um ihrer Selbsterhaltung willen sich nicht dem westlichen Liberalismus angleichen können und wollen. Weil Menschen einer anderen Kultur angehören, würde ihnen häufig die *Anerkennung* versagt, der vermeintlich universalistische Liberalismus erweise sich, so Taylor, als ein „Partikularismus unter der Maske des Universellen" (Taylor 1997, S. 53).

Politik der Differenz

Taylor plädiert daher dafür, die Politik der Differenz ernst zu nehmen, solange die Toleranz nicht einen Aufruf zum Mord (er erwähnt das Beispiel Salman Rushdies) oder Ähnliches betreffe. Er spricht somit zugleich ein generelles Problem des Liberalismus an: Der Liberalismus könne in seiner reinen Form sein eigenes Fortbestehen nicht sichern, weil er der Tatsache nicht Rechnung trägt, dass nur auf der

Grundlage kultureller Identität die Entwicklung autonomer Individuen gewährleistet ist. Taylor zeigt, wie sich zwei politische Konzeptionen gegenüberstehen, die beide auf der Idee der Gleichachtung beruhen, aber gegenläufig angelegt sind: der Liberalismus der allgemeinen Menschenwürde, der sich an der Freiheit des Individuums orientiert, und ein Ethos der Politik der Differenz, das für die Forderung nach Anerkennung des Anderen steht, die auf der Anerkennung einer anderen Kultur basiert. Sein konstruktiver (aber nicht ausgearbeiteter) Vorschlag zielt auf die Möglichkeit einer Synthese: Taylor will nicht den Liberalismus insgesamt, sondern lediglich seine Vereinseitigungen kritisieren und schlägt daher ein Orientierung an jenen Traditionen vor, in denen die Idee individueller Selbstverwirklichung eng verknüpft ist mit der Idee partikularer Gemeinschaften, die einem Individuum diese Selbstverwirklichung ermöglichen und erlauben. Die Aufgabe einer solchen Synthese besteht nicht nur in der Angleichung von Inhalten, sondern auch in der Öffnung der politischen Theorie gegenüber einer anderen Form von Normativität. Die Idee der allgemeinen Menschenrechte lässt sich auch als Rechtsanspruch formulieren. Die von der Politik der Differenz geforderte Anerkennung einer anderen Kultur hingegen zielt auf ein Werturteil, und Werturteile, so Taylor, können nicht durch ein ethisches Prinzip vorgeschrieben werden. Entweder wir entdecken etwas, das Wert besitzt, oder nicht: „zu fordern, daß wir etwas finden *müssen*, ist genauso unsinnig, wie zu verlangen, wir müßten herausfinden, daß die Erde rund oder flach oder daß die Lufttemperatur hoch oder niedrig sei" (Taylor 1997, S. 66).

Synthese von Liberalismus und Politik der Differenz

Fragen und Anregungen

- Diskutieren Sie den Begriff des Fortschritts. Was ist Fortschritt? Hat es bisher einen Fortschritt gegeben? Soll es in Zukunft einen Fortschritt geben?*
- Diskutieren Sie das Verhältnis von Natur und Bestimmung des Menschen im Rückblick auf die verschiedenen geschichtsphilosophischen Entwürfe der Neuzeit und in Hinblick auf die Zukunft des Menschen.
- Vergleichen sie die verschiedenen Ideen der Selbstverwirklichung und die unterschiedlichen geschichtsphilosophischen Implikationen, die aus den verschiedenen Ideen folgen.

Lektüreempfehlungen

Quellen

- **Walter Benjamin: Über den Begriff der Geschichte** [1940], Werke und Nachlass – Kritische Gesamtausgabe, Bd. 19, hrsg. von Gérard Raulet, Berlin 2010.
- **Joseph Dietzgen: Die Religion der Sozialdemokratie, Kanzelreden,** 6. vermehrte Auflage, Berlin 1903.
- **Che Guevara: Brief an das Exekutivsekretariat von OSPAAL.** Eingeleitet und übersetzt von Gaston Salvatore und Rudi Dutschke, hrsg. von G. A. Petermann, Berlin 1967.

Forschung

- **Isaiah Berlin: Zwei Freiheitsbegriffe**, in: ders., Freiheit. Vier Versuche, Frankfurt a. M. 1995, S. 197–256. *Klassische ideengeschichtliche Untersuchung zur Unterscheidung von positiver und negativer Freiheit.*
- **Charles Taylor: Multikulturalismus und die Politik der Anerkennung**, Frankfurt a. M. 1992. *Plädiert für einen Liberalismus, der sich von der Idee einer universalistischen Kultur verabschiedet.*

14 Geschichtsphilosophie der Gegenwart

Abbildung 19: World Trade Center New York, Werbeprospekt (Cover) (1980er-Jahre)

Das Bild zeigt die aufgeklappte Vorderseite des offiziellen Werbeprospekts des World Trade Center. Der Prospekt beschreibt die gigantischen Ausmaße und Kapazitäten der sogenannten Twin Towers: In den beiden Türmen befanden sich mehr als 1100 Firmen und Organisationen, für die über 50000 Menschen arbeiteten. Jeden Tag kamen an die 80000 Besucher in die beiden 417 Meter hohen Gebäude. Die Art der Anpreisung scheint denjenigen Recht zu geben, die im Fortschritt der Geschichte, vor allem mit Blick auf die technischen Möglichkeiten, eine Transformation christlicher Heilserwartung sehen. Das Vokabular der Rhetorik des Fortschritts lehnt sich an das Vokabular der christlichen Lehre an: „The closest some of us will ever get to heaven" ist auf der Vorderseite des Prospekts zu lesen, und im Inneren geht es in der gleichen Tonlage weiter: „From over a quarter mile up in the sky, New York looks like the paradise".

Als am 9. September 2001 im Abstand von 17 Minuten zwei Flugzeuge in die beiden Gebäude des World Trade Center flogen, war schnell klar, dass es sich um einen terroristischen Anschlag handelt, der über die bloße Zahl der Opfer hinausgehend symbolischen Charakter haben sollte. Die islamistische Terrororganisation al-Qaida bekannte sich zu den insgesamt vier Anschlägen durch Selbstmordattentate. Die entführten Flugzeuge wurden als Waffen verwendet. Neben den Twin Towers wurde das Pentagon getroffen, einem Piloten gelang es, sein Flugzeug zum Absturz zu bringen, bevor es die Terroristen wieder unter ihre Kontrolle bringen konnten. 3000 Menschenleben fielen den Anschlägen zum Opfer. Noch am selben Tag kam es zu einem Kurssturz an der Börse. Die Welt war geschockt: Der westliche Liberalismus war verwundbar, ein terroristischer Angriff, in dieser Größenordnung bisher unbekannt, war möglich.

Nach der Auflösung der Ostblockstaaten nach 1989 hatte sich kurzfristig das Gerücht verbreitet, der westliche Liberalismus habe sich endgültig durchgesetzt und würde von keiner anderen Weltanschauung Konkurrenz bekommen. Spätestens seit ‚Nine Eleven' glaubt kaum noch jemand daran, dass tatsächlich ein ‚Ende der Geschichte' erreicht ist. Die Geschichte ist wieder offen.

14.1 Die Situation nach 1989 und *Nine Eleven*

Seit Beginn der Baukunst gilt die Höhe eines Gebäudes als Ausdruck von Größe und Macht. Das gilt für die ägyptischen Pyramiden, wie für die Geschlechtertürme der italienischen Städte der Renaissance. Das World Trade Center wurde zwischen 1963 und 1973 gebaut. Zum Zeitpunkt seiner Fertigstellung war es das höchste Gebäude der Welt, der später erbaute Antennenmast erreichte 526 Meter – zum Vergleich: der Eiffelturm in Paris ist 324 Meter hoch.

Bedeutung von ‚Nine Eleven'

Noch ist der historische Abstand zu den Anschlägen vom 9. September 2001 zu gering, um das Ereignis in seiner Bedeutung für das Weltgeschehen endgültig zu bewerten. Aber es scheint sich abzuzeichnen, dass ‚Nine Eleven' im kollektiven Gedächtnis hängen bleiben wird, weil es Zeichen einer neuen Wahrnehmung ist.

Politische Geschichte seit 1900

Ein Blick auf die politische Geschichte seit 1900 zeigt, worin die entscheidende Verschiebung liegen könnte: In den 1920er- und 1930er-Jahren sah es kurz so aus, als würden die liberalen Nationalstaaten abgelöst, als würde die Zukunft der Welt durch den Kampf zwischen Faschismus und Kommunismus in der einen oder anderen Richtung entschieden. Es kam anders: Der Faschismus wurde auf breiter Front besiegt durch die militärische Allianz von Kommunismus und westlichen Demokratien. Nach dem Zweiten Weltkrieg war das Weltgeschehen bis 1989 vom Antagonismus der beiden Weltmächte USA und Sowjetunion geprägt, d. h. vom Antagonismus zwischen liberaler Demokratie und kommunistischer Diktatur. Nach dem Mauerfall 1989 und der sich daran anschließenden Auflösung der alten Ostblockstaaten glaubten manche, der westliche Liberalismus habe über das kommunistische Modell gesiegt und würde nun von keiner anderen Macht mehr angreifbar sein.

Francis Fukuyama: *Das Ende der Geschichte*

1992 veröffentlichte Francis Fukuyama, zeitweise Berater der Regierung der USA, ein Buch mit dem programmatischen Titel *The End of History and the Last Man (Das Ende der Geschichte)*. Fukuyama vertrat die Ansicht vom „Ende der Geschichte" am prominentesten. Er glaubte, dass der Liberalismus nach dem Scheitern des Kommunismus, das sich in der Auflösung des ehemaligen Ostblocks gezeigt hätte, keine Konkurrenz mehr zu erwarten habe, weil die ihm zugrunde liegenden Ideen – freie Marktwirtschaft, Freiheit des Individuums (→ KAPITEL 13.4) – so attraktiv seien, dass sich keine Konkurrenz mehr entwickeln könne. Die liberale Demokratie, so Fukuyama, sei die endgültige Regierungsform, und diese Entwicklung eine große Gefahr. Die Nivellierung, die mit der Durchsetzung einer einzigen Idee verbunden sei, führe zu einem letztlich psychologischen Problem: Der Einzelne kann sich nicht mehr von Anderen abheben, er ist ein Gleicher unter Gleichen; der ‚letzte Mensch' hat sein Bedürfnis nach Größe verloren. Sollte sich der Mensch jedoch auflehnen, so drohe Gefahr:

> „Brauchen nicht bestimmte Menschen eine Form der Anerkennung, die als solche ungleich ist? Ist das Bedürfnis nach ungleicher Anerkennung nicht überhaupt die Basis eines lebenswerten Wesens, nicht nur in den aristokratischen Gesellschaften der Vergangenheit, sondern in den modernen liberalen Demokratien?"
> Könnte nicht die Furcht diese Menschen dazu führen, sich gegen die liberale Welt zu wenden, und „zu bestialischen ‚ersten' Menschen zu werden, die um ihres Prestiges willen blutige Schlachten schlagen, diesmal jedoch mit modernen Waffen?" (Fukuyama 1992, S. 26)

Samuel P. Huntington: *Clash of Civilaziations?*

Kurz darauf machte ein weiterer Berater der US-Regierung, Samuel P. Huntington, Schlagzeilen mit einer Wendung, die die Thesen Fukuyamas infrage stellte. Unter dem Titel *Clash of Civilizations* (*Der Kampf der Kulturen,* 1996) behauptete Huntington, dass kommende globale Konflikte zwischen Gruppen aus unterschiedlichen Kulturen geführt werden, vor allem zwischen dem Westen und den islamischen und asiatischen Kulturen.

Beide Theorien waren sehr holzschnittartig gehalten und wurden heftig kritisiert. Trotzdem wurden beide mit gutem Grund sehr ernst genommen: Sie artikulierten, was viele Menschen dachten und fühlten. Bis heute werden Huntingtons Thesen kontrovers diskutiert, auch deshalb, weil aus der Perspektive der liberalen Demokratie keineswegs klar ist, wie das Verhältnis zu anderen Kulturen beschrieben werden soll.

Von verschiedener Seite wurde argumentiert, dass der islamische Fundamentalismus nicht der Ausdruck einer Kultur sei, die sich gegen die Effekte der Globalisierung mit Gewalt wendet, um die Vereinnahmung der eigenen Kultur zu verhindern, sondern dass er lediglich eine übernommene westliche Selbstkritik, die vor allem aus der Romantik stamme, mit terroristischem Eifer verbinde. Ian Buruma

Buruma und Margalit über Fundamentalismus

und Avishai Margalit sehen in ihrem Buch *Occidentalism. The West in the Eyes of Its Enemies* (2004; *Okzidentalismus. Der Westen im Auge seiner Feinde*, 2005) die Wurzeln, die dem Hass fundamentalistischer Islamisten zugrunde liegen, in genuin westlichen Ideen, d. h. in der vom Westen selbst hervorgebrachten Kritik des Liberalismus. Sie verweisen darauf, dass viele islamistische Terroristen die Ausbildungsinstitute westlicher Bildungseliten durchlaufen haben, bevor sie sich in terroristischen Vereinigungen organisierten (vgl. Buruma /

Margalit 2005). Der Ägypter Mohamed Atta, der eines der beiden Flugzeuge gesteuert haben soll, die in das World Trade Center einschlugen, hat z. B. in Hamburg Architektur studiert und sich in seiner Diplomarbeit mit den Folgen der Modernisierung beschäftigt. Der Titel der Arbeit lautete: „Ein gefährdeter Altstadtteil in Aleppo (Syrien). Stadtteilentwicklung in einer islamisch-orientalischen Stadt".

Fast gegenläufig zu den Thesen von Buruma und Margalit könnte man die Empfehlungen des Soziologen Wolf Lepenies verstehen, der schon 1997 fragte, ob die Europäisierung der Welt beendet sei, und so die Selbstverständlichkeit infrage stellte, mit der viele Europäer und Amerikaner den Gang der Geschichte allein als einen Weg der Durchsetzung westlicher Ideen verstanden. Lepenies forderte eine stärkere Beschäftigung mit anderen Kulturen, um verstehen zu können, welche Entwicklungen diese Kulturen nehmen. Er wandte sich gegen die Exotisierung des Fremden, die den Fremden entweder nur als den ganz Anderen wahrnehmen kann oder aber darauf wartet, dass der Fremde sich der westlichen Kultur annähert:

Lepenies: Ende der Europäisierung?

> „Es geht darum, sich das Ausmass des intellektuellen Skandals klarzumachen, der darin besteht, dass an europäischen Universitäten sich in der Regel jeweils ein Dutzend Studenten mit Indien und, wenn es hochkommt, ein halbes Hundert mit China und Japan beschäftigen, während Tausende sich der Soziologie und Psychologie überernährter Bevölkerungen widmen." (Lepenies 1997, S. 52)

Damit diagnostizierte Lepenies ein Problem, das letztlich auch die Thesen von Buruma und Margalit betrifft: Denn so überzeugend der Nachweis der Ähnlichkeiten ist, den die beiden zwischen westlicher und islamistischer Kritik der Moderne ausmachen, so unverkennbar ist ihre Perspektive auch ein Beispiel dafür, dass sie eine andere Kultur nur aus dem Blickwinkel der westlichen Kultur sehen können, die auch hier wieder – wenngleich als negatives – Vorbild dient. Könnte es nicht sein, dass diese Perspektive bei denjenigen, die mit bestimmten Entwicklungen in westlichen Demokratien nicht einverstanden sind, aber prinzipiell nicht gewaltbereit sind, zu Erfahrungen von Demütigung führt, die auf mangelnder Anerkennung beruhen?

Problem der mangelnden Anerkennung

Vielleicht könnte hier in der Tat eine Beschäftigung mit der Geschichte der eigenen Kultur weiterhelfen. Häufig führen Erfahrungen der Entwurzelung zu einem Bedürfnis nach Identität. Mitunter versucht man dieses Bedürfnis zu stillen durch die ‚Erfindung einer Tradition' (*Invention of Tradition*, Hobsbawm/Ranger 1983). Oft ist dies die Geburtsstunde einer ‚konservativen' Bewegung. Die Geschichte der verschiedenen konservativen Bewegungen Europas zeigt

Invention of Tradition

jedoch, dass es eigentlich keine im Kern konservativen Ideen gibt, die es möglich machen, von *dem* Konservatismus zu sprechen, wohingegen es (bei allen Binnendifferenzen) möglich und sinnvoll ist, von Liberalismus und Sozialismus im kollektiven Singular zu sprechen. Konservativ zu sein heißt für den einen, an der Spitze des Fortschritts zu marschieren, so der bayerische Politiker Franz Josef Strauß in den 1960er-Jahren (vgl. Greiffenhagen 1986, S. 10), für andere ist es das Gegenteil, nämlich Gegnerschaft zu jeglicher Idee des Wachstums und der Veränderung. Eine konservative Einstellung erscheint oft als Reflex auf den Wunsch nach Bindung, insofern ist es einleuchtend, wenn Historiker manche Tradition als ‚Erfindung' verstehen. Aber nicht alle Traditionen sind ‚konstruiert', und die Wiederbelebung einer Tradition ist etwas anderes als ihre Erfindung.

Ein bekanntes Beispiel zeigt, dass nicht alles ‚Erfindung' ist, worauf sich partikulare Kulturen zurückbesinnen, um ihre Eigenständigkeit zu wahren: Unter dem Druck, sich Modernisierungsprozessen anzupassen, die zum Fortschritt führen, wurde in vielen Gegenden Europas versucht, Dialekte durch Hochsprache zu ersetzen. Diese Entwicklung ist vielleicht noch nicht an ihr Ende gekommen, aber in manchen Regionen Europas werden Dialekte heute wieder mit großem Selbstbewusstsein kultiviert.

14.2 Einige große Rahmenerzählungen seit 1900

Postmoderne

Der französische Philosoph Jean-Francois Lyotard sorgte 1979 für großes Aufsehen. In seinem Buch *La conditione postmoderne (Das postmoderne Wissen)* erklärte er, dass alle großen Erzählungen der Moderne gescheitert seien. Die von der Aufklärung behauptete Emanzipation der Menschheit, die Entwicklung des Geistes bei Hegel, aber auch der Marxismus – keine dieser Ideen könne heute noch mit dem Anspruch auf Erklärungskraft auftreten. Der Begriff Postmoderne bedeute, so

Meta-Erzählungen

Lyotard, Skepsis gegenüber den Meta-Erzählungen der Moderne, Skepsis gegenüber allen, die die Gegenwart aus einer Idee erklären wollen.

Doch der Versuch, die Moderne durch Einführung des neuen Epochenbegriffs Postmoderne für beendet zu erklären, scheiterte. Zum einen konnte man die Diagnose, die Lyotard anbot, selbst wieder als eine große Erzählung – als eine Meta-Erzählung *(master narrative)* – ansehen, zum anderen zeigen die Debatten der letzten Jahrzehnte, dass sich zwar keine Meta-Erzählung durchsetzen konnte, dass aber die Idee der Meta-Erzählung nach wie vor lebendig ist. Wie sollte es auch anders sein? Jede Zeit hat ein Bedürfnis nach einer Einordnung in den großen historischen Zusammenhang.

So geht es am Ende immer noch darum, zu bestimmen, was das Wesen der Neuzeit bzw. der Moderne ist. ‚Moderne' ist ein eminent teleologischer Begriff, er verweist auf Modernisierung und Entwicklung. Häufig ist er verbunden mit der Idee, dass es *einen* Prozess der Modernisierung gibt, in dem verschiedene Stufen durchlaufen werden müssen. Die Unterscheidung in eine erste, zweite und dritte Welt drückt diese Idee ebenso aus, wie die Unterscheidung von Industrienationen und Entwicklungsländern. Der Begriff der Moderne ist ein normativer Begriff, auch wenn gegen die Vorstellung eines positiv besetzten Moderne-Begriffs zu Recht eingewandt wurde, dass auch der Nationalsozialismus eine moderne Bewegung war, weil er erst durch einen modernen Grad an Industrialisierung und Komplexität der Organisation möglich wurde.

Immer noch: Moderne

Es ist kein leichtes Unterfangen, den Gang, den die Geschichte seit Beginn der Neuzeit eingeschlagen hat, in neutralen Kategorien zu beschreiben. Die Soziologie hat dies seit ihren Anfängen bei Augusté Comte in Frankreich (→ KAPITEL 10.3) und Ferdinand Tönnies sowie Max Weber in Deutschland (→ KAPITEL 12.2) immer wieder versucht. Unbestreitbar dürfte sein, dass die Verflechtung der Menschen über die verschiedenen Nationen und Kontinente hinweg zugenommen hat, dass die Handelsbeziehungen immer komplexer geworden sind, dass immer mehr Menschen in ihrem Leben immer mehr Menschen begegnen. Die Handlungsketten sind länger geworden, die verschiedenen Sphären des Zusammenlebens und die Arbeitsteilung haben sich immer weiter ausdifferenziert. Die Zahl der Menschen, die auf der Erde leben, hat immer mehr zugenommen – in Zahlen: 1804 eine Milliarde, 1974 drei Milliarden, 2007 und 7 Milliarden. Der sogenannten Bevölkerungsexplosion korrespondiert eine Verlagerung des Lebens vom Land hin zur Stadt. Seit 2007 leben mehr Menschen in Städten als auf dem Land. Die Geschichte der Menschheit ist eine Geschichte steter Völkerwanderung und Vermischung.

Versuch einer neutralen Beschreibung

Das Aufeinandertreffen sehr unterschiedlich lebender Kulturen hat zu einer systematischen Ausrottung sogenannter indigener Kulturen (mitunter auch Stammeskulturen genannt) geführt. „Der Amerikaner, der den Columbus zuerst entdeckte, machte eine böse Entdeckung." (Lichtenberg 1971, S. 154) Der Prozess ist immer noch im Gang. An diesem historischen Beispiel zeigt sich, dass eine neutrale Beschreibung nach einer Bewertung verlangt: Der bloße Hinweis auf das stete Verschwinden vieler Kulturen ohne explizite Bewertung ist bereits normativ.

Ausrottung indigener Völker

Seit den Hochzeiten der christlichen Missionierung gibt es eine Diskussion darüber, ob Missionierung bzw. Eingliederung oder Einbeziehung von Stammeskulturen, die notwendigerweise zu einer Zerstörung dieser Kulturen führt, bewusst gewollt wird oder nicht. Viele, auch Liberale, argumentieren, dass auch diese Menschen ein ‚Recht' auf Bildung, individuelle Selbstverwirklichung etc. haben. Diese Ziele könnten nur erreicht werden, wenn die alte Kultur, und alles was zu dieser dazugehört, überwunden werde. Andere hingegen glauben an ein Selbstbestimmungsrecht von Kulturen und halten die Idee kollektiver Selbstverwirklichung für wichtiger als die individuellen subjektiven Rechte in der Tradition der westlichen Menschenrechtsentwicklung.

Der angebliche Prozeß der Zivilisation: Die Elias-Duerr-Kontroverse

Darüber, was ‚vormoderne' Menschen, von den Menschen in ‚modernen' Gesellschaften unterscheidet, hat sich zwischen dem Soziologen Norbert Elias (1897–1990) und dem Ethnologen Hans Peter Duerr (*1943) ein kontroverser Disput entwickelt. Elias hatte in seinem Buch *Über den Prozess der Zivilisation* (1939) behauptet, dass es menschheitsgeschichtlich eine Entwicklung gebe, die zu einer Verinnerlichung äußerer Zwänge führe. Vor allem anhand der französischen Geschichte entwickelte er die These, dass sich in zivilisierteren Gesellschaften diese inneren Zwänge an einer Zunahme z. B. von Schamgefühlen zeigen würden. Auf breiter empirischer Basis hat Duerr der Behauptung widersprochen, dass Schamgefühle für Menschen in vormodernen Kulturen eine geringere Bedeutung spielen. Elias, so Duerr, habe nicht gesehen, dass das Schamverhalten sich dort anders äußere. Dass die Menschen in vielen Stammeskulturen nackt oder beinahe nackt herumlaufen, sei kein Ausdruck mangelnden Schamgefühls. Es gebe ein striktes Gebot, dem Anderen nicht auf seine Geschlechtsteile zu schauen, das bei Nichteinhaltung zu unangenehmen sozialen Sanktionen führen würde (Duerr 1988).

Generell fällt auf, dass der Versuch, nur neutrale Kategorien beide der Beschreibung historischer Prozesse zu verwenden, dazu führt, dass viele Schlüsselbegriffe von Soziologen, Historikern und Philosophen nicht vorkommen: Rationalisierung, Verwissenschaftlichung, Entzauberung, Freiheit, Selbstverwirklichung etc. Diese Phänomene werden nicht genannt, weil es sich um wertende Begriffe handelt und umstritten ist, welche Rolle sie spielen und ob sie zwingend zur Modernisierung gehören.

Tönnies: Gemeinschaft und Gesellschaft

Ferdinand Tönnies (1855–1936) hat den Weg der Geschichte anhand der Kategorien Gemeinschaft und Gesellschaft beschrieben und eine Entwicklung von der Gemeinschaft als menschlicher Lebensform hin zur Gesellschaft ausgemacht. Hätten die Menschen sich in früheren Jahrhunderten besser gekannt, sich näher gestanden und wären in ihren Begegnungen stärker von unmittelbarer Teilhabe am Leben der anderen geprägt gewesen, so lebten sie in der Gegenwart tendenziell in unpersönlichen, eher anonymen Beziehungen, deren Verbindlichkeit durch Verträge geregelt wird (Tönnies 1922).

Tönnies' Theorie ist normativ, weil sie schon in ihrer Begrifflichkeit auf die Verluste hinweist, die der Prozess der Modernisierung mit sich bringt. Trotzdem zeigt sie zahlreiche Gemeinsamkeiten mit einer ganz anderen Theorie, die Soziologen und Historiker seit den 1950er- und 1960er-Jahren entworfen haben: der Modernisierungstheorie. Diese beschreibt die Entwicklung ähnlich, aber weniger in sozialpsychologischen, sondern vielmehr in ökonomischen Begriffen. Die zunehmende Trennung der verschiedenen Sphären des Lebens wird hier als einhergehend mit der Entwicklung komplexer Handelsbeziehungen und technischer Entwicklungen verstanden, die steigenden Wohlstand und Komfort gewährleisten (vgl. Rostow 1960).

Modernisierungstheorie

Bedeutung der Religion:

In den letzten Jahren hat sich eine rege Diskussion um die Rolle der Religion für die Entwicklung der Gesellschaften der Gegenwart entwickelt. Für viele Soziologen und Historiker war der Weg, der mit der Moderne eingeschlagen wurde, gleichbedeutend mit einer Rationalisierung und Verwissenschaftlichung, die zu einem Rückgang, mindestens aber zu einem Rückzug von Religion aus dem öffentlichen Leben führen sollte. Aus dieser Perspektive lautete eine der großen Selbstdeutungen der Moderne: Der Entwicklungsgang, den Europa, später Europa und Amerika und schließlich die ganze Welt eingeschlagen haben, lasse sich beschreiben als Prozess der Säkularisierung. Was aber genau unter Säkularisierung zu verstehen ist, wird oft nicht deutlich, da der Begriff in verschiedenen Bedeutungen verwendet wird. Der spanische Religionssoziologe José Casanova hat den Vorschlag gemacht, drei Verwendungsweisen zu unterscheiden und mit diesem Vorschlag viele Anhänger gefunden: In der geläufigsten Bedeutung meine Säkularisierung das Zurückgehen des Glaubens, in der zweiten Verwendung die Privatisierung der Religion, in der dritten die Differenzierung von staatlichen, ökonomischen und wissenschaftlichen Sphären, die als Emanzipation von religiösen Institutionen und Normen verstanden wird. Die zuletzt genannte Verwendung, so Casanova, leite sich her von der ursprünglichen Bedeutung des Wortes, der zufolge Säkularisierung eine Transformation von Personen, Dingen, Ideen von einer religiösen hin zu einer weltlichen, laizistischen Verwendung bedeute (Casanova 2006).

Säkularisierung?

Zwei Debatten

Mit dem Thema sind, wie diese Unterscheidung schon anklingen lässt, zwei unterschiedliche Debatten verknüpft.

- Zum einen geht es darum, ob der Lauf der Geschichte, der mit den Augen der westlichen Welt als Modernisierung beschrieben wird, zu einer Abnahme von Religiosität führt.
- Zum anderen geht es darum, ob die Ideen der Gegenwart entstanden sind durch einen Prozess der Verweltlichung, der so zu denken ist, dass die ursprünglichen christlichen Vorstellungen zwar ihre religiöse Dimension verloren haben, aber ansonsten beibehalten wurden.

Abnahme der Religion?

Religionssoziologen, die auch empirisch arbeiten, haben in den letzten Jahren die erste These infrage gestellt. Eine Abnahme religiöser Einstellungen sei nur in einigen, vor allem protestantisch geprägten Ländern zu beobachten, in einer globalen Perspektive lasse sich dagegen keine kontinuierliche Abnahme religiöser Einstellungen feststellen, sodass man letztlich vermuten muss, dass die behauptete Abnahme von Religion eine Übertragung der eigenen Einstellung vieler Forscher auf den Gang der Weltgeschichte darstellt.

Löwith: Verweltlichung christlicher Vorstellungen

Die andere Debatte wurde stark von Karl Löwiths Buch *Weltgeschichte und Heilsgeschehen* (1953) bestimmt. Die Herkunft moderner Werte aus dem Christentum war schon lange vor Löwith behauptet worden, aber Löwith war der erste, der systematisch zu zeigen versuchte, wie sich Schritt für Schritt die christliche Vorstellung von Geschichte, die an die Heilserwartung geknüpft sei, verweltliche. Die historische Grundthese seines Buches lautet, dass die „moderne Geschichtsphilosophie dem biblischen Glauben an eine Erfüllung entspringt" (Löwith 1953, S. 11). Löwith hat eine mehr oder weniger monokausale Theorie über die Herkunft der neuzeitlichen Geschichtsphilosophie. Wie Max Weber fragt auch er nach den Gründen für den besonderen Weg, den Europa eingeschlagen hat.

> „Das Ideal der modernen Wissenschaft, die Natur zu beherrschen, und die Fortschrittsidee tauchen weder in der klassischen Welt noch im Osten auf, sondern im Westen. Was aber setzte uns in Stand, die Welt nach dem Bilde des Menschen neu zu gestalten? Hat sich etwa der Glaube, nach dem Bild eines Schöpfergottes geschaffen zu sein, die Hoffnung auf ein künftiges Reich Gottes und das christlichen Gebot, allen Völkern zu ihrem Heil das Evangelium zu verkünden, in die weltliche Anmaßung verwandelt, daß wir die Welt in eine bessere umformen und primitive Völker erlösen sollen?" (Löwith 1953, S. 185)

Diese historische These wird eng mit einer normativen These verknüpft. Für Löwith ist die Entstehung der jüdisch-christlichen Eschatologie (→ KAPITEL 3.3) der Sündenfall, der die Menschen von ihrer natürlichen Vorstellung zyklischer Abläufe und der mit dieser Vorstellung verbundenen Schicksalsgläubigkeit entfremdet habe und der zur Unterdrückung weiter Teile der Welt geführt habe.

Die Methode der kritischen Genealogie

Löwiths Vorgehen ist ein klassisches Beispiel einer kritischen Genealogie. Es erinnert an Nietzsche und Motive der Psychoanalyse Sigmund Freuds. Die Grundidee ist folgende: Ein bestimmtes System von Ideen, Überzeugungen, Werten etc. wird als problematisch erkannt. Um sich von diesen Ideen zu befreien, muss die Geschichte dieser Ideen erzählt, ihre Herkunft geklärt werden. Indem man zeigt, wo genau die Ideen entstanden sind, nimmt man ihnen ihren überzeitlichen Geltungsanspruch.

Kritik an Löwith

Als historische These ist die Auffassung Löwiths fragwürdig, denn zunächst gab es Mischformen von christlicher und weltlicher Denkweise. Das zeigt sich z. B., wenn man den Topos des goldenen Zeitalters in seinen vielen Varianten betrachtet (→ KAPITEL 3.2). Ursprünglich müssten Löwiths Perspektive zu Folge Kirche und Staat untrennbar miteinander verwoben sein, damit dann die Trennung als Ergebnis einer historischen Entwicklung angesehen werden kann. Ein vollkommenes Zusammengehen von Kirche und Staat war aber historisch die Ausnahme. Löwiths These lebt von der Behauptung, dass sich erst durch die eschatologische Perspektive und ihre Umwandlung ein lineares Denken herausgebildet habe. Tatsächlich aber scheint das lineare Denken dem eschatologischen historisch vorgängig gewesen zu sein.

Hans Blumenberg

Die prominenteste Kritik an Löwith stammt von Hans Blumenberg, der in seinem Buch *Die Legitimität der Neuzeit* (1966) versucht hat zu zeigen, dass sich der neuzeitliche Begriff der Geschichte vor allem einem komplexen Verarbeitungsprozess neuer kosmologischer Erkenntnisse verdankt und dass es die von Löwith gezogene monokausale Linie so nicht gibt. Schon der Titel des Buches verneint ein zu historisches Verständnis der Neuzeit. Blumenberg lässt die Neuzeit mit einem neuen Denken beginnen, das sich nicht von seiner Vergangenheit her verstehen lässt. Blumenbergs Kritik ist überzeugend, insofern sie auf Zurückweisung der alleinigen Entstehung des modernen Begriffs der Geschichte aus dem Christentum zielt. Das Problem einer Umwandlung christlicher Ideen in weltliche, das Friedrich Nietzsche (→ KAPITEL 11.2) und Walter Benjamin (→ KAPITEL 13.3) umtrieb, ist damit aber keineswegs aufgehoben. Es besteht auch dann, wenn gezeigt werden kann, dass das teleologische Fortschrittsdenken der neuzeitlichen Geschichtsphilosophie (auch) andere als christliche Ursprünge hat.

Ende der Geschichte

Die Möglichkeiten, ein Ende der Geschichte zu denken, sind vielfältig. In der ursprünglich christlichen Vorstellung von Geschichte ist das Ende ein Übergang, es ist das Ende der weltlichen Welt und zugleich Beginn von etwas Neuem. Diese Vorstellung ist im Verlauf der Neuzeit auch bei Christen immer mehr zurückgetreten. Wie dieser Prozess beurteilt wird, wenn er denn überhaupt noch wahrgenommen wird, steht auf einem anderen Blatt. Albert Schweitzer sprach in kritischer Absicht von einer zunehmenden Enteschatologisierung des Christentums (vgl. Schweitzer 1921), Ernst Troeltsch hingegen affirmierte den Prozess:

Enteschatologiesierung

> „Ein moderner Theologe sagt: Das eschatologische Bureau sei heutzutage meist geschlossen. Es ist geschlossen, weil die Gedanken, die es begründeten, die Wurzel verloren haben. Endlich hat sich noch der moderne Entwicklungsgedanke neben den der Erlösung gestellt. An ihn, anstatt an die Schuld der Protoplasten, knüpfen wir an. Nicht durch Sünde und Unvollkommenheit ist die Menschheit aus dem Zustand der Schuldlosigkeit gestürzt worden, sondern sie ringt sich aus dem Dunkel erst zum Licht empor. In einem solchen Sinn kann das spießige Wort ‚Fortschritt' in den christlichen Erlösungsgedanken aufgenommen werden." (Troeltsch 1925, S. 36f.)

Die Enteschatologiserung, die zu einer Öffnung der Zeit führte, schuf überhaupt erst die Möglichkeit für ein ganz anderes Verständnis von einem möglichen Ende der Geschichte. Allerdings sollte man nicht übersehen, dass es auch weiterhin Menschen gab, die eschatologisch dachten. Für Carl Schmitt z. B. war die Weltgeschichte die Geschichte der Aufhalter (→ KAPITEL 3.3): Jede Epoche habe ihren Aufhalter, sein Platz „war niemals unbesetzt, sonst wären wir nicht mehr vorhanden", notierte er 1947 (Schmitt 1991, S. 63).

Ein Ende der Geschichte ist nur dann ein Skandal, wenn die Geschichte eigentlich kein Ende haben soll. Die modernen düsteren Szenarien eines Endes der Geschichte laufen immer auf eine Versteinerung, auf eine Kristallisierung hinaus. Die Geschichte nimmt einen Verlauf, der endgültigen Charakter hat, aus dem es kein Entrinnen mehr gibt. Tönnies hat als einer der ersten den Hang der Moderne zur Nivellierung als Schreckgespenst an die Wand gemalt: Die Herrschaft Roms über die Welt

Hang zur Nivellierung

> „nähert alle Städte der einen Stadt, bringt alle bewußten, feilschenden Individuen, den ganzen Herrenstand des unermeßlichen Reiches auf dem Forum zusammen, schleift ihre Unterschiede und Unebenheiten gegeneinander ab, gibt allen die gleichen Mienen, die gleiche Sprache und Aussprache, das gleiche Geld, die gleiche

> Bildung, gleiche Habsucht, gleiche Neugier – der *abstrakte* Mensch, die künstlichste, regelmäßigste aller Maschinen, ist konstruiert und erfunden.“ (Tönnies 1922, S. 208)

Mit ähnlicher Tendenz hat Max Weber vom ‚stahlharten Gehäuse‘ der Moderne gesprochen, das eine Möglichkeit der Entwicklung darstelle:

> „Dann allerdings könnte für die ‚letzten Menschen‘ dieser Kulturentwicklung das Wort zur Wahrheit werden: ‚Fachmenschen ohne Geist, Genußmenschen ohne Herz: dies Nichts bildet sich ein, eine nie vorher erreichte Stufe des Menschentums erstiegen zu haben.‘“ (Weber 1920, S. 204)

Posthistoire

Unter europäischen Intellektuellen wurde die Idee eines Endes der Geschichte in den 1970er- und 1980er-Jahren wieder populär. Nun hieß es etwas vornehmer „posthistoire“ (vgl. Niethammer 1989). Offensichtlich war vielen langweilig geworden, weil der geschichtsphilosophische Schwung der 1960er-Jahre abhanden gekommen war.

Kulturpessimismus

Die Vorstellung von einem nicht eschatologisch gedachten Ende der Geschichte zählt zu den vielen Varianten kulturpessimistischer Vorstellungen von Geschichte. Positionen, die den Verlauf der Geschichte als einen Prozess, der nicht zum Höheren führt, sondern als Niedergang oder ewiges Auf und Ab beschreiben, sind so alt wie das Nachdenken über Geschichte. Charakteristisch für ein Zeitalter sind die besonderen Typen, in denen kulturpessimistische Positionen artikuliert werden.

Theodor W. Adorno und Max Horkheimer haben dem Kulturpessimismus unter dem Schock der weltpolitischen Entwicklung, die zu Faschismus, Nationalsozialismus und dem Zweiten Weltkrieg geführt hat, eine erkenntnistheoretische Begründung gegeben. Ihre These lautet: Es liegt an der besonderen Form des menschlichen Denkens, dass die Menschheit sich nicht vom Übel befreien kann, dass sie sich im Gegenteil immer weiter in Übel verstrickt:

Dialektik der Aufklärung

> „Die bürgerliche Gesellschaft ist beherrscht vom Äquivalent. Sie macht Ungleichnamiges komparabel, indem sie es auf abstrakte Größen reduziert. Der Aufklärung wird zum Schein, was in Zahlen, zuletzt in der Eins, nicht aufgeht; der moderne Positivismus verweist es in die Dichtung. Einheit bleibt die Lösung von Parmenides bis auf Russell. Beharrt wird auf der Zerstörung von Göttern und Qualitäten.“ (Adorno/Horkheimer 1947, S. 18)

Schon der Mythos, d. h. ein sich in Mythen artikulierendes Verhältnis zu Geschichte, sei Aufklärung, aber auch umgekehrt habe jede Aufklärung einen Hang zum Mythos, einen Hang in den Mythos zurückzuschlagen. Dieser Zusammenhang ist, so Adorno und Horkheimer, unentrinnbar, d. h. es gibt eigentlich keinen Ausweg.

Ökologische Krise

Shared history

Seit den 1970er-Jahren sind kulturpessimistische Diagnosen in der Regel mit Hinweisen auf die negativen Folgen der weltweiten Industrialisierung verbunden: Umweltverschmutzung, Zerstörung des ökologischen Gleichgewichts, Verbrauch nicht nachwachsender Rohstoffe sind die am meisten genannten Tatsachen, die mit dem Begriff einer ökologischen Krise verbunden sind. Wegweisend war die Zusammenkunft des Club of Rome 1972:

Club of Rome

> „Unkontrolliertes Wachstum hat die Menschheit in die Krise geführt. Sie steht an der Grenze ihrer irdischen Möglichkeiten. Es fehlt eine Weltkonjunkturpolitik, die neue Gestaltungsmöglichkeiten im wirtschaftlichen, politischen und sozialen Bereich bietet. Noch hat die Menschheit die Chance, durch ein auf die Zukunft bezogenes Handeln aller Nationen die Lebensqualität zu erhalten und eine Gesellschaft im weltweiten Gleichgewicht zu schaffen, die bestand für Generationen hat." (Meadows 1972, Umschlagseite).

14.3 Globalisierung

Begriff der Globalisierung

Wenn es ein Wort gibt, das den geschichtsphilosophischen Zeitgeist auf den Begriff bringt, dann ist es der Begriff der Globalisierung (→ ASB REICHARDT). Globalisierung meint die Zunahme der Verflechtung von Menschen auf der Erde. Globalisierung bedeutet, dass es kaum noch Orte gibt, an denen Menschen leben, ohne unter dem Einfluss bestimmter technischer Entwicklung zu stehen und ohne das Angebot bestimmter Konsumgüter zu leben. Fast überall gibt es Coca Cola und McDonalds, die Menschen telefonieren mit Handys und in sehr vielen Gegenden der Welt tragen Männer, die Geschäfte machen, Anzüge und Krawatten. Globalisierung ist ein relativ neuer Begriff, das Phänomen, das er beschreibt, ist spätestens seit Beginn der Industrialisierung um 1800 bekannt. Marx und Engels beschreiben bereits im *Manifest der kommunistischen Partei* (1844) Globalisierung als eine Folge der Industrialisierung, die zu einer Zunahme der Beziehungen geführt habe:

> „An die Stelle der alten lokalen und nationalen Selbstgenügsamkeit und Abgeschlossenheit tritt ein allseitiger Verkehr, eine allseitige Abhängigkeit der Nationen voneinander. Und wie in der materiellen, so auch in der geistigen Produktion. Die geistigen Erzeugnisse der einzelnen Nationen werden Gemeingut. Die nationale Einseitigkeit und Beschränktheit wird mehr und mehr unmöglich, und aus den vielen nationalen und lokalen Literaturen bildet sich eine Weltliteratur. Die Bourgeoisie reißt durch die rasche Verbesserung aller

> Produktionsinstrumente, durch die unendlich erleichterte Kommunikation alle, auch die barbarischsten Nationen in die Zivilisation. Die wohlfeilen Preise ihrer Waren sind die schwere Artillerie, mit der sie alle chinesischen Mauern in den Grund schießt, mit der sie den hartnäckigsten Fremdenhaß der Barbaren zur Kapitulation zwingt. Sie zwingt alle Nationen, die Produktionsweise der Bourgeoisie sich anzueignen, wenn sie nicht zugrunde gehen wollen; sie zwingt sie, die sogenannte Zivilisation bei sich selbst einzuführen, d. h. Bourgeois zu werden. Mit einem Wort, sie schafft sich eine Welt nach ihrem eigenen Bilde." (Marx / Engels 1953, S. 528f.)

Die universale Einheit der Geschichte ist zunächst eine vorgestellte gewesen – vorgestellt von den Geschichtsphilosophen und ihren Nachfolgern, Soziologen und Historikern. Die Entdeckungen des 15., 16. und 17. Jahrhunderts, der Kolonialismus des 19. Jahrhunderts, die ökonomische Dynamik des 20. Jahrhunderts und die neuen technischen Möglichkeiten (Billigflüge, Internet, soziale Netzwerke) des jungen 21. Jahrhunderts haben Schritt für Schritt zu einer faktischen Universalgeschichte geführt. Die Einheit der Geschichte ist Ergebnis einer historischen Dynamik, die dazu geführt hat, dass alles mit allem in Verbindung steht.

Neue Universalgeschichte:

Historiker haben in den letzten Jahren vehement gefordert, dieser Entwicklung Rechnung zu tragen und sich von einer Geschichte zu verabschieden, die entweder nur Geschichte Europas oder nur Geschichte aus europäischer Perspektive ist: „Alle Geschichte neigt dazu Weltgeschichte zu sein." (Osterhammel 2009, S. 13) Die Begriffe, mit denen die neue Universalgeschichte auftritt, lauten: „transnationale Geschichte", „Globalgeschichte" und „shared history" (Conrad / Eckert / Freitag 2007). Wegweisend war unter anderem die Forderung „Provincalizing Europa" (Chakrabarty 2002), der zufolge die Geschichte als eine gemeinsame Geschichte, d. h. als eine Geschichte wechselseitiger Beeinflussung geschrieben werden müsse.

Shared history

Was die großen normativen Fragen betrifft, sind die Historiker der neuen Universalgeschichte zurückhaltend. Selbsternannte Glücksforscher, die im Auftrag von Regierungen unterwegs sind, behaupten, dass es eine enge Korrelation zwischen Wohlstand und Glücksempfinden gibt. Was aus der Idee wird, dass Konsum und Wohlstand glücklich macht, wird die Zukunft zeigen. In den 1960er-Jahren waren Liberale und Linke noch sehr zuversichtlich. Die Brüder Gabriel und Daniel Cohn-Bendit forderten 1968:

> „Wir handeln nicht für unsere Kinder, denn das Opfer, dieses Produkt eines stalinistisch-jüdisch-christlichen Humanismus, ist kon-

terrevolutionär, sondern damit wir endlich, ohne Hemmungen geniessen können'." (Cohn-Bendit 1968, S. 134)

Fragen und Anregungen

- Diskutieren Sie, ob, und wenn ja, welche Prognosen für die Zukunft möglich sind.
- Erörtern Sie, inwiefern ein zukünftiger Weltstaat wünschenswert bzw. gefährlich sein könnte.
- Diskutieren Sie, ob das Leben in der westlichen Moderne attraktiver ist, als das Leben in anderen Kulturen oder anderen Epochen.

Lektüreempfehlungen

Quellen

- **John H. Bodley: Der Weg der Zerstörung. Stammesvölker und industrielle Zivilisation**, 1983 München.
- **Luciano Canfora: Die Freiheit exportieren. Vom Bankrott einer Ideologie**, Köln 2009.
- **Dennis Meadows: Die Grenzen des Wachstums. Bericht des Club of Rome zur Lage der Menschheit**, Stuttgart 1972.

Forschung

- **José Casanova: Rethinking Secularization: A Global Comparative Perspectice**, in: The Hedgehog Review, Spring & Summer 06, S. 7–21. *Unterscheidet verschiedene als Säkularisierung bezeichnete Phänomene und stellt die These eines Rückgangs an Religiosität in Frage.*
- **Wolf Lepenies: Ist die Europäisierung der Welt beendet? Neue Herausforderungen an den alten Kontinent in Asien und anderswo**, in: Journal. Bi-monthly Review of the Swiss-Japanese Chamber of Commerce I, 1997, S. 42–52. *Diskutiert, inwiefern sich die Welt in Zukunft an Europa orientieren wird.*
- **Jürgen Osterhammel / Niels Petersson: Geschichte der Globalisierung. Dimensionen, Prozesse, Epochen**, München 2012. *Kurze und präzise Zusammenfassung der Fragestellungen der jungen Globalisierungsgeschichte.*

15 Serviceteil

15.1 Lexika und Handbücher

Antike / Altertumswissenschaft

- **Der Neue Pauly. Enzyklopädie der Antike. Rezeption und Wissenschaftsgeschichte**, hg. von Hubert Cancik und Helmuth Schneider, 15 Bände, Stuttgart 1996. *Behandelt nicht nur die Antike, sondern auch die Antikenrezeption.*
- **Paulys Realencyclopädie der classischen Altertumswissenschaft [Pauly-Wissowa(-Kroll) oder RE]**, Stuttgart u. a. 1893–1978. *Obwohl in manchen Artikeln veraltet, in seiner Ausführlichkeit immer noch das Standardwerk*
- **Lexicon iconographicum mythologiae classicae [LIMC]**, hg. von Fondation pour le Lexicon Iconographicum Mythologiae Classicae, Zürich / München 1981–99.
- **The Cambridge Ancient History [CAH2]**, ed. by. I. E. S. Edwards, C. J. Gadd, N. G. L. Hammond, Cambridge 1970ff.
- **Aufstieg und Niedergang der römischen Welt. Geschichte und Kultur Roms im Spiegel der neueren Forschung [ANRW]**, hg. von Wolfgang Haase, Hildegard Temporini, Berlin / New York 1972ff.

Mittelalter

- **Lexikon des Mittelalters**, hg. von Robert-Henri Bautier, Robert Auty u. a, 9 Bände, erst München, dann Stuttgart 1977–99.

Neuzeit

- **Enzyklopädie der Neuzeit**, im Auftrag des Kulturwissenschaftlichen Instituts (Essen) und in Verbindung mit den Fachherausgebern hg. von Friedrich Jaeger, 16 Bände, Stuttgart 2005–12.
- **Geschichtliche Grundbegriffe. Historisches Lexikon zur politischen Sprache in Deutschland**, hg. von Otto Brunner, Werner Conze und Reinhart Koselleck, 8 Bände, Stuttgart 1974–97. *Dem begriffsgeschichtlichen Paradigma verpflichtet, demzufolge das Auftauchen und die Veränderungen von Begriffen die entscheidenden historischen Entwicklungen verständlich werden lassen.*

Theologie und Religionswissenschaft

- **Encyclopaedia of Religion and Ethics**, ed. by James Hastings, 12. vol., Edinburgh, 1908–27.
- **Handwörterbuch der religionswissenschaftlichen Grundbegriffe [HRWG]**, hg. von Hubert Cancik, Burkhard Gladigow und Matthias Laubscher, 5 Bände, Stuttgart 1988–2001. *Überkonfessionell.*

- **Lexikon für Theologie und Kirche**, begr. von Michael Buchberger, 3. völlig neu bearbeitete Auflage, 11 Bände, hg. von Walter Kasper, Freiburg i. Br. 1993–2001. *Katholisch.*
- **Religion in Geschichte und Gegenwart. Handwörterbuch für Theologie und Religionswissenschaft** [RGG4], hg. von Hans Dieter Betz, Don S. Browning, Bernd Janowski und Eberhard Jüngel, 9 Bände, Tübingen 1998–2007. *Protestantisch.*
- **Theologische Realenzyklopädie** [TRE], hg. von Gerhard Müller, Horst Balz und Gerhard Krause, 36 Bände, Berlin 1976–2004. *Protestantisch.*
- **Reallexikon für Antike und Christentum. Sachwörterbuch zur Auseinandersetzung des Christentums mit der antiken Welt** [RAC], zuletzt hg. von Georg Schöllgen, bisher 24 Bände, Stuttgart 1950ff. *Dokumentiert die wechselseitigen Wirkungen von Judentum, Christentum und Heidentum in der Antike.*

Philosophie

- **Historisches Wörterbuch der Philosophie** [HWP], hg. von Joachim Ritter, Karlfried Gründer und Gottfried Gabriel, 13 Bände, Basel 1971–97 *Bedeutendstes deutschsprachiges philosophisches Lexikon. Dient nicht nur der systematischen Begriffsklärung, sondern v. a. dem Versuch einer möglichst vollständigen Rekonstruktion der Veränderungen und Brüche, die die einzelnen Begriffe erfahren haben.*
- **Friedrich Ueberwegs Grundriss der Geschichte der Philosophie** [Ueberweg], Elfte bzw. zwölfte, umgearbeitete und erweiterte Auflage, 5 Bände, Berlin 1924–28. *Letzte Ausgabe des alten Ueberweg.*
- **Grundriss der Geschichte der Philosophie**, 14. Auflage, seit 1983 neu hg. von Helmuth Holzhey, Basel 1983ff. *Der neue Ueberweg. Deutlich detaillierter und großflächiger angelegt als der alte Ueberweg. Viele Bände noch nicht erschienen.*

Ideengeschichte

- **Dictionary of the History of Ideas. Studies of Selected Pivotal Ideas**, ed. by Philip P. Wiener, 4 Volumes, 1973. *Klassiker der Ideengeschichtsschreibung. Zahlreiche herausragende Beiträge.*
- **New Dictionary of the History of Ideas**. Ed. in chief by Maryanne Cline Horowitz, 6. Volumes, Detroit 2005.

Politische Philosophie

- **Henning Ottmann: Geschichte des politischen Denkens. Von den Anfängen bei den Griechen bis auf unsere Zeit**, 4 Bände, Stuttgart, Weimar 2001–12. *Bemerkenswert stringentes Panorama der Geschichte des politischen Denkens, die in vielen Fällen auch eine Geschichte geschichtsphilosophischer Fragen ist.*

Einführungen, Überblicksdarstellungen

- **Emil Angehrn: Geschichtsphilosophie**, Stuttgart 1991. *Ausführliche Einführung, die sich im Gegensatz zu dem hier vorgelegten Versuch den Problemen der Geschichtsphilosophie in systematischer Perspektive zuwendet.*
- **Michael Bentley (Ed.): Companion to Historiography**, London 1997.
- **Alexander Demandt: Philosophie der Geschichte. Von der Antike bis zur Gegenwart**, Köln/Weimar/Wien 2011. *Breit angelegter Überblick aus der Perspektive eines Althistorikers.*
- **Josef Meran: Theorien in der Geschichtswissenschaft. Die Diskussion über die Wissenschaftlichkeit der Geschichte**, Göttingen 1985. *Bietet einen Einblick in die Theoriedebatten der Geschichtswissenschaft.*
- **Johannes Rohbeck: Geschichtsphilosophie zur Einführung**, Hamburg 2004. *Kurze Einführung, die mit der Neuzeit einsetzt. Autorenportraits u. a. zu Turgot, Kant, Hegel, Marx, Dilthey, Nietzsche, Foucault und Lyotard.*

15.2 Zeitschriften

- **History and Theory, Studies in the philosophy of history**, Oxford /New York 1960ff., Web-Adresse: www.historyandtheory.org/.
- **Journal of the History of Ideas**, Philadelphia 1940ff. aktuell hg. von: Warren Breckman, Martin Burke, Anthony Grafton, Ann Moyer und Donald R. Kelley. Web-Adresse: http://jhi.pennpress.org/strands/jhi/home.htm
- **Annales. Histoire, Sciences sociales** [oder **Annales HSS**] **Annales**, gegründet 1929 von Marc Bloch und Lucien Febrve. Paris 1929ff.
- **Storia della storiografia**. Rivista internazionale. Histoire de l'Historiographie; History of Historiography; Geschichte der Geschichtsschreibung, Turin 1982ff., Web-Adresse: www.storiastoriografia.eu/www/index.php.
- **Saeculum. Jahrbuch für Universalgeschichte**, hg. von Jochen Martin, Heinrich von Stietencron u. a. Köln/Weimar 1950ff.
- **Zeitschrift für Ideengeschichte**, hg. von Ulrich Raulff, Helwig Schmidt-Glintzer, Hellmut Th. Seemann. Marbach/Weimar u. a. 2007ff. Web-Adresse: www.z-i-g.de/.

15.3 Epochen

Antike

- José Miguel Alonso-Núñez (Hg.): **Geschichtsbild und Geschichtsdenken im Altertum**, Darmstadt 1991.
- Wilhelm Nestle: **Griechische Geschichtsphilosophie**, in: Archiv für Geschichte der Philosophie, 41, 1932, S. 81–114.
- Michael Theunissen: **Griechische Zeitbegriffe vor Platon**, in: Archiv für Begriffsgeschichte 44 (2002), S. 7–23.
- Hans Schwabl: **Zum antiken Weltaltermythos und seiner Verwendung als historiographisches Modell**, in: Klio 66, 2, 1984, S. 405–415.

Mittelalter

Überblicksdarstellungen

- Herbert Grundmann: **Geschichtsschreibung im Mittelalter**, Göttingen 1965.
- Hans-Werner Goetz: **Geschichtsbild und Geschichtsbewußtsein im hohen Mittelalter**, 2. Auflage Berlin 2008.
- Walther Lammers (Hg.): **Geschichtsdenken und Geschichtsbild im Mittelalter** (Wege der Forschung Band XXI), Darmstadt 1961.

Chroniken

- Graeme Dunphy (Hg.): **Encyclopedia of the Medieval Chronicle**, 2 Bände, Leiden 2010.
- James William Johnson: **Chronological Writing: Its Concepts and Development**, in: History and Theory, Vol. 2, No. 2, 1962, 124–145.
- Carl Philipp E. Nothaft: **Dating the Passion. The Life of Jesus and the Emergence of Scientific Chronology (200–1600)**, Leiden 2012.

Neuzeit

Überblicksdarstellungen

- Wilhelm Dilthey: **Das achtzehnte Jahrhundert und die geschichtliche Welt**, in: ders., Gesammelte Schriften, Band 3, Leipzig/Berlin 1927, S. 209–268.
- Paul Hazard: **Die Krise des europäischen Geistes. 1680–1715**, Hamburg 1939 [französisches Original 1935].
- Heinz-Dieter Kittsteiner: **Naturabsicht und unsichtbare Hand. Zur Kritik des geschichtsphilosophischen Denkens**, Frankfurt a. M. / Berlin 1980.

- Reinhart Koselleck: Historia Magistra Vitae. Über die Auflösung des Topos im Horizont neuzeitlich bewegter Geschichte, in: ders., Vergangene Zukunft. Zur Semantik geschichtlicher Zeiten, Frankfurt a. M. 1979, S. 38–66.
- Jürgen Mittelstrass: Neuzeit und Aufklärung. Studien zur Entstehung der neuzeitlichen Wissenschaft und Philosophie, Berlin 1970.
- Arno Seifert: „Verzeitlichung". Zur Kritik einer neueren Frühneuzeitkategorie, in: Zeitschrift für Historische Forschung, 10. Band 1983, S. 447–477.
- Johannes Rohbeck: Die Fortschrittstheorie der Aufklärung. Französische und englische Geschichtsphilosophie der 2. Hälfte des 18. Jahrhunderts im Vergleich, Frankfurt a. M. 1987.
- Helmut Zedelmaier: Der Beginn der Geschichte. Überlegungen zur Auflösung des alteuropäischen Modells der Universalgeschichte, in: Storia della Storiografia 39, 2001, S. 87–92.

Renaissance, Reformation und Humanismus

- Hans Baron: The Crisis of the Early Italian Renaissance, Princeton 1966.
- Hans Baron: Das Erwachen des historischen Denkens im Quattrocento, in: Historische Zeitschrift 147, 1932, S. 5–20.
- Ulrich Barth: Die Entdeckung der Subjektivität des Glaubens. Luthers Buß-, Schrift- und Gnadenverständnis, in: ders., Aufgeklärter Protestantismus, Tübingen 2004, S. 27–95.
- Karl Borinski: Die Weltwiedergeburtsidee in neueren Zeiten. Der Streit um die Renaissance und die Entstehungsgeschichte der historischen Beziehungsbegriffe Renaissance und Mittelalter, München 1919.
- August Buck: Humanismus. Seine europäische Entwicklung in Dokumenten und Darstellungen, Freiburg/München 1987.
- Konrad Burdach: Reformation, Renaissance und Humanismus. Zwei Abhandlungen über die Grundlage moderner Bildung und Sprachkunst, Berlin/Leipzig 1926.
- Eugenio Garin: Medioeve e Rinascimento, Bari 1954.
- Emil Menke-Glückert: Die Geschichtsschreibung der Reformation und Gegenreformation. Bodin und die Begründung der Geschichtsmethodologie durch Bartholomäus Keckermann, Osterwieck 1912.
- Rüdiger Landfester: Historia magistra vitae. Untersuchungen zur humanistischen Geschichtstheorie des 14. bis 16. Jahrhunderts, Genf 1972.

- **Erwin Panofsky: Die Renaissancen der europäischen Kunst**, Frankfurt a. M.1979 [englisches Original 1960].
- **Enno Rudolph: Die Renaissance und ihr Bild in der Geschichte. Die Renaissance als erste Aufklärung III**, Tübingen 1998.
- **Herbert Weisinger: Ideas of History during the Renaissance**, in: Journal of the History of Ideas 6, 1945, S. 415–435.
- **Paul Wernle: Renaissance und Reformation**, Tübingen 1912.

Querelle des anciens et des moderns

- **Hans Baron: The „Querelle" of the Ancients and the Moderns as a Problem for Renaissance Scholarship**, in: Journal of the History of Ideas 20 (1959), S. 3–22.
- **Elisabeth Gössmann: Antiqui und moderni. Eine geschichtliche Standortbestimmung**, München 1974.

15.4 Themen

Christentum

Überblicksdarstellungen

- **Ernesto Buonaiuti: Geschichte des Christentums**, 2 Bände, Bern 1948. *Katholisch.*
- **Adolf Harnack: Das Wesen des Christentums**, Leipzig 1900. *Klassische protestantische Antwort auf die Frage nach dem Wesen des Christentums.*
- **Arnaldo Momigliano (Hg.): The Conflict between Paganism and Christianity in the fourth Century**, Oxford 1963.

Eschatologie, Chiliasmus, Millenarismus

- **Wilhelm Bousset: Der Antichrist in der Überlieferung des Judentums, des Neuen Testaments und der alten Kirche. Ein Beitrag zur Auslegung der Apocalypse**, Göttingen 1895.
- **Norman Cohn. Das neue irdische Paradies. Revolutionärer Millenarismus und mystischer Anarchismus im mittelalterlichen Europa**, Reinbek bei Hamburg 1988 [englisches Original 1957, 2. Auflage 1970].
- **Gerhard Podskalsky: Byzantinische Reichseschatologie. Die Periodisierung der Weltgeschichte in den vier Großreichen (Daniel 2 und 7) und dem tausendjährigen Friedensreiche (Apok. 20). Eine motivgeschichtliche Untersuchung**, München 1972.
- **Robert Spaemann: Weltgeschichte und Heilsglaube**, in: Hochland, 50. Jg. 1958, S. 297–311.

- Bernhard Töpfer: Das kommende Reich des Friedens. Zur Entwicklung chiliastischer Zukunftsvorstellungen im Hochmittelalter, Berlin 1964.
- August Strobel: Untersuchungen zum eschatologischen Verzögerungsproblem, Leiden/Köln 1961.
- Ernst Wadstein: Die eschatologische Ideengruppe: Antichrist, Weltsabbat, Weltende und Weltgericht, in den Hauptmomenten ihrer christlich-mittelalterlichen Gesamtentwickelung, Leipzig 1896.
- Rainer Bohn: Untersuchungen über das Motiv des „gelobten Landes" in Vergils Aeneis und im Alten Testament, Witterschlick bei Bonn 1965.

Prophetismus

- Edgar Marsch: Biblische Prophetie und chronographische Dichtung. Stoff und Wirkungsgeschichte der Vision des Propheten Daniel nach Dan. VII, Berlin 1972.

Globalgeschichte – Universalgeschichte

- Sebastian Conrad/Andreas Eckert/Ulrike Freitag: Globalgeschichte. Theorien, Ansätze, Themen, München 2007. *Überblick für Studienanfänger.*
- Shmuel Eisenstadt: Die Vielfalt der Moderne, Weilerswist 2000.
- Ernst Schulin (Hg.): Universalgeschichte, Köln 1974.

Judentum

Überblicksdarstellungen

- Martin Buber: Der Glaube der Propheten, Zürich 1950.
- Manfred Voigts: Jüdischer Messianismus und Geschichte. Ein Grundriß, Berlin 1994.
- Jacob Taubes: Der Messianismus und sein Preis, in: ders., Vom Kult zur Kultur. Bausteine zu einer Kritik der historischen Vernunft, München 1996, S. 43–49.

Geschichtswissenschaft und Geschichtsschreibung

Historismus

- Jörn Rüsen: Konfigurationen des Historismus. Studien zur deutschen Wissenschaftskultur, Frankfurt a. M. 1993. *Kluger Überblick der wichtigsten Diskussionen und Problemkonstellationen im weiten Feld des Historismus.*

Geschichte der Geschichtsschreibung

- Harry Elmer Barnes: A History of Historical Writing, Norman 1937.

- Eduard Fueter: Geschichte der neueren Historiographie, München / Berlin 1911.
- Georg G. Iggers: Deutsche Geschichtswissenschaft. Eine Kritik der traditionellen Geschichtsauffassung von Herder bis zur Gegenwart, Wien/Köln/Weimar 1997.
- Ulrich Muhlack: Geschichtswissenschaft im Humanismus und in der Aufklärung. Die Vorgeschichte des Historismus, München 1991.
- Moriz Ritter: Die Entwicklung der Geschichtswissenschaft an den führenden Werken betrachtet, München/Berlin 1919.
- Francesco de Sanctis: Geschichte der italienischen Literatur, Band 1: Von den Anfängen bis zur Renaissance, Band 2: Von der Spätrenaissance bis zur Romantik, Stuttgart 1941, 1943 [italienisches Original 1870/71].

Periodisierung

- Reinhart Herzog/Reinhart Koselleck (Hg.): Epochenschwelle und Epochenbewußtsein, München 1987.
- Karl Heussi: Altertum, Mittelalter und Neuzeit in der Kirchengeschichte. Ein Beitrag zum Problem der historischen Periodisierung, Tübingen 1921.
- Paul Egon Hübinger (Hg.): Zur Frage der Periodengrenze zwischen Altertum und Mittelalter, Darmstadt 1969.

Romgedanke

- Alexander Demandt: Der Fall Roms. Die Auflösung des römischen Reichs im Urteil der Nachwelt, München 1984. *Enzyklopädisch angelegtes Werk, das versucht, alle Theorien bzw. Erklärungen für den Untergang des römischen Reiches aufzulisten.*
- Robert L. John: Reich und Kirche im Spiegel französischen Denkens. Das Rombild von Caesar bis Napoleon, Wien 1953.
- Friedrich Klingner: Römische Geisteswelt, 5. vermehrte Auflage, München 1965.
- Walter Rehm: Der Untergang Roms im abendländischen Denken. Ein Beitrag zur Geschichtsschreibung und zum Dekadenzproblem, Leipzig 1930.
- Fedor Schneider: Rom und Romgedanke im Mittelalter. Die geistigen Grundlagen der Renaissance, München 1926.

Säkularisierung

- Manuel Borutta: Genealogie der Säkularisierungstheorie. Zur Historisierung einer großen Erzählung der Moderne, in: Geschichte und Gesellschaft, 36 Jg. Heft 3, 2010, S. 347–376.
- José Casanova: Public Religions in the Modern World, Chicago 1994.
- Richard Fester: Die Säkularisation der Historie, in: Historische Vierteljahrsschrift, XI. Jahrgang 1908, S. 441–459.
- Jürgen Habermas / Joseph Ratzinger: Dialektik der Säkularisierung. Über Vernunft und Religion, Freiburg i. Br. 2005.
- Walter Jaeschke: Die Suche nach den eschatologischen Wurzeln der Geschichtsphilosophie. Eine historische Kritik der Säkularisierungsthese, München 1976.
- Hans Joas / Klaus Weigandt (Hg.): Säkularisierung und die Weltreligionen, Frankfurt a. M. 2007.
- Hermann Lübbe: Säkularisierung. Geschichte eines ideenpolitischen Begriffs, Freiburg, München 1965, 3. Auflage 2003.
- Charles Taylor: Ein säkulares Zeitalter, Frankfurt a. M. 2009 [englisches Original 2007].

Utopie

- Alfred Doren: Wunschräume und Wunschzeiten, in: Fritz Saxl (Hg.), Vorträge der Bibliothek Warburg 1924–1925, Leipzig/Berlin 1927, S. 158–205.
- Werner Krauss (Hg.): Reise nach Utopia. Französische Utopien aus drei Jahrhunderten, Berlin 1964.
- Arnhelm Neusüss (Hg.): Utopie. Begriff und Phänomen des Utopischen, überarbeitete u. erweiterte Auflage, Frankfurt a. M. / New York 1986.
- Thomas Nipperdey: Reformation, Revolution, Utopie. Studien zum 16. Jahrhundert, Göttingen 1975.

Fortschritt

- John Bury: The Idea of Progress, London 1920.
- Helmuth Kuhn / Franz Wiedmann (Hg.): Die Philosophie und die Frage nach dem Fortschritt, München 1964.
- Robert Nisbet: History of the Idea of Progress, New York 1980.

- **Rolf-Peter Sieferle: Fortschrittsfeinde? Opposition gegen Technik und Industrie von der Romantik bis zur Gegenwart,** München 1984.
- **Georges Sorel: Les illusions du progrès,** Paris 1908.

Darwinismus, Entwicklungsgedanken, Evolutionsbiologie

- **Gertrud Himmelfarb: Darwin and the Darwinian Revolution,** London 1959.
- **Wolfgang Levefre: Die Entstehung der biologischen Evolutionstheorie,** Frankfurt a. M./Berlin/Wien 1984.
- **Arthur Lovejoy: Die große Kette der Wesen. Geschichte eines Gedankens,** Frankfurt a. M. 1985 [amerikanisches Original 1936].
- **Reinhard Mocek: Biologie und soziale Befreiung. Zur Geschichte des Biologismus und der Rassenhygiene in der Arbeiterbewegung,** Frankfurt a. M. 2002.

Philosophiegeschichte

- **Richard Rorty/Jerome B. Schneewind/Quentin Skinner (Ed.): Philosophy in History. Essays on the Historiography of Philosophy,** Cambridge 1984.
- **Raymond Aron: Introduction à la philosophie de l'histoire. Essai sur les limites de l'objectivité historique complétée par des textes récents,** Paris 1938.

15.5 Autoren

Augustinus (354–430)

- **Kurt Flasch: Augustin. Einführung in sein Denken,** 3. bibliographisch ergänzte Auflage, Stuttgart 2003.
- **Etienne Gilson: Der heilige Augustin. Eine Einführung in seine Lehre,** Hellerau 1930.
- **Christoph Horn (Hg.): Augustinus. De civitate Dei** (Reihe Klassiker Auslegen), Berlin 1997.
- **Henri-Irénée Marrou: Augustinus und das Ende der antiken Bildung,** Paderborn u. a., 1982 [französisches Original 1938].

- Theodor Mommsen: St. Augustine and Christian the Idea of Progress: The Background oft he City of God, in: Journal of the History of Ideas, Vol. 12, No. 3, S. 346–374.
- Heinrich Scholz: Glaube und Unglaube in der Weltgeschichte. Ein Kommentar zu Augustins *De Civitate Dei*, Leipzig 1911.

Dante Aligheri (1265–1321)

- Karl Vossler: Die göttliche Komödie. Entwicklungsgeschichte und Erklärung, 2 Bände, Heidelberg 1907–10.
- Rudolf Pagden: Die Vergilsage in der ‚göttlichen Komödie', in: Deutsches Dante-Jahrbuch 14 (1932), S. 1–26.
- Hugo Friedrich (Hg.): Dante Aligheri. Aufsätze zur Divina Commedia, Darmstadt 1968.

Auguste Comte (1798–1857)

- Angèle Kremer-Marietti: Auguste Comte et l'histoire générale, in: Auguste Comte. Sommaire appréciation de l'ensemble du passé moderne, Paris 2006, S. 13–40.

René Descartes (1596–1650)

- Etienne Gilson: Études sur le role de la pensée médiévale dans la formation du système cartéseien, Paris 1951.
- Alexandre Koyre: Descartes und die Scholastik, Bonn 1923.
- Wilhelm Kamlah, Der Anfang der Vernunft bei Descartes – autobiographisch und historisch, in: Archiv für Geschichte der Philosophie 43, 1961, S. 70.

Wilhelm Dilthey (1833–1911)

- Rudolf Makreel. Dilthey. Philosoph der Geisteswissenschaften, Frankfurt a. M. 1991.
- Matthias Schlossberger: Diltheys ursprüngliche Einsicht. Verstehen ist Verstehen von Ausdruck, in: Stefan Tolksdorf/Holm Tetens, In Sprachspiele verstrickt – Oder wie man der Fliege den Ausweg aus dem Fliegenglas zeigt. Verflechtungen von Wissen und Können, Berlin 2010, S. 221–237.

Joachim von Fiore (um 1130/35–1202)

- **Ernst Benz: Ecclesia spiritualis. Kirchenidee und Geschichtstheologie der franziskanischen Reformation**, Stuttgart 1934.
- **Herbert Grundmann: Studien über Joachim von Fiore**, Leipzig/Berlin 1927.

Georg Friedrich Wilhelm Hegel (1770–1831)

- **Joachim Ritter: Hegel und die französische Revolution**, Köln/Opladen 1957.
- **Dina Emundts/Rolf-Peter Horstmann: Hegel. Eine Einführung**, Stuttgart 2003.

Johann Gottfried Herder (1744–1803)

- **Isahia Berlin: Herder an the Enlightenment**, in: ders., Vico and Herder. Two Studies in the History of Ideas, London 1976, S. 143–216.

Thomas Hobbes (1588–1679)

- **Günther Buck: Selbsterhaltung und Historizität**, in: Reinhart Koselleck/Wolf-Dieter Stempel (Hg.), Geschichte – Ereignis und Erzählung, München 1973, S. 29–94.
- **Leo Strauss: Hobbes' politische Wissenschaft**, Neuwied/Berlin 1965 [englisches Original 1936].

Immanuel Kant (1724–1804)

- **Otfried Höffe (Hg.): Immanuel Kant. Schriften zur Geschichtsphilosophie** (Reihe Klassiker Auslegen), Berlin 2011.
- **Pauline Kleingeld: Fortschritt und Vernunft. Zur** Geschichtsphilosophie **Kants**, Würzburg 1995.
- **Ludwig Landgrebe: Die Geschichte im Denken Kants, in: Phänomenologie und Geschichte**, Darmstadt 1968, S. 46–64.
- **Klaus Weyand: Kants Geschichtsphilosophie. Ihre Entwicklung und ihr Verhältnis zur Aufklärung**, Köln 1963.

Niccoló Machiavelli (1469–1527)

- Felix Gilbert: Guiccardini, Machiavelli und die Geschichtsschreibung der italienischen Renaissance, Berlin 1991.
- Herfried Münkler: Machiavelli. Die Begründung des politischen Denkens der Neuzeit aus der Krise der Republik Florenz, Frankfurt a. M. 1982.
- Leo Strauss: Thoughts on Machiavelli, Glencoe Ill. 1958.

Karl Marx (1818–83) und Friedrich Engels (1820–95)

- Isahia Berlin: Karl Marx. Sein Leben und sein Werk, München 1958.
- Harald Bluhm (Hg.): Karl Marx / Friedrich Engels: Die deutsche Idelogie (Reihe Klassiker Auslegen), Berlin 2010.

Friedrich Nietzsche (1844–1900)

- Wolfgang Müller-Lauter: Nietzsche. Seine Philosophie der Gegensätze und die Gegensätze seiner Philosophie, Berlin 1971.
- Karl Löwith: Nietzsches Philosophie der ewigen Wiederkunft des Gleichen, Berlin 1935.

Petrarca (1304–1374)

- Eckhard Keßler: Petrarca und die Geschichte. Geschichtsschreibung, Rhetorik, Philosophie im Übergang vom Mittelalter zur Neuzeit, München 1978, 2. Auflage 2004.
- Karl-Heinz Stierle: Francesco Petrarca. Ein Intellektueller im Europa des 14. Jahrhunderts, München / Wien 2003.
- Franco Simone: Petrarca e la sua concezione ciclica della storia, in: Arte e storia. Studi in onore di L. Vicenti, Torino 1965.
- Benjamin G. Kohl: Petrarch's Prefaces to de Viris Illustribus, in: History and Theory, Vol. 13, No. 2 (May, 1974), S. 132–144.

Ernst Troeltsch (1865–1923)

- Hans-Georg Drescher: Ernst Troeltsch. Leben und Werk, Göttingen 1991.

- **Friedrich Wilhelm Graf (Hg.): Ernst Troeltschs „Historismus"**, Gütersloh 2000.

Vergil (70 v. Chr. – 19. v. Chr.)

- **Eduard Norden: Die Geburt des Kindes Geschichte einer religiösen Idee**, Leipzig/Berlin 1924.
- **Karl Nawratil: Die Geschichtsphilosophie der Aeneis**, in: Wiener Studien. Zeitschrift für klassische Philologie, Wien 1939, S. 113–128.

Giambattista Vico (1668–1744)

- **Stephan Otto: Giambattista Vico. Grundzüge seiner Philosophie**, Stuttgart 1989.
- **Karl Löwith: Vicos Grundsatz: verum et factum convertuntur. Seine theologische Prämisse und deren säkulare Konsequenzen**, Heidelberg 1968.
- **Ferdinand Fellmann: Das Vico-axiom. Der Mensch macht die Geschichte**, Freiburg/München 1976.

Max Weber (1864–1920)

- **Reinhard Bendix: Max Weber – Das Werk. Darstellung, Analyse, Ergebnisse**, München 1964 [amerikanisches Original 1960].
- **Stefan Breuer: Max Webers tragische Soziologie. Aspekte und Perspektiven**, Tübingen 2006.
- **Gregor Fitzi: Max Weber**, Frankfurt a. M. 2008.
- **Dieter Henrich: Die Einheit der Wissenschaftslehre Max Webers**, Tübingen 1952.
- **Wolfgang Schluchter: Religion und Lebensführung, Band 1. Studien zu Max Webers Kultur- und Werttheorie, Band 2, Studien zu Max Webers Religions- und Herrschaftssoziologie**, Frankfurt a. M. 1991.

16 Anhang

→ ASB
Akademie Studienbücher, auf die der vorliegende Band verweist

ASB BRENDLE Franz Brendle: Das konfessionelle Zeitalter, Berlin 2010.

ASB Bruhn Matthias Bruhn: Das Bild. Theorie – Geschichte – Praxis, Berlin 2009.

ASB D'Aprile / Siebers Iwan-Michelangelo D'Aprile / Winfried Siebers: Das 18. Jahrhundert. Zeitalter der Aufklärung, Berlin 2008.

ASB Joisten Karen Joisten: Philosophische Hermeneutik, Berlin 2009.

ASB Keller Andreas Keller: Frühe Neuzeit. Das rhetorische Zeitalter, Berlin 2008.

ASB Mann Christian Mann: Antike. Einführung in die Altertumswissenschaften, Berlin 2008.

ASB Meyer Annette Meyer: Die Epoche der Aufklärung, Berlin 2010.

ASB Müller Harald Müller: Mittelalter, Berlin 2008.

ASB Reichardt Ulfried Reichardt: Globalisierung. Literaturen und Kulturen des Globalen, Berlin 2010.

Informationen zu weiteren Bänden finden Sie unter www.akademie-studienbuch.de

16.1 Zitierte Literatur

Alle Belegstellen der Bibel werden nach der Lutherbibel zitiert.

Adorno / Horkheimer 1947 Theodor W. Adorno / Max Horkheimer: Dialektik der Aufklärung, Amsterdam 1947.

Appiah 2011 Kwame Anthony Appiah: Eine Frage der Ehre oder wie es zu moralischen Revolutionen kommt, München 2011.

Arendt 1985 Hannah Arendt: Das Urteilen. Texte zu Kants politischer Philosophie, München 1985.

Auerbach 1929 Erich Auerbach: Dante als Dichter der irdischen Welt, Berlin / Leipzig 1929.

Augustinus Aurelius Augustinus: Vom Gottesstaat (De civitate Dei). Aus dem Lateinischen übertragen von Wilhelm Thimme, München 2007.

von Below 1915 Georg von Below: Über historische Periodisierungen mit besonderem Blick auf die Grenze zwischen Mittelalter und Neuzeit, Berlin 1915.

Benjamin 2010 Walter Benjamin: Über den Begriff der Geschichte, Werke und Nachlaß, Kritische Gesamtausgabe Bd. 19, hg. von Gerard Raulet, Frankfurt a. M.

Benz 1934 Ernst Benz: Ecclesia spiritualis. Kirchenidee und Geschichtstheologie der franziskanischen Reformation, Stuttgart 1934.

Benz 1957 Ernst Benz: Creator spiritus: Die Geistlehre des Joachim von Fiore, in: Eranos Jahrbuch, Bd. 25, 1957, S. 285–355.

Bernheim 1918 Ernst Bernheim: Mittelalterliche Zeitanschauungen in ihrem Einfluss auf Politik und Geschichtschreibung. Teil I: Die Zeitanschauungen: Die Augustinischen Ideen – Antichrist und Friedensfürst – Regnum und Sacerdotium, Tübingen 1918.

Berlin 1995 Isaiah Berlin: Zwei Freiheitsbegriffe, in: ders., Freiheit. Vier Versuche, Frankfurt a. M. 1995, S. 197–256.

Blumenberg 1966 Hans Blumenberg: Die Legitimität der Neuzeit, Frankfurt a. M 1966 (erneuerte Ausgabe 1988).

Bodin 1566 Jean Bodin: Methodus ad facilem historiarum cognitionem, Paris (englische Übersetzung v. B. Reynolds: Method for the easy comprehension of History, New York 1945).

Bodley 1983 John H. Bodley: Der Weg der Zerstörung. Stammesvölker und industrielle Zivilisation, München 1983.

Bossuet 1748 Jacob Benignus Bossuet: Einleitung in die allgemeine Geschichte der Welt, bis auf Kaiser Carl den Großen, Leipzig. Jakob Benignus Bossuet's Universalgeschichte vom Anfang der Welt bis auf das Kaiserreich Karl's des Grossen. In Vorträgen gehalten vor dem Dauphion von Frankreich, Würzburg 1827 (franz. Org.: Discours sur l'Histoire universelle 1681).

Bowler 1988 Peter J. Bowler: The Non-Darwinian Revolution: Reinterpreting a Historical Myth, Baltimore 1988.

von den Brincken 1957 Anna-Dorothe von den Brincken: Studien zur lateinischen Weltchronistik bis in das Zeitalter Ottos von Freising, Düsseldorf 1957.

Bruni Aretino 1928 Leonardo Bruni Aretino: Le vite di Dante e di Petrarca (1436), in: ders., Humanistisch-Philosophische Schriften. Mit einer Chronologie seiner Werke und Briefe, hg. von Hans Baron, Leipzig / Berlin 1928, S. 50–69.

Braudel 1963 Fernand Braudel: Frankreich. Raum und Geschichte, aus dem Franz. v. Peter Schöttler, Stuttgart 1989.

Buber 1963 Martin Buber: Gesammelte Werke, Bd. 2, München 1963.

Buck 1957 August Buck: Das Geschichtsdenken der Renaissance, Krefeld 1957.

Bultmann 1961 Rudolf Bultmann: Geschichte und Eschatologie im Neuen Testament (1954), in: ders., Glauben und Verstehen, Gesammelte Aufsätze, 3. Band, Tübingen 1961, S. 91–106.

Burdach1926 Konrad Burdach: Reformation, Renaissance, Humanismus. Zwei Abhandlungen über die Grundlage moderner Bildung und Sprachkunst, Berlin / Leipzig 1926.

Burckhardt 1860 Jacob Burckhard: Die Cultur der Renaissance in Italien. Ein Versuch, Basel 1860.

Burckhardt 1905 Jacob Burckhardt: Weltgeschichtliche Betrachtungen, Bern 1941.

Bury 1924 John B. Bury: The Idea of Progress. An Inquiry into its Origin and Growth, New York 1924.

Cassirer 1927 Ernst Cassirer: Individuum und Kosmos in der Philosophie der Renaissance, Leipzig 1927.

Cassirer 1932 Ernst Cassirer: Die Philosophie der Aufklärung, Tübingen 1932.

Cicero 1976 Marcus Tullius Cicero: De Oratore / Über den Redner, lateinisch / deutsch, übersetzt und hg. v. Harald Merklin, Stuttgart 1976.

Chakrabarty 2002 Dipesh Chakrabarty: Europa provinzialisieren. Postkolonialität und ihre Geschichte, in: Sebastian Conrad / Shalini Randeria (Hg.): Jenseits des Eurozentrismus. Postkoloniale Perspektiven in den Geschichts- und Kulturwissenschaften, Frankfurt a. M. 2002, S. 283–312 (engl. Org. 1992).

Comte 1891 Auguste Comte: Katechismus der positiven Religion, Leipzig 1891.

Comte 1956 Auguste Comte: Discours sur l'Esprit Positif / Rede über den Geist des Positivismus, übersetzt, einge. und hg. von Iring Fetscher, Hamburg 1956.

Condorcet 1794 Condorcet: Esquisse d'un tableau historique des progrés de l'esprit humain. Entwurf einer historischen Darstellung der Fortschritte des menschlichen Geistes, deutsch-französische Parallelausgabe, hg. v. Wilhelm Alff, Frankfurt a. M. 1963.

Conrad/Eckert/Freitag 2007 Sebastian Conrad/Andreas Eckert/Ulrike Freitag: Globalgeschichte. Theorien, Ansätze, Themen, München.

Cohn-Bendit 1968 Daniel und Gabriel Cohn-Bendit: Linksradikalismus. Gewaltkur gegen die Alterskrankheit des Kommunismus, Reinbek b. Hamburg 1968.

Curtius 1930 Ernst Robert Curtius: Zweitausend Jahre Vergil, in: Neue Schweizer Rundschau 23. Jg., 1930, S. 730–741.

Curtius 1932 Ernst Robert Curtius: Deutscher Geist in Gefahr, Stuttgart, Berlin 1932.

Curtius 1949 Ernst Robert Curtius: Europäische Literatur und lateinisches Mittelalter, Bern 1949.

Darwin 1844 Charles Darwin an Joseph Dalton Hooker, Januar 1844, Web-Adresse: www.darwin-project.ac.uk/entry-729 (Zugriff vom 20.3.2013).

Darwin 1963 Charles Darwin: Die Entstehung der Arten durch natürliche Zuchtwahl, übersetzt von Carl W. Neumann, Stuttgart 1963.

Darwin 1966 Charles Darwin: Die Abstammung des Menschen, übersetzt von Heinrich Schmidt-Jena, durchgesehen und eingeleitet von Gerhard Heberer, nach der revidierten 2. Auflage (1874), Stuttgart 1966.

Dempf 1929 Alois Dempf: Sacrum Imperium, Geschichts- und Staatsphilosophie des Mittelalters und der politischen Renaissance, München 1929.

Descartes 1637 René Descartes: Von der Methode des richtigen Vernunftgebrauchs und der wissenschaftlichen Forschung, Hamburg 1965.

Descartes 1649 René Descartes: Die Leidenschaften der Seele, Hamburg 1984.

Dilthey 1893 Wilhelm Dilthey: Die Autonomie des Denkens, der konstruktive Rationalismus und der pantheistische Monismus nach ihrem Zusammenhang im 17. Jahrhundert, in: ders., Gesammelte Schriften, Bd. 2, Leipzig/Berlin 1921, S. 246–296.

Dilthey 1894a Wilhelm Dilthey: Ideen über eine beschreibende und zergliedernde Psychologie (1894), in: ders., Die geistige Welt, Einleitung in die Philosophie des Lebens, Erste Hälfte, Gesammelte Schriften, Bd. 5, Leipzig/Berlin 1924, S. 139–240.

Dilthey 1894b Wilhelm Dilthey: Das natürliche System der Geisteswissenschaften, in: ders., Gesammelte Schriften, Bd. 2, Leipzig/Berlin 1921, S. 90–245.

Dilthey 1903 Wilhelm Dilthey: Rede zum 70. Geburtstag, in: ders., Die geistige Welt, Einleitung in die Philosophie des Lebens, Erste Hälfte, Gesammelte Schriften, Bd. 5, Leipzig/Berlin 1924, S. 6–9.

Dilthey 1911 Wilhelm Dilthey: Die Typen der Weltanschauung und ihre Ausbildung in den metaphysischen Systemen, in: Max Frischeisen-Köhler (Hg.): Weltanschauung, Berlin 1911, S. 1–51.

Dilthey 1927 Wilhelm Dilthey: Der Aufbau der geschichtlichen Welt in den Geisteswissenschaften, Gesammelte Schriften, Bd. 7, Leipzig/Berlin 1927.

Dietzgen 1903 Joseph Dietzgen: Die Religion der Sozialdemokratie. Kanzelreden, Berlin 1903.

Droysen 1857 Johann Gustav Droysen: Historik. Historisch-kritische Ausgabe, hg. von Peter Leyh, Bd. 1: Rekonstruktion der ersten vollständigen Fassung der Vorlesungen (1857). Grundriß der Historik in der ersten vollständigen Fassung der Vorlesungen (1857/58) und in der letzten gedruckten Fassung (1882), Stuttgart-Bad Cannstatt 1977.

Duerr 1990 Hans Peter Duerr: Intimität. Der Mythos vom Zivilisationsprozeß Band 2, Frankfurt a. M. 1990.

Dodds 1973 E. R. (Erich Robertson) Dodds: The Ancient Concept of Progress and other Essays on Greek Literature, Oxford 1973.

Ehrenburg 1936 Ilja Ehrenburg: Ohne Atempause, Berlin 1936.

Eliade 1966 Mircea Eliade: Kosmos und Geschichte. Der Mythos von der ewigen Wiederkehr, Reinbek b. Hamburg 1966.

Elias 1939 Norbert Elias: Über den Prozeß der Zivilisation, 2. Bände, Bern 1939.

Eisler 1910 Rudolf Eisler: Wörterbuch der philosophischen Begriffe, historisch quellenmäßig bearbeitet von Rudolf Eisler, dritte völlig neu bearbeitete Auflage, Erster Band A–K, Berlin 1910.

Engels 1962a Friedrich Engels: Das Begräbnis von Karl Marx, in: Karl Marx / Friedrich Engels, Werke, Bd. 19, Berlin 1962, S. 335–339.

Engels 1962b Friedrich Engels: Dialektik der Natur, in: Karl Marx / Friedrich Engels, Werke, Bd. 20, Berlin 1962, S. 305–507.

Engels 1962c Friedrich Engels: Ludwig Feuerbach und der Ausgang der klassischen deutschen Philosophie, in: Karl Marx / Friedrich Engels, Werke, Bd. 21, Berlin 1962, S. 259–307.

Fellmann 1977 Ferdinand Fellmann: Darwins Metaphern, in: Archiv für Begriffsgeschichte, 21. Jg. 1977, S. 285–297.

Fink-Eitel 1994 Hinrich Fink-Eitel: Die Philosophie und die Wilden: Über die Bedeutung des Fremden für die europäische Geistesgeschichte, Hamburg 1994.

Fontenelle 1688 Bernard Le Bovier de Fontenelle: Exkurs über die Alten und die Modernen (Digression sur les anciens et les modernes), in: ders., Philosophische Neuigkeiten für Leute von Welt und für Gelehrte. Ausgewählte Schriften, Leipzig 1989, S. 243–259.

Fukuyama 1992 Francis Fukuyama: Das Ende der Geschichte. Wo stehen Wir?, München 1992.

von Freising 1960 Otto von Freising: Chronik oder die Geschichte von den zwei Staaten (chronica sive historia de duabus civitatibus), hg. von Walther Lammers, Darmstadt 1960.

Gaehtgens 1984 Thomas W. Gaehtgens: Versailles als Nationaldenkmal. Die Galerie des Batailles im Musée Historique von Louis-Philippe, Antwerpen 1984.

Gatterer 1767 Johann Gatterer: Vom historischen Plan und der darauf sich gründenden Zusammenfügung von Erzählungen, in: Horst Walter Blanke / Dirk Fleischer (Hg.): Theoretiker der deutschen Aufklärungshistorie, Bd. 2, Stuttgart-Bad Cannstadt 1990, S. 621–661.

Gatterer 1776 Johann Gatterer: Handbuch der Universalhistorie nach ihrem gesamten Umfange von der Erschaffung der Welt bis zum Ursprunge der meisten heutigen Staaten, zwote vermehrte und verbesserte Ausgabe, Göttingen 1776.

Gatz 1967 Bodo Gatz: Weltalter, goldenes Zeitalter und sinnverwandte Vorstellungen, Hildesheim 1967.

Gauchet 1991 Marcel Gauchet: Die Erklärung der Menschenrechte. Die Debatte um die bürgerlichen Freiheiten 1789, Reinbek b. Hamburg 1991 (franz. Org. 1989).

Gerhardt 1996 Volker Gerhardt (Hg.): Eine angeschlagene These. Die 11. Feuerbach-These im Foyer der Humboldt-Universität zu Berlin, Berlin 1996.

Goez 1958 Werner Goez: Translatio Imperii. Ein Beitrag zur Geschichte des Geschichtsdenkens und der politischen Theorien im Mittelalter und der frühen Neuzeit, Tübingen 1958.

Gould 1990 Stephen Jay Gould: Die Entdeckung der Tiefenzeit. Zeitpfeil oder Zeitzyklus in der Geschichte unserer Erde, München 1990 (amerik. Org. 1987).

Graf 1982 Friedrich Wilhelm Graf: Kritik und Pseudo-Spekulation. David Friedrich Strauß als Dogmatiker im Kontext der positionellen Theologien seiner Zeit, München 1982.

Gregorovius 1978 Ferdinand Gregorovius: Geschichte der Stadt Rom im Mittelalter. Vom V. bis zum XVI. Jahrhundert, 2 Bände, München 1978.

Greiffenhagen 1986 Martin Greiffenhagen: Das Dilemma des Konsersvatismus in Deutschland, Frankfurt a. M 1986.

Guevara 1967 Che Guevara: Brief an das Exekutivsekretariat von OSPAAL. Eingeleitet und übersetzt von Gaston Salvatore und Rudi Dutschke. Herausgegeben von G. A. Petermann, Berlin 1967.

Haeckel 1866 Ernst Haeckel: Generelle Morphologie der Organismen, Berlin 1866.

Harnack 1888/1894/1890 Adolf Harnack: Lehrbuch der Dogmengeschichte, 3 Bände, Freiburg i. Br.

Hartmann 1951 Nicolai Hartmann: Teleologisches Denken, Stuttgart 1951.

Hazard 1939 Paul Hazard: Die Krise des europäischen Geistes 1680–1715, Hamburg 1939 (franz. Org. 1935).

Hegel 1807 Georg Wilhelm Friedrich Hegel: Phänomenologie des Geistes, Frankfurt a. M. 1971.

Hegel 1817a Georg Wilhelm Friedrich Hegel: Vorlesungen über die Philosophie der Geschichte I, Werke, Bd. 18, Frankfurt a. M. 1971.

Hegel 1817b Georg Wilhelm Friedrich Hegel: Vorlesungen über die Philosophie der Geschichte III, Werke, Bd. 20, Frankfurt a. M. 1971.

Hegel 1952/1953 Georg Wilhelm Friedrich Hegel, Briefe von und an Hegel, hg. von Johannes Hoffmeister, Band 1, Hamburg 1952, Band 2, 1953 (Sämtliche Werke Band XXVII und XXVIII).

Hegel 1955 Georg Wilhelm Friedrich Hegel: Vorlesungen über die Philosophie der Weltgeschichte. Erste Hälfte, Band 1: Die Vernunft in der Geschichte, hg. von Johannes Hoffmeister, Hamburg 1955.

Herder 1774 Johann Gottfried Herder: Auch eine Philosophie der Geschichte zur Bildung der Menschheit. Beitrag zu vielen Beiträgen des Jahrhunderts, Stuttgart 1990.

Herder 1784–1791 Johann Gottfried Herder: Ideen zur Philosophie der Geschichte der Menschheit, Frankfurt a. M. 1989.

Herodot Herodot: Die Bücher der Geschichte I–IV, Stuttgart 1980.

Hesiod Hesiod: Werke und Tage, Stuttgart 2007.

Hintze 1897 Otto Hintze: Über individualistische und kollektivistische Geschichtsauffassung, in: ders., Soziologie und Geschichte, Gesammelte Abhandlungen, Bd. 2, Göttingen 1964, S. 315–322.

Hitler 1925/26 Adolf Hitler: Mein Kampf, München 1925/26.

Hobbes 1651 Thomas Hobbes: Leviathan oder Stoff, Form und Gewalt eines bürgerlichen und kirchlichen Staates, Neuwied / Berlin 1966.

Hobbes 1926 Thomas Hobbes: Naturrecht und allgemeines Staatsrecht in den Anfangsgründen, Essen 1926.

Hobsbawm/Ranger 1983 Eric Hobsbawm/Terence Ranger (Ed.): The Invention of Tradition, Cambridge 1983.

Holthusen 1969 Hans Egon Holthusen: Ché Guevara. Leben, Tod und Verklärung, in: Merkur Heft 11, 1969, S. 1051–1067.

Humboldt 1822 Wilhelm von Humboldt: Über die Aufgabe des Geschichtschreibers, in: ders., Ausgewählte Schriften, Berlin o. J., S. 19–43.

Hutcheson 1725 Francis Hutcheson: Inquiry into the Original of our Ideas of Beuaty and Virtue, ed. Wolfgang Weidhold, Indianapolis 2004.

Jauß 1964a Hans-Robert Jauß: Ursprung und Bedeutung der Fortschrittsidee in der Querelle des Anciens et des Modernes", in: Helmuth Kuhn/Franz Wiedmann: Die Philosophie und die Frage nach dem Fortschritt, München 1964, S. 51–72.

Jauß 1964b Hans-Robert Jauß: Ästhetische Normen und geschichtliche Reflexion in der ‚Qurelle des Ancients et des Modernes', in: Charles Perrault: Parallèle des Anciens et des Modernes en ce qui regarde les Arts et les Sciences. Par M. Perrault de L'academie Francaise. Mit einer Einleitung von H. R. Jauss und kunstgeschichtlichen Exkursen von Max Imdahl, München 1964, S. 8–64.

Jeauneau 1967 Edouard Jeauneau: „Nani gigantum humeris insidentes“ Essaid'interprétation de Bernard de Chartres, in: Vivarium 5 / 1, 1967, S. 79–99.

Joachim von Fiore 1955 Joachim von Fiore: Das Reich des Heiligen Geistes (Auswahl), München 1955.

Joachim / Tondelli I 1953 Il libro delle Figure dell'Abate Gioachino da Fiore I, Introduzione e commento, le sue rivelazioni dantesche, Torino 1953.

Joachim / Tondelli II 1953 Il libro delle figure dell'Abate Giochino da Fiore II, Tavole XXIX, di cui XIII a colori testo relativo su grafici, Torino 1953.

Joas 2011 Hans Joas: Die Sakralität der Person. Eine neue Genealogie der Menschenrechte, Frankfurt a. M 2011.

John 1953 Robert L. John: Reich und Kirche im Spiegel französischen Denkens. Das Rombild von Caesar bis Napoleon, Wien 1953.

Kamlah 1935 Wilhelm Kamlah: Apokalypse und Geschichtstheologie. Die mittelalterliche Auslegung der Apokalypse vor Joachim von Fiore, Berlin 1935.

Kamlah 1951 Wilhelm Kamlah: Christentum und Geschichtlichkeit, Berlin 1951.

Kamlah 1969 Wilhelm Kamlah: Utopie, Eschatologie, Geschichtsteleologie. Kritische Untersuchungen zum Ursprung und zum futurischen Denken der Neuzeit, Mannheim 1969.

Kant 1784a Immanuel Kant: Beantwortung der Frage: Was ist Aufklärung? in: Kants Werke, Akademie Textausgabe, Bd. VIII, Berlin 1968, S. 33–42.

Kant 1784b Immanuel Kant: Idee zu einer allgemeinen Geschichte in weltbürgerlicher Absicht, in: ders., Kants Werke, Akademie Textausgabe, Bd. VIII, Berlin 1968, S. 15–32.

Kant 1785 Immanuel Kant: Recensionen von J.G. Herders Ideen zur Philosophie der Geschichte der Menschheit. Theil 1. 2, in: ders., Kants Werke, Akademie Textausgabe, Bd. VIII, Berlin 1968, S. 43–66.

Kant 1786 Immanuel Kant: Muthmaßlicher Anfang der Menschengeschichte, in: Kants Werke, Akademie Textausgabe, Bd. VIII, Berlin 1968, S. 107–124.

Kant 1788 Immanuel Kant: Kritik der praktischen Vernunft, in: Kants Werke, Akademie Textausgabe, Bd. V, Berlin 1968, S. 1–163.

Kant 1798 Immanuel Kant: Der Streit der Fakultäten, in: Kants Werke, Akademie Textausgabe, Bd. VII, Berlin 1968, S. 1–115.

Kesting 1959 Hanno Kesting: Geschichtsphilosophie und Weltbürgerkrieg. Deutungen der Geschichte von der Französischen Revolution bis zum Ost-West-Konflikt, Heidelberg 1959.

Klempt 1960 Adalbert Klempt: Die Säkularisierung der universalhistorischen Auffassung. Zum Wandel des Geschichtsdenkens im 16. und 17. Jahrhundert, Göttingen 1960.

Klibansky 1936 Raymond Klibansky: Standing on the shoulders of giants, in: Isis 26 / 1, 1936, S. 147–149.

Kohl 1981 Karl-Heinz Kohl: Entzauberter Blick. Das Bild vom Guten Wilden, Berlin 1981.

Kondylis 1981 Panajotis Kondylis: Die Aufklärung im Rahmen des neuzeitlichen Rationalismus, Stuttgart 1981.

Koselleck 1959 Kritik und Krise. Ein Beitrag zur Pathogenese der bürgerlichen Welt, Freiburg u. München.

Koselleck 2001 Geschichte(n), Reinhart Koselleck im Gespräch mit Carsten Dutt, in: Internationale Zeitschrift für Philosophie 10, 2001, S. 257–271.

Koyré 1969 Alexandre Koyré: Von der geschlossenen Welt zum unendlichen Universum, Frankfurt a. M 1969.

Kropotkin 1902 Peter Kropotkin: Gegenseitige Hilfe in der Tier- und Menschenwelt, Frankfurt a. M. 1975 (engl. Org. 1902).

Krüger 1976 Karl Heinrich Krüger: Die Universalchroniken, Turnhout 1976.

Kuhn 1973 Thomas Kuhn: Die Struktur wissenschaftlicher Revolutionen. Zweite revidierte und um das Postskriptum von 1969 ergänzte Auflage, Frankfurt a. M. 1973.

Di Lampedusa 1958 Guiseppe Tomaso di Lampedusa: Il Gattopardo, Milano 1958.

Landmann 1965 Michael Landmann: Kreis und Pfeil, in: Zeitschrift für Philosophische Forschung 19 (4), 1965, S. 637–654.

Lepenies 1976 Wolf Lepenies: Das Ende der Naturgeschichte, München/Wien 1976.

Lepenies 1995 Wolf Lepenies: Von der Geschichte zur Politik der Mentalitäten, in: Historische Zeitschrift Bd. 261, 1995, S. 674–694.

Lepenies 1997 Wolf Lepenies: Ist die Europäisierung der Welt beendet? Neue Herausforderungen an den alten Kontinent – in Asien und anderswo, in: Journal. Bi-monthly Review of the Swiss-Japanese Chamber of Commerce I, 1997, S. 42–52.

Lepenies 2010 Wolf Lepenies: Auguste Comte. Die Macht der Zeichen, München 2010.

Lichtenberg 1971 Georg Christoph Lichtenberg: Schriften und Briefe, Bd. 2: Sudelbücher, München 1971.

Löwith 1941 Karl Löwith: Von Hegel zu Nietzsche. Der revolutionäre Bruch im Denken des neunzehnten Jahrhunderts, Zürich 1941.

Löwith 1953 Karl Löwith: Weltgeschichte und Heilsgeschehen. Die theologischen Voraussetzungen der Geschichtsphilosophie, Stuttgart 1953 (engl. Org. 1949).

Löwith 1962 Karl Löwith (Hg.): Die Hegelsche Linke, Texte aus den Werken von Heinrich Heine, Arnold Ruge, Moses Hess, Max Stirner, Bruno Bauer, Ludwig Feuerbach, Karl Marx und Sören Kierkegaard ausgew. und eingel. von Karl Löwith, Stuttgart-Bad Cannstadt 1962.

Löwith 1986 Karl Löwith: Mein Leben in Deutschland vor und nach 1933. Ein Bericht, Frankfurt a. M 1986.

Lübbe 1962 Hermann Lübbe (Hg.): Die Hegelsche Rechte, Texte aus den Werken von F.W. Carové, J.E. Erdmann, K. Fischer, E. Gans, H.F.W. Hinrichs, C.L. Michelet, H.B. Oppenheim, K. Rosenkranz und C. Rössler ausgew. und eingel. von Hermann Lübbe, Stuttgart-Bad Cannstatt 1962.

Luden 1807 Heinrich Luden: Kleine Aufsätze meist historischen Inhalts, Würzburg 1807.

Machiavelli 1986 Niccolò Machiavelli: Geschichte von Florenz/Zürich 1986.

Machiavelli 1990 Niccolò Machiavelli: Der Fürst, Frankfurt a. M 1900.

Machiavelli 2000 Niccolò Machiavelli: Discorsi. Staat und Politik, Frankfurt a. M./Leipzig.

Maier 2000 Hans Maier: Die christliche Zeitrechnung (5. Aufl.), Freiburg i. Br 2000.

Mannheim 1929 Karl Mannheim: Ideologie und Utopie, Bonn 1929.

Marcuse 1960 Ludwig Marcuse: Mein zwanzigstes Jahrhundert. Auf dem Weg zu einer Autobiographie, München 1960.

Marquard 1973 Odo Marquard: Schwierigkeiten mit der Geschichtsphilosophie, Frankfurt a. M. 1973.

Marx 1953 Karl Marx/Friedrich Engels: Die Frühschriften, Stuttgart 1953.

Marx 1963 Karl Marx: Zur Kritik der politischen Ökonomie. Erstes Heft, Berlin 1963.

Marx 1964 Karl Marx: Brief an Friedrich Engels vom 7. Juli 1866, in: Karl Marx/Friedrich Engels, Werke, Bd. 31, Berlin.

Maschke 1973 Günther Maschke: Kritik des Guerillero, Frankfurt a. M 1973.

Meadows 1972 Dennis Meadows: Die Grenzen des Wachstums. Bericht des Club of Rome zur Lage der Menschheit, Stuttgart 1972.

Medwedjew 1971 Shores A. Medwedjew: Der Fall Lyssenko. Eine Wissenschaft kapituliert, Hamburg 1971 (amerik. Org. 1969).

Meinecke 1936 Friedrich Meinecke: Die Entstehung des Historismus, 2 Bände, München u. a. 1936.

Menke-Glückert 1912 Emil Menke-Glückert: Die Geschichtsschreibung der Reformation und Gegenreformation. Bodin und die Begründung der Geschichtsmethodologie durch Bartholomäus Keckermann, Osterwieck 1912.

Meyer 1995 Arline Meyer: Re-dressing Classical Statuary: The Eighteenth-Century „Hand-in-Waiscoat" Portrait, in: Art Bulletin, March 1995, Vol. LXXVII, Nr. 1, S. 45–63.

Mittelstraß 1970 Jürgen Mittelstraß: Neuzeit und Aufklärung. Studien zur Entstehung der neuzeitlichen Wissenschaft und Philosophie, Berlin 1970.

Momigliano 1991 Arnaldo Momigliano: Zeit in der antiken Geschichtsschreibung, in: ders., Wege in die alte Welt, Berlin 1991, S. 38–58.

Momigliano 1998 Arnaldo Momigliano: Die Ursprünge der Universalgeschichte, in: ders., Ausgewählte Schriften zur Geschichte und Geschichtsschreibung, Bd. 1, Stuttgart/Weimar 1998, S. 111–140.

Mommsen Th. 1942 Theodor E. Mommsen: Der Begriff des „Finsteren Zeitalters" bei Petrarca, in: August Buck (Hg.), Zu Begriff und Problem der Renaissance, Darmstadt 1969, S. 151–179.

Müller 1998 Klaus E. Müller: Sein ohne Zeit, in: Jörn Rüsen (Hg.): Zeit deuten. Perspektiven – Epochen – Paradigmen, Bielefeld 1998, S. 82–110.

Nawratil 1939 Karl Nawratil: Die Geschichtsphilosophie der Aeneis, in: Wiener Studien. Zeitschrift für klassische Philologie 57. Jg. 1939, S. 113–128.

Niethammer 1989 Lutz Niethammer: Posthistoire. Ist die Geschichte zu Ende?, Reinbek b. Hamburg 1989.

Nietzsche KSA 1 Friedrich Nietzsche: Unzeitgemäße Betrachtungen: Zweites Stück: Vom Nutzen und Nachtheil der Historie für das Leben, in: Kritische Studienausgabe (= KSA) 1, München 1988, S. 245–334.

Nietzsche KSA 2 Friedrich Nietzsche: Menschliches, Allzumenschliches I und II, München 1988.

Nietzsche KSA 3 Friedrich Nietzsche: Morgenröte, Idyllen aus Messina, Die Fröhliche Wissenschaft, München 1988.

Nietzsche KSA 4 Friedrich Nietzsche: Also sprach Zarathustra, München 1988.

Nietzsche KSA 5 Friedrich Nietzsche: Jenseits von Gut und Böse. Zur Genealogie der Moral, München 1988.

Nietzsche KSA 6 Friedrich Nietzsche: Ecce homo. Wie man wird, was man ist, in: KSA 6, München 1988, S. 255–374.

Nietzsche KSA 7 Friedrich Nietzsche: Nachgelassene Fragmente 1869–1874, München 1988.

Nietzsche KSA 12 Friedrich Nietzsche: Nachgelassene Fragmente 1887–1889, München 1988.

Nietzsche KSA 13 Friedrich Nietzsche: Nachgelassene Fragmente 1885–1887, München 1988.

Oexle 1996 Otto Gerhard Oexle: Die Geschichtswissenschaft im Zeichen des Historismus. Studien zur Problemgeschichte der Moderne, Göttingen 1996.

Osterhammel 2009 Jürgen Osterhammel: Die Verwandlung der Welt. Eine Geschichte des 19. Jahrhunderts, München 2009.

Osterhammel / Petersson 2012 Jürgen Osterhammel / Niels Petersson: Geschichte der Globalisierung. Dimensionen, Prozesse, Epochen, München 2012.

Ottmann 2006 Henning Ottmann: Geschichte des Politischen Denkens, Band 3/1: Die Neuzeit. Von Machiavelli bis zu den großen Revolutionen, Stuttgart / Weimar 2006.

Ovid 2004 Publius Ovidius Naso: Metamorphosen, lat. / dt., hg. und übersetzt von Gerhard Fink, Düsseldorf 2004.

Peterson 1932/33 Erik Peterson: Kaiser Augustus im Urteil des antiken Christentums. Ein Beitrag zur Geschichte der politischen Theologie, in: Hochland 30 (1932 / 33), S. 289–299.

Peterson 1935 Erik Peterson: Der Monotheismus als politisches Problem. Ein Beitrag zur Geschichte der politischen Theologie im Imperium Romanum, Leipzig 1935.

Petrarca 2008 Francesco Petrarca: De Viris illustribus. Adam – Hercules, Messina 2008.

Perrault 1964 Charles Perrault: Parallèle des Anciens et des Modernes en ce qui regarde les Arts et les Sciences. Par M. Perrault de L'academie Francaise. Mit einer Einleitung von H. R. Jauss und kunstgeschichtlichen Exkursen von Max Imdahl, München 1964.

Pico della Mirandola 1988 Giovanni Pico della Mirandola: Über die Würde des Menschen, Zürich 1988.

Platon 1919 Platons Dialoge. Timaios und Kritias, übersetzt und erläutert von Otto Apelt, Leipzig 1919.

Plé 1996 Bernhard Plé: Die „Welt" aus den Wissenschaften. Der Positivismus in Frankreich, England und Italien von 1848 bis ins zweite Jahrzehnt des 20. Jahrhunderts. Eine wissenssoziologische Studie, Stuttgart 1996.

Polybios 1973 Polybios: Historien. Auswahl, Stuttgart 1973.

Popper 1945 Karl Raimund Popper: The Open Society and Its Enemies, London 1945 (dt. als: Die offene Gesellschaft und ihre Feinde).

van der Pot 1999 Johann Hendrik van der Pot: Sinndeutung und Periodisierung der Geschichte. Eine systematische Übersicht der Theorien und Auffassungen, Leiden / Boston / Köln 1999.

Preuß 1906 Hans Preuß: Die Vorstellungen vom Antichrist im späteren Mittelalter, bei Luther und in der konfessionellen Polemik. Ein Beitrag zur Theologie Luthers und zur Geschichte der christlichen Frömmigkeit, Leipzig 1906.

von Rad 1970 Gerhard von Rad: Die Botschaft der Propheten, Hamburg 1970.

Ranke 1925 Leopold von Ranke: Reflexionen (1832). Vom Einfluss der Theorie, in: ders., Das politische Gespräch und andere Schriften zur Wissenschaftslehre, Halle an der Saale 1925, S. 6–9.

Ranke 1859 Leopold von Ranke: Über die Epochen der neueren Geschichte, in: ders., Das politische Gespräch und andere Schriften zur Wissenschaftslehre, Halle an der Saale 1925, S. 56–83.

Ranke 1874 Leopold von Ranke: Geschichten der romanischen und germanischen Völker von 1894 bis 1514, Leipzig 1874.

Reeves / Hirsch-Reich 1972 Marjorie Reeves and Beatrice Hirsch-Reich: The figurae of Joachim of Fiore, Oxford 1972.

Reitzenstein 1924 / 25 Richard Reitzenstein: Altgriechische Theologie und ihre Quellen, Vorträge der Bibliothek Warburg IV, Leipzig 1924 / 25.

Rickert 1924 Heinrich Rickert: Die Probleme der Geschichtsphilosophie, Heidelberg 3. Auflage 1924.

Rigault 1856 Hippolyte Rigault: Histoire de la Querelle des Anciens et des Modernes, Paris 1856.

Rogers 1962 Jacques Roger: Introduction, in: George Louis Le-clerc Buffon, Les Époques de la nature, Éd. Critique avec le ms., Paris 1962.

Rossi 1979 Pietro Rossi: The Dark Abyss of Time. History of the Earth and the History of Nations from Hooke to Vico, Chicago 1987.

Rostow 1960 The Stages of Economic Growth. A Non-Communist Manifesto, Cambridge 1960.

Rother 2005 Wolfgang Rother: La maggiore felicità possibile. Studien zur Philosophie der Aufklärung in Nord- und Mittelitalien, Basel 2005.

Rousseau 1984 Jean-Jaques Rousseau: Diskurs über die Ungleichheit/Discours sur l'inegalité. Kritische Ausgabe des integralen Textes, hg. von Heinrich Meier, Paderborn u. a. 1984 (franz. Org. 1755).

de Sanctis 1943 Francesco de Sanctis: Geschichte der italienischen Literatur, Band II: Von der Spätrenaissance bis zur Romantik, Stuttgart 1943.

Scheler 1917 Max Scheler: Die Ursachen des Deutschenhasses. Eine nationalpädagogische Erörterung, Leipzig 1917.

Scheler 1923 Max Scheler: Über die positivistische Geschichtsphilosophie des Wissens (Dreistadiengesetz), in: ders., Schriften zur Soziologie und Weltanschauungslehre, Leipzig 1923, S. 26–40.

Schleiermacher 1913 Friedrich Daniel Ernst Schleiermacher: Entwürfe zu einem System der Sittenlehre, Werke, Bd. 2, hg. von Otto Braun, Leipzig 1913.

Schlobach 1978 Jochen Schlobach: Die klassische humanistische Zyklentheorie und ihre Anfechtung durch das Fortschrittsbewußtsein der französischen Frühaufklärung, in: Karl-Georg Faber/Christian Meier (Hg.), Historische Prozesse. Theorie der Geschichte. Beiträge zur Historik, Bd. 2, München 1978, S. 127–142.

Schlobach 1980 Jochen Schlobach: Zyklentheorie und Epochenmetaphorik. Studien zur bildlichen Sprache der Geschichtsreflexion in Frankreich vor der Renaissance bis zur Frühaufklärung, München 1980.

Schlözer 1772 August Ludwig Schlözers Vorstellung seiner Universal-historie, Göttingen und Gotha 1772 (zweeter Teil, Göttingen und Gotha 1773).

Schmidt 1955/56 Roderich Schmidt: Aetates mundi. Die Weltalter als Gliederungsprinzip der Geschichte, in: Zeitschrift für Kirchengeschichte, LXVII. Band, 1955/56, S. 288–317.

Schieder 1965 Theodor Schieder, Strukturen und Persönlichkeiten in der Geschichte, in: ders., Geschichte als Wissenschaft. Eine Einführung, München u. a. 1965, S. 157–194, S. 230–233.

Schmitt 1991 Carl Schmitt: Glossarium. Aufzeichnungen der Jahre 1947–1951, Berlin 1991.

Schnädelbach 1987 Herbert Schnädelbach: „Etwas Verstehen heißt Verstehen, wie es geworden ist" – Variationen über eine hermeneutische Maxime, in: ders., Vernunft und Geschichte, Frankfurt a. M. 1987, S. 125–151.

Schneider 2011 Hans Schneider: Martin Luthers Reise nach Rom – neu datiert und neu gedeutet; in: Studien zur Wissenschafts- und Religionsgeschichte. Hg. von der Akademie der Wissenschaften zu Göttingen, Berlin 2011, S. 1–157.

Schweitzer 1921 Albert Schweitzer: Geschichte der Leben-Jesu-Forschung, zweite neu bearbeitete Auflage, Tübingen 1921.

Scholz 1911 Heinrich Scholz: Glaube und Unglaube in der Weltgeschichte, Tübingen 1911.

Schramm 1929 Percy Ernst Schramm: Kaiser, Rom und Renovatio. Studien zur Geschichte des römischen Erneuerungsgedankens vom Ende des Karolingischen Reiches bis zum Investiturstreit, Leipzig 1929.

Seidel 1927 Alfred Seidel: Bewusstsein als Verhängnis. Aus dem Nachlass hg. von Hans Prinzhorn, Bonn 1927.

Seifert 1986 Arno Seifert: Von der heiligen zur philosophischen Geschichte. Die Rationalisierung der universalhistorischen Erkenntnis im Zeitalter der Aufklärung, in: Archiv für Kulturgeschichte, 68. Bd., 1986, S. 81–117.

Seifert 1990 Arno Seifert: Der Rückzug der biblischen Prophetie von der neueren Geschichte. Studien zur Geschichte der Reichstheologie des frühneuzeitlichen deutschen Protestantismus, Köln / Wien 1990.

Spaemann / Löw 1981 Robert Spaemann und Reinhard Löw: Die Frage Wozu? Geschichte und Wiederentdeckung des teleologischen Denkens, München u. a. 1981.

Spengler 1918 Oswald Spengler: Der Untergang des Abendlandes. Umrisse einer Morphologie der Weltgeschichte, Band 1, Wien 1918.

Spörl 1935 Johannes Spörl: Grundformen hochmittelalterlicher Geschichtsanschauung. Studien zum Weltbild der Geschichtsschreiber des 12. Jahrhunderts, München 1935.

Spörl 1956 Johannes Spörl: Die „Civitas Dei" im Geschichtsdenken Ottos von Freising, in: Walther Lammers (Hg.): Geschichtsdenken und Geschichtsbild im Mittelalter, Darmstadt 1965, S. 298–320.

Stendhal 1922 Henri Beyle de Stendhal: Wanderungen durch Rom, Gesammelte Werke, Bd. 6, Berlin 1922.

Stierle 2001 Karl-Heinz Stierle: Translatione e resurrectio. Due miti di identità europea, in: Carlo Ossola (ed.), Europa. Miti di identitá, Venezia 2001, S. 77–96.

Stierle 2003 Karl-Heinz Stierle: Francesco Petrarca. Ein Intellektueller im Europa des 14. Jahrhunderts, München 2003.

Strauss 1836 David Friedrich Strauss: Das Leben Jesu, kritisch bearbeitet, Zweiter Band, Tübingen 1836.

Strauss 1840 / 41 David Friedrich Strauss: Die christliche Glaubenslehre in ihrer geschichtlichen Entwicklung und im Kampfe mit der modernen Wissenschaft dargestellt, 2 Bde., Tübingen 1840 / 1841.

Strauss 1872 David Friedrich Strauss: Der alte und der neue Glaube. Ein Bekenntniß, Bonn 1872.

Strauss 1956 Leo Strauss: Naturrecht und Geschichte, Stuttgart 1956 (amerik. Org. Natural Right and History 1953).

Taubes 1947 Jacob Taubes: Abendländische Eschatologie, Bern 1947.

Taylor 1992 Charles Taylor: Multikulturalismus und die Politik der Anerkennung, Frankfurt a. M. 1997 (engl. Org. 1992).

Taylor 1994 Charles Taylor: Quellen des Selbst. Die Entstehung der neuzeitlichen Identität, Frankfurt a. M. 1994 (engl. Org. 1989).

Tertullian 1850 Tertullian: Liber apologeticus, ed. Henry Annesley Woudham, Cambride 1850.

Thukydides 1973 Thukydides: Der Peloponnesische Krieg, Stuttgart 1988.

Tocqueville 1978 Alexis de Tocqueville: Der alte Staat und die Revolution, München 1978.

Tönnies 1922 Ferdinand Tönnies: Gemeinschaft und Gesellschaft. Grundbegriffe der reinen Soziologie, 4. und 5. Auflage, Berlin 1922.

Toulmin / Goodfield 1970 Stephen Toulmin / June Goodfield: Entdeckung der Zeit, München (amerik. Org. 1970).

Treitschke 1879 Heinrich von Treitschke: Deutsche Geschichte des 19. Jahrhunderts, Leipzig 1879.

Troeltsch 1897 Ernst Troeltsch: [Art.] Aufklärung, in: Realencyclopädie für protestantische Theologie und Kirche, dritte Aufl., Bd. 2, Leipzig 1897, S. 225–241.

Troeltsch 1898 Ernst Troeltsch: Geschichte und Metaphysik, in: Zeitschrift für Theologie und Kirche, 8. Jg., 1898, S. 1–69.

Troeltsch 1903 Ernst Troeltsch: Was heisst „Wesen des Christentums"?, in: ders., Gesammelte Schriften, Bd. 2, Tübingen 1913, S. 386–451.

Troeltsch 1906 Ernst Troeltsch: Die Bedeutung des Protestantismus für die Entstehung der modernen Welt, München / Berlin 1906.

Troeltsch 1913 Ernst Troeltsch: Renaissance und Reformation, in: Historische Zeitschrift 110, 1913, S. 521–566.

Troeltsch 1915 Ernst Troeltsch: Augustin, die Christliche Antike und das Mittelalter, München / Berlin, 1915.

Troeltsch 1922a Ernst Troeltsch: Der Historismus und seine Probleme. Erstes Buch das logische Problem der Geschichtsphilosophie, Tübingen 1922.

Troeltsch 1922b Ernst Troeltsch: Die Krisis des Historismus, in: Die neue Rundschau 33, Bd. 1, Heft 3, 1922, S. 572–590.

Troeltsch 1923 Ernst Troeltsch: Naturrecht und Humanität in der Weltpolitik, Berlin 1923.

Trotzki 1960 Leo Trotzki: Tagebuch im Exil, Köln / Berlin 1960.

Vasari 1550 Girorgio Vasari: Le Vite de' più eccellenti architetti, pittori, et scultori italiani, da Cimabue infino a' tempi nostri: descritte in lingua toscana da Giorgio Vasari, pittore arentino – Con una sua utile et necessaria introduzione a le arti loro, Firenze 1550.

Vergil 1957 Vergil: Bucolica. Hirtengedichte, Frankfurt a. M 1957.

Vergil 1974 Vergil: Aeneis, Stuttgart 1974.

Vico 1709 Gian Battista Vico: De nostri temporis studiorum ratione. Vom Wesen und Weg der geistigen Bildung, Godesberg 1948.

Vico 1710 Giambattista Vico: Liber metaphysicus (De antiquissima italorum sapientia liber primus). Risposte 1711, 1712, München 1979.

Vico 1744 Giovanni Batista Vico: Prinzipien einer neuen Wissenschaft über die gemeinsame Natur der Völker (scienza nuova seconda), 2 Bände, Hamburg 1990.

Vittinghoff 1964 Friedrich Vittinghoff: Zum geschichtlichen Selbstverständnis der Spätantike, in: Historische Zeitschrift 198, 1964, S. 529–574.

Voegelin 2008 Eric Voegelin, Die Krise. Zur Pathologie des modernen Geistes, hg. von Peter Opitz, München 2008.

Wach 1926 / 29 / 33 Joachim Wach: Das Verstehen. Grundzüge einer Geschichte der hermeneutischen Theorie im 19. Jahrhundert, 3 Bände, Tübingen 1926 / 29 / 33.

Waetzold 1927 Wilhelm Waetzold: Das klassische Land. Wandlungen der Italiensehnsucht, Leipzig 1927.

van der Waerden 1952 Bartelt Leendert van der Waerden: Das große Jahr und die ewige Wiederkehr, in: Hermes. Zeitschrift für die klassische Philologie, 80. Band, Heft 2, S. 129–155.

Weber 1904 Max Weber: Die Objektivität sozialwissenschaftlicher und sozialpolitischer Erkenntnis, in: ders., Gesammelte Aufsätze zur Wissenschaftslehre, Tübingen 1922, S. 146–214.

Weber 1922 Max Weber: Wissenschaft als Beruf in: ders., Gesammelte Aufsätze zur Wissenschaftslehre, Tübingen 1922, S. 524–555.

Wehler 2006 Hans-Ulrich Wehler: „Eine lebhafte Kampfsituation". Ein Gespräch mit Manfred Hettling und Cornelius Torp, München 2006.

White 1973 Hayden White: Metahistory. Die historische Einbildungskraft im 19. Jahrhundert in Europa, Frankfurt a. M. 1991.

von Wilamowitz-Moellendorff 1913 Ulrich von Wilamowitz-Moellendorff: Weltperioden, in: ders., Reden und Vorträge, 3. Aufl., Berlin 1913.

Windelband 1894 Wilhelm Windelband: Geschichte und Naturwissenschaft, in: ders., Präludien, Bd. 2, Tübingen 1924. S. 136–160.

Zöckler 1878 Otto Zöckler: Peyrere's Präadamitenhypothese, in: Zeitschrift für die gesammte lutherische Theologie und Kirche, 39. Jg. 1878, S. 28–48.

16.2 Abbildungsverzeichnis

16.3 Personenverzeichnis

16.4 Glossar

Antiqui et Moderni (lateinisch für: Die Alten und die Modernen) → „Querelle des anciens et des modernes“

Apokalypse (griechisch ἀποκάλυψις: Enthüllung, Offenbarung) Als Apokalypsen werden zwei Bücher der Bibel, Daniel und Johannes, bezeichnet. In ihnen wird das Ende der diesseitigen Welt prophezeit. Von dieser ursprünglichen Bezeichnung herkommend bedeutet Apokalypse heute häufig nur noch die Vorstellung eines Weltuntergangs. → KAPITEL 3

Chiliasmus (griechisch χιλία: tausend) Lehre, derzufolge ein tausendjähriges Reich der Glückseligkeit dem Ende der Geschichte vorhergeht. Von einem ursprünglich biblischen Sinn herkommend, wird die Bezeichnung oft auch als Bezeichnung für Utopien verwendet. → KAPITEL 3.3, 4.3

Eschatologie (griechisch ἐσχατολογία) im Judentum und im Christentum die Lehre von den letzten Dingen, vom Ende der Welt. → KAPITEL 2;3

Evolution (von lateinisch *evolvere*: ausrollen, ent-wickeln) ist seit Darwin, d. h. seit dem Ende des 19. Jahrhunderts, v. a. der Name für die Tatsache der natürlichen Entstehung und Entwicklung der Arten. In Analogie zu biologischen Vorgängen bezeichnet er auch die Tatsache kultureller Entwicklung, in der Regel vom Einfachen zum Komplexen; häufig ähnlich verwendet wie der Begriff Fortschritt. → KAPITEL 11.1

Genealogie (griechisch γενεαλογία: Lehre von der Herkunft) Seit Nietzsches *Genealogie der Moral* (1887) in der Regel Bezeichnung für eine kritische Geschichtsschreibung, die die Geschichte der Entstehung und Ausbildung falscher Überzeugungen rekonstruiert mit dem Ziel, diese zu überwinden. Jüngst wird in Umkehrung dieser Figur auch von einer affirmativen Genealogie gesprochen. → KAPITEL 1; 11.2

Globalisierung Seit den 1980er-Jahren immer populärer werdender Begriff, der die zunehmende weltweite Verflechtung aller Lebensbereiche des Menschen anzeigt. → KAPITEL 14

Heilsgeschichte Theologischer Begriff, demzufolge die Geschichte auf eine Erlösung am Ende der Geschichte zielt. Der Begriff ist umstritten, weil ihm eine bestimmte Auslegung des Christentums zugrunde liegt, nach welcher der auf ein Ende gerichtete Gang der Geschichte als ein Fortschritt aufgefasst werden kann. → KAPITEL 2.3, 5.1, 6.1

Hermeneutik (von griechisch ἑρμηνεύω: ich lege aus) Kunst der Auslegung, Kunst der Interpretation. Aus der Theologie bzw. Bibelwissenschaft im 19. Jahrhundert entstandene Kunstlehre des Verstehens. → KAPITEL 9

Hermeneutischer Zirkel bezeichnet die paradox anmutende Denkfigur, dass man das, was es zu verstehen gilt, schon verstanden haben muss, um es zu erkennen. → KAPITEL 2,1; 8.4; 9.3;

Historia magistra vitae Lateinisches Zitat, das auf Cicero zurückgeht: Die Geschichte ist Lehrmeisterin des Lebens. → KAPITEL 1.4; 3.1; 5.3; 11.2

Historik Seit Johann Gustav Droysens gleichnamigen Buch der Name für eine erkenntnistheoretische Grundlegung der historischen Wissenschaften. → KAPITEL 2; 9

Histoire totale (französisch: totale Geschichte) Aus der französischen Geschichtsschreibung des 20. Jahrhunderts, insbesondere der Schule der Annales stammende Idee einer umfassenden Geschichte, die alle Aspekte des menschlichen Lebens und alle theoretischen Zugriffe integriert. → KAPITEL 2.2

Historismus Schillernder Begriff: In seiner allgemeinsten Form meint Historismus, diejenige Auffassung von Geschichte, die ein geschichtliches Verständnis der Dinge zum Prinzip erklärt. Im Besonderen ist Historismus der Name für eine bestimmte Epoche der deutschen Geschichtsschreibung des 19. Jahrhunderts, die häufig in Verbindung mit den Namen Rankes und Droysens u. a. genannt wird. Mitunter wird der Ausdruck auch abschätzig als Name für einen historischen Relativismus verwendet. → KAPITEL 9; 12

Historischer Materialismus ist der Name einer von Marx und Engels entwickelten Geschichtsanschauung, der zufolge die materiellen, d. h. die sozioökonomischen Faktoren den Verlauf der Geschichte verständlich werden lassen (im Gegensatz zu einer idealistischen Geschichtsauffassung, die sich an der Entwicklung der Ideen, Erfindungen etc. orientiert). → KAPITEL 10.2

Querelle des anciens et des modernes (französisch: Der Streit zwischen den Alten und den Neuen) Als historisches Ereignis bezeichnet die *Querelle des anciens et des modernes* den Streit, den Charles Perrault 1687 entfacht hat. Seit dem 19. Jahrhundert wird der Ausdruck auch für die immer wiederkehrende Diskussion zwischen Alten und Neuen, zwischen antiqui und moderni, verwendet, in der es um die Frage geht, ob die Vergangenheit der Gegenwart überlegen ist oder umgekehrt. → KAPITEL 7, 10.1

Kairos (griechisch Καιρός: günstiger Augenblick) meint die Vorstellung eines einmaligen, nicht wiederkehrenden historischen Zeitpunktes, an dem bestimmte Möglichkeiten offenstehen, die sich nicht mehr ereignen können, wenn der Zeitpunkt vergangen ist. → KAPITEL 3.1

Meistererzählung / master narrative Annahme der einen Geschichte, die sich auf eine Entwicklung bzw. ein Prinzip konzentriert und so den geschichtlichen Ablauf großer Zeiträume erklärt. In der Regel wird der Ausdruck pejorativ verwendet. → KAPITEL 1.4; 14.2

Millenarismus (lateinisch *mille*: tausend) → Chiliasmus

Positivismus Ursprünglich von Auguste Comte begründete Lehre, der zufolge nur das, was positiv beweisbar ist (d. h. nach dem Vorbild naturwissenschaftlicher Erkenntnisse gewonnenes Wissen), Grundlage einer Einstellung zur Welt, einer Weltanschauung sein darf. → KAPITEL 10

Posthistoire (französisch: nach der Geschichte) Name für ein nicht apokalyptisches Ende der Geschichte, d. h. man nimmt an, dass die Geschichte weitergeht, sich aber nichts Neues entwickelt. → KAPITEL 14.2

Säkularisierung Säkularisierung meint ursprünglich die Enteignung und damit verbundene Verweltlichung von kirchlichem Besitz in der Epoche der Aufklärung. Der Begriff wird nicht einheitlich verwendet. Er bedeutet zum einen die Umwandlung christlicher bzw. religiöser Ideen in weltliche, zum anderen den Rückgang religiöser Einstellungen. → KAPITEL 5.3, 8.2, 14.2

Supranaturalismus Die Annahme, dass es in der Welt Dinge gibt, die nicht mit den Mitteln bzw. Methoden der Naturwissenschaft zu erklären sind (Wunderglaube). → KAPITEL 8.2

Telos, Teleologie (griechisch τέλος: Zweck, Ziel, Ende) ist die Lehre, dass historische Ereignisse bzw. Prozesse einen Zweck bzw. ein Ziel haben. → KAPITEL 1; 2.1

Translatio imperii (lateinisch: Übertragung des Reichs) Aus den prophetischen Weissagungen des Buch Daniel abgeleitete Idee. Weil das römische Imperium das letzte ist, das dem Weltende vorhergeht, kann bzw. darf das römische Reich nicht untergehen, d. h. es muss übertragen werden: an die Deutschen, an die Franzosen etc. → KAPITEL 2.1; 5.1

Universalgeschichte ist der Name für eine alle Epochen und Kulturen einbeziehende Weltgeschichte. → KAPITEL 1, 2, 8, 14

Verstehen Seit Droysen und Dilthey Name für einen besonderen Typ von Erfahrung im Unterschied zum Erklären. In seiner ursprünglichen Bedeutung in der → Hermeneutik des 19. Jahrhunderts bedeutet Verstehen immer das Verstehen von Psychischem, bzw. Lebendigem. Im 20. Jahrhundert wird Verstehen bei Beibehaltung der Gegenüberstellung zu einem naturwissenschaftlichen Begriff von Kausalität als Ausdruck für das Auffassen von Sprache bzw. sprachlichen Äusserungen verwendet. Dieser Gegenüberstellung zufolge verstehen wir in den Geisteswissenschaften *Gründe*, während die Naturwissenschaften nach *Ursachen* suchen. → KAPITEL 2, 7, 12.3

Wiederkehr, Ewige (Wiederkunft) bezeichnet diejenigen philosophischen Lehren, die von einer zyklischen Wiederholung alles bisher Gewesenen ausgehen. → KAPITEL 3, 7, 11